LA BIBLE DES CRISTAUX

LA BIBLE DES CRISTAUX

Quatorzième édition

Judy Hall

GUY TRÉDANIEL ÉDITEUR
19, rue Saint-Séverin
75005 Paris

Dans la même collection, chez le même éditeur :

La bible du Yoga, Christina Brown
La bible des cristaux, Judy Hall
La bible de l'homéopathie, Brenda Mallon
La bible des charmes et enchantements, Ann-Marie Gallagher
La bible du Feng-shui Simon Brown
La bible de l'astrologie, Judy Hall
La bible de la méditation, Madonna Gauding
La bible de l'aromathérapie, Gill Farrer-Halls
La bible de la magie naturelle, Ann-Marie Gallagher
La bible de la chiromancie, Jane Struthers
La bible des anges, Hazel Raven
La bible du tarot, Sarah Bartlett
La bible des rêves, Brenda Mallon
La bible des créatures mythiques, Brenda Rosen
La bible des fées, Teresa Moorey
La bible des arts divinatoires, Jane Struthers
La bible de l'astrologie chinoise, Derek Walters
La bible de la parapsychologie, Jane Struthers
La bible de la réflexologie, Louise Keet
La bible des chakras, Patricia Mercier

Titre original :
The Crystal Bible

Conçu Godsfield Press par The Bridgewater Book Company

Photographies complémentaires Mike Hemsley de
Walter Gardiner Photography

Traduit de l'anglais par Antonia Leibovici

ISBN 978-2-8132-0065-5
Imprimé en Chine

NOTE : *Un astérisque* placé après un mot indique que celui-ci apparaît dans le* Glossaire *(voir pages* 378 *à* 383*) pour une explication détaillée.*

AVERTISSEMENT : *Les informations données dans ce livre ne se substituent en aucune façon au traitement médical, ni ne peuvent être utilisées pour le diagnostic. Les cristaux sont puissants et susceptibles de mauvaises interprétations ou mauvais emplois. En cas de doute sur leur utilisation, consultez un thérapeute expérimenté dans le domaine de la guérison par les cristaux.*

SOMMAIRE

RÉFÉRENCE DES CRISTAUX 6

LE CHARME DES CRISTAUX 10

GÉNÉRALITÉS SUR LES CRISTAUX 12

FORMATION DES CRISTAUX 14

CRISTAUX ET DÉCORATION 18

GUÉRISON PAR LES CRISTAUX 22

CHOIX DES CRISTAUX 28

SOIN DES CRISTAUX 30

MÉDITATION SUR LES CRISTAUX 32

RÉPERTOIRE DES CRISTAUX 34

FORMES DES CRISTAUX 324

RÉFÉRENCE RAPIDE 360

GLOSSAIRE 378

INDEX 384

INFORMATIONS UTILES 400

RÉFÉRENCE DES CRISTAUX

A

Abondance 333
Achroïte 300
Activateur 342,344
Agate 38
Agate arborisée 43
Agate Blue Lace 41
Agate dendritique 43
Agate feu 45
Agate mousse 47
Aigue-marine 67
Alexandrite 83
Almandin 137
Amazonite 49
Ambre 51
Âmes sœurs 348
Améthyste 53
Améthyste en chevron 56
Amétrine 57
Andalousite 107
Andradite 137
Angélite 59
Anhydrite 61
Apatite 62
Apophyllite 64

Aqua Aura 229
Aragonite 69
Archiviste 338
Atacamite 71
Auto-guéri 344
Aventurine 73
Azeztulite 75
Azurite 77

B

Baguettes 354
Basanite 157
Béryl 79
Bixbyite 81
Boji 86
Bouddha 351
Boule 330

C

Calcite 88
Calcite rhomboédrique 93
Carré 331
Célestite 96
Cérusite 98
Calcédoine 100
Channeling 352
Charoïte 104
Cheveux de Vénus 237
Chlorite 108
Chlorite fantôme 233
Chiastolite 106
Chrysobéryl 82
Chrysolite 212
Chrysocolle 111
Chrysopale 210
Chrysoprase 113
Cinabre 115
Citrine 116
Clé 345
Compagnon 347
Cornaline 94
Crampon 350

Cyanite 166
Cymophane 83

D

Danburite 120
Diamant 122
Diamant de Herkimer 143

Dioptase 124
Disthène 166
Dravide 299
Double pointe 328

E

Elbaïte 301
Elestial 332
Émeraude 126
Enhydre 327

F

Fantôme 330
Fenêtre diamant 343
Fluorite 128
Fuchsite 132

G

Galène 134
Grenat 135
Générateur 334
Géode 329
Gravé 339
Grossulaire 138
Groupe 329

H

Héliotrope 84
Hématite 140
Hessonite 138
Hiddénite 165
Howlite 144
Hyalite 211

I

Idocrase 146
Indicolite 299
Iolite 147
Isis 353

J

Jade 151
Jadéite 151

Jais 160
Jaspe 154
Jaspe bréchiforme 159
Jaspe orbiculaire 158
Jaspe gravure 157
Jaspe royal 158

K

Kunzite 162

L

Labradorite 169
Lapis-lazuli 172
Larimar 174
Larmes d'Apache 202
Lépidolite 176
Lépidolite à inclusions de tourmaline 304
Luvulite 279

M

Magnésite 178
Magnétite 180
Manifestation 335

Malachite 182
Malachite avec chrysocolle 185
Manganocalcite 92
Mélanite 138
Merlinite 186
Mica 192
Moldavite 187
Mookaïte 157
Morganite 80
Muscovite 192

N

Nebula 195
Néphrite 151

O

Obsidienne 196
Obsidienne arc-en-ciel 201
Obsidienne à flocons de neige 203
Obsidienne acajou 201
Occlusion 333
Œeil-de-chat 83
Œil-de-faucon 291
Œil-de-fer 159
Œil-de-tigre 289
Œuf 331
Okénite 204
Olivine 212
Onyx 206
Opale 208
Opale de feu 211
Or des fous 149
Ouverture 345

P

Pectolite bleue 174
Péridot 212
Pétalite 214
Phénacite 216
Pierre chrysanthème 109
Pierre de cairngorm 116
Pierre de croix 106
Pierre du dauphin 174
Pierre de l'infini 265
Pierre de lune 190
Pierre de soleil 283
Pierre télévision 308
Pierre tempête 218
Pierre du voyant 353
Piétersite 218
Pont 350
Portail 345
Prehnite 220
Pyramide 321
Pyrite 149
Pyrolusite 222
Pyrope 138

Q

Quartz 224
Quartz arc-en-ciel 227
Quartz arc-en-ciel pour l'aura 230
Quartz bigarré 226
Quartz bleu sibérien 232
Quartz cathédrale 337
Quartz ensoleillé pour l'aura 232
Quartz, feuille 347
Quartz fantôme 233
Quartz fumé 239
Quartz à inclusions de rutiles 237
Quartz à inclusions de tourmaline 243
Quartz laiteux 242
Quartz au lithium 227
Quartz rose 235

Quartz rose
pour l'aura 231
Quartzite 242
Quartz rubis
pour l'aura 231
Quartz, spirale 346
Quartz de Tanger 227
Quartz tibétain 228
Quartz
au titane 227

R

Rhodochrosite 244
Rhodolite 138
Rhodonite 246
Rhyolite 248
Rose des sables 261
Rubellite 302
Rubis 250

S

Sang de dragon 115
Saphir 252
Sardonyx 256
Sceptre 340
Schorl 298
Sélénite 258
Sélénite queue
de poisson 261
Serafina 262
Séraphinite 262
Serpentine 264
Shattuckite 266
Smithsonite 268
Sodalite 271
Soufre natif 281
Spath d'Islande 92
Spath satiné 258
Spectrolite 169
Spessartite 139
Spinelle 273
Staurolite 275
Stilbite 277
Strate 332
Sugilite 279

T

Tabulaire 332
Tanzanite 323
Tectite 285
Thulite 287
Topaze 292
Topaze impériale 294
Tourmaline 296
Tourmaline
melon d'eau 302
Transmetteur 352
Turquoise 305

Turquoise tibétaine 307

U

Ulexite 308
Unakite 310
Uvavorite 139

V

Vanadinite 312
Variscite 314
Verdelite 300
Vésuvianité 146
Vogel 357

W

Wulfénite 316

Z

Zéolite 318
Zincite 320
Zoïsite 322

LE CHARME DES CRISTAUX

Tout le monde est attiré par les gemmes. Les diamants, les rubis, les émeraudes et les saphirs sont appréciés partout. Ce sont des pierres littéralement précieuses, car elles élèvent l'âme. C'est à leur éclat que la plupart des gens pensent en entendant le terme "cristal". Pareillement appréciées sont les pierres semi-précieuses comme la cornaline, le grenat, le cristal de roche et le lapis-lazuli. Les gemmes ont servi de parures et de symboles de pouvoir pendant des millénaires. Outre leur beauté, chacune était chargée d'un sens sacré. Pour les cultures anciennes, leurs propriétés curatives étaient aussi importantes que leur rôle ornemental.

Les cristaux possèdent les mêmes caractéristiques, sans toujours être aussi flamboyants que les gemmes. Il y a des cristaux moins éclatants, moins beaux, et néanmoins extrêmement puissants. À l'état naturel, avant d'être taillées, les gemmes ont l'air assez insignifiantes, malgré leurs qualités. Par exemple, un saphir brut, qui ne coûte qu'une fraction du prix de la pierre taillée, est aussi efficace que le saphir facetté le plus brillant.

La plupart des gens ont entendu parler des cristaux les plus répandus, comme l'améthyste, la malachite et l'obsidienne. Actuellement, de nouveaux cristaux comme le larimar, la pétalite et la phénacite font leur entrée sur le marché. Ce sont là des "pierres New Age", qui facilitent l'évolution de la planète et de ses habitants. Ces cristaux vibrent sur une fréquence extrêmement haute, qui élève la conscience et ouvre les chakras*

supérieurs pour communiquer avec d'autres dimensions. Si on veut profiter des dons qu'ils confèrent, il est vital de savoir communiquer avec eux.

Ce livre comprend plusieurs chapitres permettant de s'orienter dans le royaume cristallin. Ils traitent du charme des cristaux, de leur utilisation curative et décorative, de leur formation et des soins qu'ils exigent. Au début du livre, un tableau de référence permet de trouver un cristal d'après son nom commun ; le répertoire détaillé qui suit présente ses caractéristiques. L'index final propose des références croisées par symptômes et propriétés, facilitant le choix d'un cristal pour une tâche spécifique ou un but particulier. Le glossaire des pages 378 à 383 définit certains termes spécifiques.

Les cristaux présentent d'innombrables formes. Certains portent des noms désignant leur fonction, comme les cristaux de richesse ou les cristaux channeling. Si vous désirez identifier une pierre facettée particulière, feuilletez le chapitre "Formes des cristaux". Les pages de Référence rapide comprennent des informations utiles – correspondances cristal / signe zodiacal, cristal / partie du corps, remèdes de pierres précieuses, disposition pour la guérison, rituel d'amour.

GÉNÉRALITÉS SUR LES CRISTAUX

Plus vous en savez sur les cristaux, plus ceux-ci sont efficaces. Vous trouverez ci-dessous quelques notions de base concernant la formation des cristaux, des conseils pour les choisir, les entretenir, les utiliser pour la guérison et la décoration, les consacrer.

Consacrer et programmer les cristaux accroît leur efficacité. C'est là une partie du rituel qu'ils exigent. Puissants dès l'origine, les cristaux sont à approcher avec respect ; ils coopéreront alors joyeusement avec vous. Beaucoup de gens se réservent un "jour pour les cristaux", où ils les nettoient, puis méditent sur eux pour s'accorder davantage à leur énergie. Si vous vous allouez régulièrement ce genre de jour, les cristaux vous parleront et vous montreront comment les utiliser pour améliorer votre vie et votre bien-être.

Le nettoyage et la purification des cristaux sont très importants. Comme ceux-ci absorbent et transmettent efficacement l'énergie, tout en purifiant et en transformant les énergies négatives, en l'absence d'un entretien régulier la plupart ne seront plus en état d'agir, car ils seront saturés. Certains cristaux s'auto-purifient.

FORMATION DES CRISTAUX

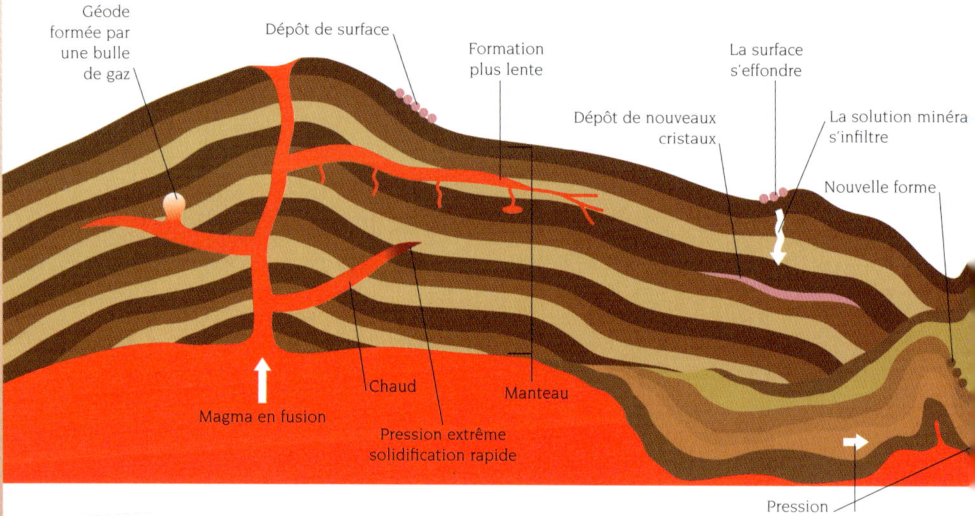

Un cristal est un corps solide de forme géométrique régulière, constitué au fil du développement de la Terre. Les cristaux ont continué à se métamorphoser au rythme des changements de la planète. Ils sont l'ADN de la Terre, l'empreinte chimique de l'évolution. Ce sont des entrepôts miniatures, renfermant les archives des transformations terrestres au cours des millions d'années et donc le souvenir indélébile des puissantes forces qui ont façonné notre globe. Certains cristaux ont été soumis à d'énormes pressions, d'autres sont apparus dans de profondes cavités souterraines, certains se sont développés en strates, d'autres se sont formés goutte à goutte. Quelle que soit leur forme, leur structure cristalline peut absorber, conserver, concentrer et émettre l'énergie, surtout dans le spectre des fréquences électromagnétiques.

LE RÉSEAU CRISTALLIN

De par les impuretés chimiques, les radiations, les émissions terrestres et solaires, sa formation spécifique, chaque type de cristal est doté d'une "note" caractéristique. Formé à partir d'un nombre impressionnant de minéraux, un cristal est défini par sa structure interne – un réseau atomique ordonné et récurrent, spécifique à chaque type. Qu'il soit grand ou petit, un cristal aura exactement la même structure interne, visible au microscope.

Ce réseau géométrique particulier permet d'identifier les cristaux – par exemple, certains, comme l'aragonite, présentent plusieurs formes et couleurs très différentes qui, à première vue, ne semblent avoir rien en commun. Leur structure interne étant pourtant identique, ils appartiennent à la même catégorie. Cette structure est cruciale pour la classification des cristaux, bien plus que le minéral ou les minéraux qui entrent dans leur composition. Dans certains cas, le contenu en minéraux diffère quelque peu, faisant varier les couleurs pour un même type de cristal.

Alors que nombre de cristaux se forment à partir du même minéral ou combinaison de minéraux, chaque type se cristallise différemment. Le cristal est symétrique le long d'un axe. Ses plans externes réguliers sont l'expression de son ordre intérieur. Chaque paire de facettes présente exactement les mêmes angles. Cette structure interne cristalline est immuable.

Les cristaux se forment à partir de l'une des 7 formes géométriques fondamentales : triangle, carré, rectangle, hexagone, rhomboïde, parallélogramme ou trapèze. Ces formes fusionnent en un certain nombre de types cristallins, désignés par des noms génériques évoquant leur géométrie interne. Comme les noms le suggèrent, un cristal hexagonal est formé d'hexagones édifiant une structure tridimensionnelle. Un assemblage de carrés forme un cristal cubique, de triangles un cristal rhomboédrique, de rectangles un cristal quadratique, de rhomboïdes un

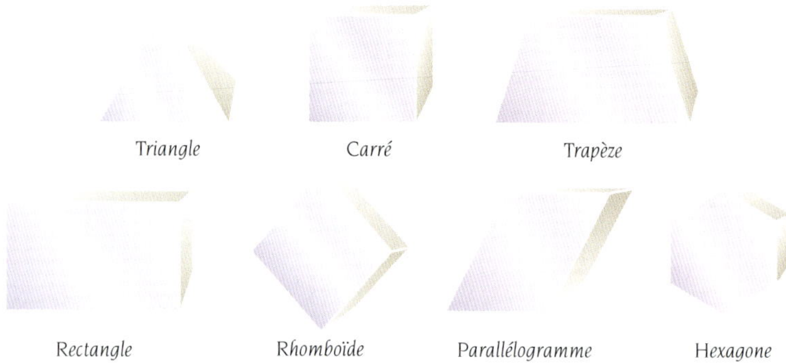

cristal orthorhombique, de trapèzes un cristal triclinique, de parallélogrammes un cristal monoclinique. La forme extérieure du cristal ne reflète pas nécessairement sa structure interne.

Les atomes, les éléments constitutifs du cristal, sont formés des particules tournant autour d'un noyau en un incessant mouvement. Malgré son apparence sereine, le cristal est en fait une masse moléculaire en effervescence, vibrant à une certaine fréquence. Voilà ce qui confère au cristal son énergie.

LA CROÛTE TERRESTRE

La Terre était à l'origine un nuage gazeux tourbillonnant, à partir duquel s'est formé un noyau solide, contracté en une balle chauffée à blanc. Progressivement, au cours des ères, une mince couche de ce magma en fusion s'est refroidie jusqu'à former une croûte – le manteau terrestre. En dessous de cette couche très mince, le magma brûlant, riche en minéraux, continue à bouillir et à engendrer de nouveaux cristaux.

Certains cristaux, comme le quartz, se forment à partir des gaz ardents et des minéraux liquides du centre de la Terre. Surchauffés, ils montent vers la surface, propulsés par les forces suscitées par le mouvement des plaques terrestres. À mesure que les gaz pénètrent la croûte terrestre et rencontrent des roches solides, ils se refroidissent et se solidifient – processus qui peut soit prendre une éternité, soit être rapide et violent.

Si le processus est relativement lent, s'il se déroule dans une bulle gazeuse, de grands cristaux apparaissent. S'il est rapide, les cristaux sont petits. S'il s'arrête puis recommence, des cristaux fantôme sont susceptibles de se développer. S'il est extrêmement rapide, une substance pareille au verre voit le jour, telle que l'obsidienne. Des cristaux comme l'aventurine ou le péridot naissent à des températures élevées à partir du magma liquide. D'autres, comme la topaze et la tourmaline, se forment lorsque les gaz imprègnent les roches adjacentes.

Certains se développent quand le magma refroidit suffisamment pour permettre à la vapeur d'eau de se condenser. La solution riche en minéraux résultante produit des cristaux comme l'aragonite et la kunzite. Lorsqu'elle pénètre dans les fissures des roches environnantes, cette solution refroidit très lentement et forme de grands cristaux et des géodes comme la calcédoine et l'améthyste.

Aragonite (forme de "spoutnik")

Les cristaux tels que le grenat se forment aux profondeurs de la terre, quand les minéraux fondent puis se recristallisent sous une pression intense et à une chaleur extrême. Ce sont là des cristaux métamorphiques, dont un changement chimique a réorganisé la structure initiale. La calcite et les autres cristaux sédimentaires sont le résultat d'un processus d'érosion des roches de la surface terrestre, du dépôt des matériaux érodés par les fleuves ou de la fusion des minéraux. Ce genre de cristaux se forme en strates dans un "soubassement", une matrice. Leur texture est généralement plus fine. Ces cristaux restent souvent attachés à la base sur laquelle ils se sont formés ou sont fusionnés en un conglomérat.

CRISTAUX ET DÉCORATION

Bijoux d'ambre

Les cristaux sont extrêmement décoratifs, surtout quand ils ont été taillés et polis, bien que certains soient éblouissants à l'état naturel. On trouve actuellement des objets décoratifs façonnés dans d'innombrables variétés de pierres précieuses, qui améliorent l'endroit où ils se trouvent, spécialement s'ils sont choisis aussi en fonction de leurs propriétés ésotériques. Des gemmes comme les émeraudes et les saphirs sont des cristaux vibrants. Elles font de merveilleux bijoux de par leur superbe apparence, tout en rendant plus forts ceux qui s'en parent. Un cristal soigneusement positionné transforme comme par magie son environnement. Autrefois, les parures ornées de gemmes étaient la prérogative des rois ou des ecclésiastiques de haut rang. Le pectoral garni de pierres précieuses du Grand prêtre des Hébreux était bien davantage que le symbole d'une fonction, car il conférait du pouvoir à celui qui l'arborait. À l'Âge de pierre même, les gens portaient des bijoux de cristal et des talismans qui avaient une fonction tant protectrice que décorative, préservant leur propriétaire du mal.

De nos jours, les cristaux véhiculent le même pouvoir. On choisit ses bijoux non seulement pour leur beauté. Tenir un cristal ou l'accrocher près de soi active l'énergie (cornaline orange), purifie l'espace (ambre) et attire la richesse (citrine). Soigneusement positionnés, les cristaux changent la vie. On choisit des pierres pour affûter l'intuition (apophyllite), accroître les capacités mentales (tourmaline verte) et renforcer la

Quartz fumé

confiance (hématite). On choisit l'abondance (œil de tigre), la guérison (smithsonite), l'amour (rhodonite).

PROTECTION PAR LES CRISTAUX

Certains cristaux, comme le quartz fumé et la tourmaline noire, absorbent la négativité et le brouillard électromagnétique*. Ils émettent une énergie pure. Un collier de tourmaline noire protège contre les rayonnements électromagnétiques, y compris ceux des téléphones portables et des ordinateurs et renvoie les attaques psychiques* à l'expéditeur. Les bijoux sertis d'ambre et de jais protègent aussi les énergies.

Un groupe de grands cristaux de quartz fumé ou un cristal de quartz à pointes est en lui-même un superbe objet décoratif, au-delà de son rôle pratique de purificateur. Placez-en un entre vous et la source de brouillard électromagnétique ou de stress géopathique*, ou positionnez-le sur votre bureau. Une géode d'améthyste a le même effet. Si vous constatez que l'ordinateur vous affaiblit, placez un groupe de cristaux de fluorite ou un cristal de lépidolite lustré à côté, et vous serez étonné par la différence que vous percevez – de plus, le fonctionnement de votre ordinateur sera plus en harmonie avec vous.

Géode de citrine

Sélénite

ATTIRANCE DES CRISTAUX

Une grande géode de citrine est très décorative. Belle pierre, la citrine attirera la richesse et aidera à garder celle-ci. Placez-la dans le coin de richesse de votre maison (le coin de gauche le plus éloigné de la porte d'entrée).

La sélénite est assez récemment apparue sur le marché. Finement striée, d'un blanc pur, elle a un air éthéré. Entrant en contact avec votre objectif essentiel, elle attire vers vous l'énergie angélique. On peut la mettre sous son oreiller. Cependant, il vaut mieux la placer debout, le soleil derrière elle, ou sur un socle éclairé. L'effet de beaucoup de cristaux transparents est accru lorsqu'ils sont placés ainsi. Prudence, car le quartz clair, par exemple, concentre les rayons solaires et risque de mettre le feu. Certains cristaux colorés sont susceptibles de perdre leur éclat au soleil.

PIERRES SEMI-PRÉCIEUSES

Les pierres semi-précieuses ont autant de pouvoir que les gemmes. Certaines présentent nombre de colorations, qui influencent leurs caractéristiques. La topaze, qui baigne d'or l'objectif de la vie, est souvent utilisée pour les bagues. En collier, la topaze bleue stimule la capacité de traduire ses pensées en paroles.

Diamant de Herkimer

Les diamants de Herkimer ont une pureté et un éclat comparables à ceux du diamant. Ce cristal est plus grand et moins cher. Beaucoup cachent dans leurs profondeurs de merveilleux arcs-en-ciel. Utilisés pour les boucles d'oreilles, ils aiguisent l'intuition et accroissent la créativité. Leur pouvoir est tel qu'il vaut mieux les porter seulement quelques heures, pour ne pas provoquer des étourdissements et l'insomnie. Le péridot, "l'émeraude du pauvre", est une pierre visionnaire dotée du pouvoir d'atténuer la jalousie et la colère, de diminuer le stress et d'éliminer les modèles négatifs. Comme pour beaucoup de pierres, il est peu remarquable à l'état brut. Une fois facetté et poli, c'est un joyau digne d'une reine.

FAIRE ENTRER L'AMOUR DANS VOTRE VIE

Si vous cherchez l'amour, les cristaux vous aideront. Placez un grand cristal de quartz rose dans le coin des relations de votre maison (le coin de droite le plus éloigné de la porte d'entrée) ou derrière votre lit. Son effet est si puissant qu'il est sage d'y ajouter une améthyste pour modérer l'attirance. Portez aussi des bijoux en rhodochrosite, dont le rose légèrement strié est joli et puissant. L'amour se montrera bientôt.

Géode d'améthyste avec des occlusions de quartz laiteux

GUÉRISON PAR LES CRISTAUX

Malachite

Depuis des millénaires, les cristaux sont utilisés pour guérir et équilibrer grâce à leur résonance et vibration. Pour profiter au maximum d'une guérison par les cristaux, on doit être traité par une personne expérimentée ou avoir suivi une bonne formation. Les cristaux ont une influence bénéfique sur nombre d'affections ordinaires et font des remèdes d'urgence efficaces, surtout en essence ou élixir (voir page 371).

Certains cristaux contiennent des minéraux connus pour leurs propriétés thérapeutiques. Le cuivre, par exemple, diminue la congestion et l'inflammation. La malachite riche en cuivre profite aux articulations et aux muscles douloureux. Le port d'un bracelet en malachite (similaire à un bracelet en cuivre) permet au corps d'absorber des quantités infimes de ce métal. Dans l'Égypte ancienne, la malachite était réduite en poudre et appliquée sur les blessures pour prévenir l'infection. Puissant détoxifiant, son utilisation doit être limitée dans le temps à cause de sa toxicité. Cette propriété détoxifiante des cristaux toxiques est assez voisine du principe homéopathique des "semblables guérissant les semblables". Les cristaux libèrent des doses infinitésimales inoffensives d'une substance qui, prise en grande quantité, est létale.

Les cristaux sont utilisés dans la pratique médicale moderne en raison de leurs propriétés piézo-électriques. Celles-ci sont à l'œuvre dans les appareils à ultrasons, où un cristal sert à produire une onde sonore inaudible pour l'oreille humaine. Un faisceau étroit d'ultrasons cautérise

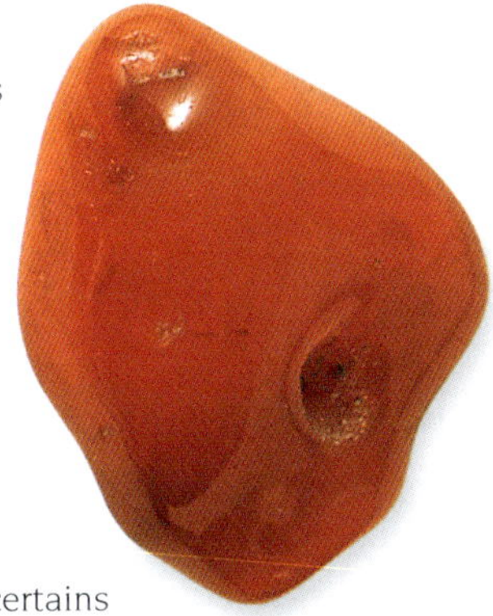

Cornaline

les blessures situées dans les profondeurs du corps et détruit des tumeurs sans avoir recours à des procédures invasives. Les chamanes et les guérisseurs d'antan savaient que les cristaux concentraient les vibrations du son et de la lumière en un étroit rayon curatif. Le roulement d'une baguette de cristal sur la peau provoque une pression qui fait rayonner un faisceau concentré sur l'organe situé en dessous.

Les guérisseurs anciens savaient aussi que certains cristaux sont énergisants, d'autres apaisants, d'autres encore calment un organe hyperactif ou stimulent un organe paresseux. La magnétite, de par sa double charge positive et négative, agit ainsi, calmant un organe hyperactif et stimulant celui hypoactif. Nombre de cristaux soignent rapidement, mais risquent de provoquer une crise de guérison, tandis que d'autres agissent très lentement. Par ailleurs, les cristaux permettent de gérer la douleur – signe que quelque chose va mal dans le corps – suscitée par un excès d'énergie, un blocage ou une faiblesse. Un cristal serein et apaisant, comme le lapis-lazuli ou le quartz rose, apaisera l'énergie, alors que la cornaline la stimulera ; le quartz cathédrale soulage parfaitement la douleur, quelle que soit sa cause.

Lapis-lazuli

Les cristaux sont excellents pour le mal de tête. Il est cependant nécessaire de savoir d'où celui-ci vient. S'il est causé par le stress, l'améthyste, l'ambre ou la turquoise placés sur le front le soulageront. S'il est lié à l'alimentation, utilisez des pierres apaisant l'estomac, comme la pierre de lune ou la citrine. Le lapis-lazuli apaise rapidement la migraine.

GUÉRISON HOLISTIQUE

Les cristaux guérissent de manière holistique, agissant sur les plans physique, émotionnel, mental et spirituel de l'être. Ils rééquilibrent les énergies subtiles, dissipent le mal-être* et traitent la source du trouble. Les cristaux agissent grâce à la vibration, rééquilibrant l'enveloppe biomagnétique* qui entoure et interpénètre le corps physique et qui active les points de connexion avec les chakras* régissant la stase vibratoire du corps (voir page 364). En rééquilibrant les chakras, on peut améliorer de nombreux états de mal-être physique et psychologique.

La plupart des maladies sont provoquées par une combinaison de facteurs. Le mal-être existe sur le plan subtil. Il peut être émotionnel, mental, signe de malaise ou signe de déconnexion spirituelle, mettant probablement en évidence les mauvais alignements entre le corps physique et l'enveloppe biomagnétique. Certaines perturbations énergétiques sont suscitées par les facteurs environnementaux comme le brouillard électromagnétique* ou le stress géopathique*. Votre vie sera transformée en plaçant une tourmaline noire ou un quartz fumé entre vous et la source du stress géopathique ou électromagnétique. Vous devez cependant déterminer correctement la cause du mal-être. Les cristaux traitent en douceur celle-ci, au lieu de se contenter d'atténuer les symptômes.

Larimar

Vous pouvez placer des cristaux sur votre corps ou autour de celui-ci pendant 10 à 30 minutes (pour des arrangements simples, voir pages 365 et 374), ou les utiliser comme outil de réflexologie pour stimuler des points situés sur les pieds – le larimar est particulièrement utile, car il repère la source du mal-être. Les œufs de cristal (voir page 331) sont aussi utilisés sur les pieds. Les baguettes de cristal, roulées en douceur sur le corps, permettent de stimuler un point précis, éliminant la douleur et le malaise. Le répertoire des cristaux mentionne ceux qui traitent les maladies et les déséquilibres sur tous les plans.

Depuis des millénaires, les cristaux ont été associés à des parties et à des organes spécifiques du corps (voir page 368). Nombre de ces associations sont dues à l'astrologie, tant occidentale qu'orientale. Cinq mille ans après leur naissance, la médecine chinoise traditionnelle et l'ayurvéda indienne utilisent encore dans leurs prescriptions médicales des cristaux figurant dans des formules anciennes. Par exemple, l'hématite est réputée apaiser l'esprit, combattre l'insomnie, stopper les hémorragies.

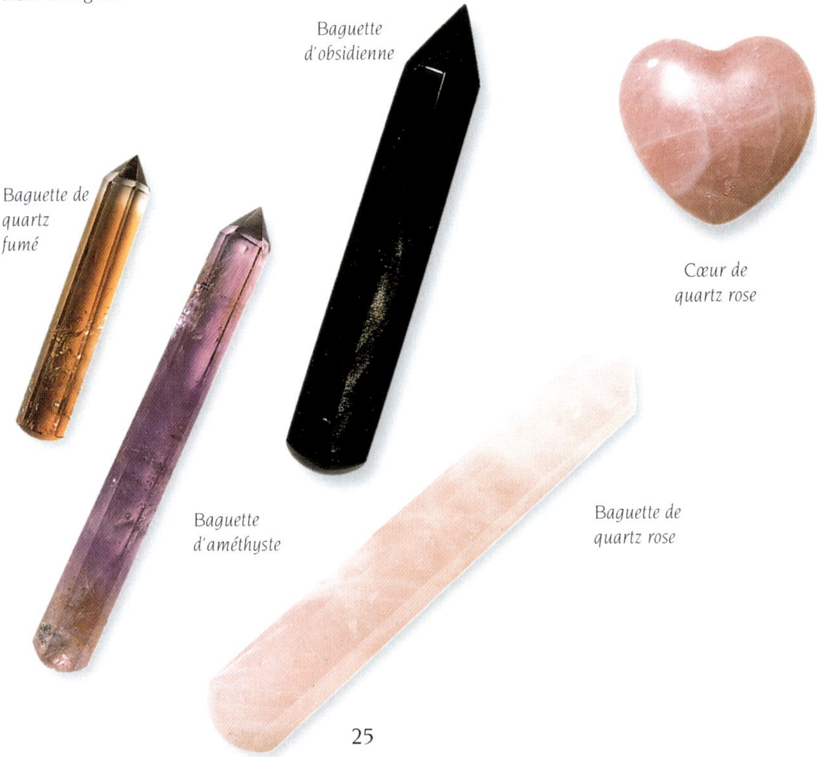

CHOISIR UN CRISTAL POUR LA GUÉRISON

Angélite

Pour choisir un cristal, ou des cristaux, pour la guérison, partez des symptômes et allez à la cause du trouble (de préférence avec l'aide d'un thérapeute expérimenté). Chaque référence du répertoire énumère les états traités sur les plans physique, émotionnel, psychologique, mental et spirituel. Les références croisées de l'index permettent d'associer les symptômes aux cristaux concernés. Par exemple, si le symptôme est un trouble digestif, la citrine favorisera la guérison. En la plaçant sur l'abdomen ou en la portant à l'auriculaire, lié au méridien* de l'Intestin grêle, la digestion s'apaisera. Toutefois, à un niveau plus subtil, les troubles digestifs sont susceptibles de se rapporter à une pénurie quelconque. Les inquiétudes financières se traduisent souvent en mal-être*. La citrine est la pierre de la prospérité. Elle attire la richesse et l'abondance dans votre vie (surtout si elle est placée dans le coin gauche de votre maison, le plus éloigné de la porte d'entrée). Porter une citrine recharge en énergie et stimule la motivation et la créativité, qui apportent à leur tour l'abondance.

Citrine

À un niveau encore plus profond, les peurs entourant l'argent naissent souvent du sentiment d'être ignoré par l'univers. La peur n'est pas uniquement un mal-être émotionnel, c'est une déconnexion spirituelle. Comme la citrine active le chakra* couronne, où s'effectue la connexion spirituelle, la foi dans l'univers est renforcée.

Célestite brune

Ayant identifié la cause probable du mal-être (la déconnexion spirituelle), cherchez d'autres cristaux pour étayer ce plan de votre être. La pétalite et la phénacite vous lient à une réalité spirituelle dotée d'une vibration très rapide. La phénacite favorise l'ancrage du spirituel dans la vie quotidienne. Si c'est la première fois que vous tentez de stimuler le contact spirituel grâce aux cristaux, l'expérience risque d'être trop intense pour vous. Dans ce cas, l'angélite ou la célestite seront de meilleurs choix, qui vous accorderont en douceur avec le royaume céleste*. La présence angélique suscitera l'impression d'être soutenu par l'univers.

Certains cristaux se soutiennent mutuellement, d'autres se repoussent l'un l'autre – prudence lorsque vous en choisissez pour la guérison. En cas de doute, consultez un thérapeute expérimenté.

OÙ TROUVER DES CRISTAUX

Dans les magasins spécialisés, vous pouvez examiner les pierres à votre guise. Ils sont listés dans les Pages jaunes. L'Internet donne aussi des indications, malgré les centaines de milliers de référence qui exigent du temps et de la patience. Vous trouvez aussi des cristaux dans les salons minéralogiques et les divers salons de médecines douces.

CHOIX DES CRISTAUX

Vous trouverez dans les pages suivantes des cristaux connus, et d'autres dont vous n'avez jamais entendu parler. Face à un si grand choix, il est difficile de sélectionner celui qui vous convient. Ce livre sera d'une aide précieuse pour l'achat de cristaux.

Pour choisir un cristal dans un but spécifique, regardez l'index, puis examinez les cristaux présentés dans le répertoire. Si vous n'avez pas d'objectif précis en tête mais l'idée de porter un cristal vous plaît, votre date de naissance est un bon point de départ – les pierres porte-bonheur (selon le jour de naissance) sont décrites aux pages 362 et 363. Vous pouvez choisir celle correspondant à votre signe zodiacal, qui ramène sur terre les énergies célestes.

Par ailleurs, vous pouvez sélectionner un cristal au hasard. Fiez-vous à votre intuition : feuilletez le répertoire jusqu'à ce qu'une pierre attire votre attention, puis achetez-la. Le cristal qui vous attire sera le bon (n'achetez jamais dans un magasin qui ne vous permet pas de toucher d'abord les pierres ; si vous achetez par Internet, assurez-vous de pouvoir retourner les cristaux s'ils ne conviennent pas – voir page 27). Manipulez ou touchez des cristaux jusqu'à ce qu'un adhère à vos doigts, provoquant un picotement. C'est celui-ci qu'il faut acheter. N'oubliez pas que taille ou beauté ne signifie pas nécessairement puissance. Les cristaux petits, bruts, sont très efficaces.

Avant de vous servir de votre cristal, purifiez-le (voir page 31).

PROGRAMMER VOTRE CRISTAL

Les cristaux doivent être consacrés à l'objectif visé. Consacrez un nouveau cristal dès que vous l'avez purifié (voir pages 30 et 31), car ce processus concentre son énergie.

Tenez le cristal dans vos mains, que vous imaginez auréolées de lumière. (Si cela vous paraît difficile, tenez vous devant une source lumineuse.) Dites à haute voix : "Je consacre ce cristal au plus grand bien de tous. Puisse-t-il être utilisé dans la lumière et l'amour."

Pour programmer le cristal, ouvrez-vous aux guides supérieurs lorsque vous le tenez dans les mains. Réfléchissez au but auquel vous le destinez. Soyez précis. Si vous désirez attirer l'amour, précisez le genre d'amour que vous cherchez. Si vous voulez la guérison, précisez pour quelle affection, ainsi que vos attentes. Lorsque vous avez formulé votre programme, accordez-vous au cristal. Assurez-vous qu'il est parfaitement approprié à votre objectif. Quand vous êtes en totale harmonie, dites à haute voix : "Je programme ce cristal pour [votre objectif]."

Placez-le ensuite à un endroit où vous le verrez sans cesse ou gardez-le dans votre poche. Il est utile de le tenir dans la main deux, trois ou plusieurs fois par jour. Parfois, la programmation doit être répétée plusieurs fois.

Les cristaux sont extrêmement sensibles. Tenez-les dans votre main pour les consacrer, les programmer ou choisir celui qui convient le mieux.

SOIN DES CRISTAUX

Beaucoup de cristaux sont fragiles ou friables. Les cristaux en strates ou en agrégats risquent de se détacher de leur base. Les cristaux comme la sélénite sont hydrosolubles. Les surfaces lustrées ou les pointes naturelles sont facilement rayées ou endommagées. Les pierres roulées sont plus solides, leur surface ayant été rendue plus dure par les innombrables heures passées à tourner dans du sable fin. Placez les pierres roulées dans un sachet, mais rangez séparément les autres types de cristaux.

Enveloppez vos cristaux dans un foulard en soie ou en velours qui préviendra les rayures et empêchera l'absorption des émanations nuisibles. Les cristaux doivent être purifiés lors de leur achat et après avoir été portés ou utilisés pour la guérison. Purifiez toujours les bijoux qui vous ont été offerts, car ils peuvent garder des vibrations négatives et vous les transmettre. Quelques cristaux n'ont jamais besoin d'être purifiés (citrine, cyanite, azeztulite). Le quartz clair et la cornaline purifient les autres cristaux. Ils conviennent pour les pierres délicates et friables, mais il faut les nettoyer ensuite.

Les pierres roulées peuvent être gardées dans un sachet

NETTOYAGE DU CRISTAL

Les cristaux seuls et résistants peuvent être tenus sous l'eau courante, immergés dans de l'eau de mer ou de l'eau salée pour que la négativité soit dissipée et le cristal rechargé en énergie. Quelques heures passées sous les rayons du soleil ou de la lune rechargeront aussi le cristal en énergie. Attention, certaines pierres perdent leur éclat au soleil ou concentrent les rayons solaires au point de mettre le feu – n'oubliez pas que la lumière du soleil se déplace au fil des heures.

Les cristaux friables ou les conglomérats peuvent être laissés dans de l'eau salée pendant la nuit. Brossez ensuite en douceur toute trace de sel qui risque d'endommager le cristal, surtout dans une atmosphère moite.

Certains cristaux en purifient d'autres. Gardez une cornaline dans un sachet de pierres roulées et vous n'aurez jamais besoin de nettoyer celles-ci par une autre méthode. Un petit cristal de ce genre peut être placé sur un conglomérat de quartz clair et laissé pendant la nuit.

Vous pouvez fumiger* les cristaux ou les passer par la flamme d'une bougie. Vous pouvez aussi les visualiser entourés de lumière, qui les purifie et les recharge en énergie.

Nettoyez les cristaux dans de l'eau ou avec du sel.

L'une des plus faciles façons de purifier un cristal est de se servir d'un nettoyant spécial, disponible sur Internet. Une goutte ou deux sur le cristal, ou une légère aspersion avec de l'eau dans laquelle ont été ajoutées quelques gouttes de nettoyant, suffisent et n'endommagent pas les cristaux friables.

MÉDITATION SUR LES CRISTAUX

La méditation sur un cristal est l'une des plus faciles façons de s'accorder à son énergie. Nettoyez le cristal avant de commencer, afin que ses énergies soient pures. La méditation permet de se fermer au jacassement mental. Ses bienfaits – allégement du stress, diminution de la pression artérielle, etc. – s'ajoutent à la connaissance des cristaux. Dans la sérénité de la méditation, les cristaux parleront.

La méditation est pareille à l'ouverture d'une porte vers un autre monde, surtout si on choisit un cristal qui comporte des défauts* et des occlusions*. On se perd dans le cristal. Dans la paix qui s'installe, les solutions et les intuitions prennent forme. Il est bénéfique de méditer tour à tour sur tous ses cristaux, en prenant quelques jours pour s'accorder à chacun et le connaître parfaitement.

Certaines personnes aiment se réserver un "jour du cristal", pendant lequel elles s'accordent à chacun de leurs cristaux. On commence par les cristaux rouges pour se remplir d'énergie et s'éveiller, puis on parcourt le spectre, orange, jaune, vert, bleu, pourpre, violet et clair. Cela conduit à la vibration la plus élevée du cristal, au sentiment d'être au septième ciel*. Après la méditation, il faut ancrer de nouveau les énergies avec un cristal noir pour revenir réellement. Le Boji est excellent pour ce faire, car il s'installe gentiment mais instantanément dans le corps et ramène immédiatement dans le présent.

Agate

Ambre

Soufre

Péridot

Agate

Améthyste

Fluorite

EXERCICE DE MÉDITATION SUR LE CRISTAL

Assurez-vous de ne pas être dérangé, particulièrement par le téléphone. Installez-vous confortablement avec votre cristal. Tenez-le dans vos mains ou placez-le sur une table basse devant vous.

Respirez doucement, chaque expiration un peu plus longue que l'inspiration. En expirant, relâchez tout stress ou tension. En inspirant, faites-vous accompagner par la paix lorsque le souffle traverse le corps. Laissez la respiration prendre un rythme régulier.

Les yeux fixant légèrement le cristal, notez sa couleur, sa forme, son poids si vous le tenez. Percevez ses vibrations traversant vos mains. Errez dans le cristal, explorez ses plans internes. Quand vous êtes prêt, fermez les yeux. Contemplez sereinement les énergies du cristal et permettez-lui de vous apprendre qui vous êtes.

Quand vous avez achevé la méditation, ouvrez les yeux et mettez le cristal de côté. Placez les pieds fermement sur le plancher. Pour vous ancrer, servez-vous d'un quartz fumé ou d'un Boji.

RÉPERTOIRE DES CRISTAUX

Les cristaux existent dans d'innombrables formes et dimensions. Le même cristal peut présenter quelques formes ou couleurs, ou être désigné par plusieurs noms. L'aspect de beaucoup de cristaux est amélioré par la taille et le polissage, mais ils sont tout aussi efficaces à l'état brut. Un cristal brut est parfois difficile à identifier, car bon nombre de ses caractéristiques sont moins visibles.

Ce répertoire présente les cristaux avec leurs diverses formes et couleurs pour en faciliter l'identification. À côté du cristal brut on voit celui taillé ou roulé. On voit aussi de grands agrégats, de petites pointes, des pierres polies de la taille d'une paume et des géodes.

Les cristaux servent à la guérison, à l'amélioration de l'environnement, aux parures. Leurs vibrations subtiles affectent les plans physique, émotionnel, mental, psychologique et spirituel de l'être. Ils font ressortir les qualités particulières et ouvrent la porte de la compréhension spirituelle. Ce répertoire comprend toutes les informations pratiques et ésotériques nécessaires pour profiter au mieux des propriétés miraculeuses des cristaux et pour les disposer de la façon la plus bénéfique.

CARACTÉRISTIQUES DES CRISTAUX

Cette section comprend toutes les informations utiles sur les propriétés générales de chaque cristal, sur ses effets psychologique, mental, émotionnel et spirituel, sur son usage curatif, sur la meilleure façon de le disposer pour un effet maximal – le tout repris dans l'index par des références croisées.

La description de chaque cristal mentionne toutes ses couleurs et ses divers noms. Lorsqu'une couleur ou une forme du cristal possède des propriétés complémentaires, celles-ci sont listées après la référence principale. Les caractéristiques générales de chaque cristal apparaissent donc sous le nom générique, suivies par ses caractéristiques spécifiques.

Le répertoire permet de choisir un cristal en vue de la guérison, de la protection, etc. L'index sera utile : regardez les entrées concernant l'état pour lequel vous avez besoin du cristal et marquez les pages de référence. Examinez chaque cristal et notez lequel vous attire le plus. C'est celui-là qui sera le plus approprié.

Géode de calcédoine

IDENTIFIER UN CRISTAL

Les sources d'origine pour chaque cristal sont mentionnées dans l'encadré, avec une description de sa couleur, aspect et taille.

Si vous devez identifier un cristal, examinez-le attentivement. Notez sa couleur et sa forme. Est-il clair, possède-t-il des pointes à facettes ? Est-il brut ou a-t-il été roulé jusqu'à devenir lisse ? Est-il dense et granuleux ou transparent ? Regardez les illustrations jusqu'à ce que vous trouviez celui qui ressemble le plus à votre pierre. Les photographies du répertoire ne montrent qu'une partie des couleurs dans lesquelles apparaît chaque cristal. Si votre cristal a un aspect similaire et l'une des couleurs énumérées, votre identification est assurément correcte (si vous avez le moindre doute, demandez conseil dans un magasin spécialisé).

ÊTRES DE CRISTAL

Nombre de cristaux renferment des êtres ou des esprits gardiens qui souhaitent travailler avec vous, pour que votre cristal agisse à son plein potentiel. Méditer sur le cristal (voir page 32) met en contact avec eux. L'être se trouve parfois dans une autre dimension, vers laquelle le cristal jette un pont. Certains cristaux ont leur propre ange ou connectent avec les êtres supérieurs.

Être de calcédoine bleue

AGATE

Agate naturelle (coupe)

COULEUR	Clair ou blanc laiteux, gris, bleu, vert, rose, brun, souvent coloré artificiellement
ASPECT	Cireux et doux, d'habitude strié, parfois transparent avec de petites inclusions cristallines, tailles diverses. Souvent vendu en plaques artificiellement colorées sans d'autres propriétés thérapeutiques
DISPONIBILITÉ	Répandu
SOURCE	États-Unis, Inde, Maroc, République tchèque, Brésil, Afrique

CARACTÉRISTIQUES. Pierre très stable, formée de microscopiques cristaux de quartz disposés en bandes. Pierres d'ancrage, les agates apportent un équilibre émotionnel, physique et intellectuel. Elles favorisent le centrage et la stabilisation de l'énergie physique.

L'agate a le pouvoir d'harmoniser le yin et le yang, les forces positive et négative qui maintiennent l'univers en place. Pierre apaisante et calmante, l'agate agit lentement, mais confère une grande force. Ses strates multiples mettent en évidence des informations cachées.

Sur le plan psychologique, l'agate favorise en douceur l'acceptation de soi, qui à son tour fortifiera la confiance en soi. Aide l'auto-analyse et la perception des circonstances occultées, attirant l'attention sur tout mal-être* interférant avec le bien-être.

Les agates étayent le fonctionnement mental, car elles améliorent la concentration, la sensibilité et les capacités analytiques permettant de trouver des solutions pratiques. L'amour de la vérité de l'agate incite à dire ce qu'on pense. Les agates claires stimulent les souvenirs.

Sur le plan émotionnel, ce cristal surmonte la négativité et l'amertume, guérit la colère intérieure, conférant ainsi l'amour et le courage de recommencer. Utile pour tout type de traumatisme émotionnel. Crée un sentiment de sécurité en dissipant la tension intérieure.

Sur le plan spirituel, l'agate élève la conscience et la connecte à la conscience collective et à l'appréhension de l'unité de la vie. Elle favorise la contemplation sereine et l'assimilation des expériences de la vie, débouchant sur la croissance spirituelle et la stabilité intérieure.

GUÉRISON. L'agate stabilise l'aura*, éliminant et transformant les énergies négatives. Son effet purifiant est puissant sur le plan physique et sur le plan émotionnel. Placée sur le cœur, elle traite le malaise émotionnel qui empêche d'accepter l'amour. Placée sur l'abdomen ou prise sous forme d'élixir, l'agate stimule le processus digestif et soulage la gastrite. Soigne les yeux, l'estomac et l'utérus, purifie le système lymphatique et le pancréas, fortifie les vaisseaux sanguins et atténue les problèmes dermiques.

POSITION. À maintenir ou à placer selon les besoins.

Agate bleue (naturelle)

COULEURS ET TYPES SPÉCIFIQUES. En plus de leurs caractéristiques génériques, les couleurs particulières ont des propriétés supplémentaires :

Agate verte

Agate rose

L'agate bleu-vert est en général du verre artificiel, dépourvu de propriétés thérapeutiques.
L'agate verte accroît la souplesse mentale et émotionnelle et améliore la prise de décision. Utile pour régler les disputes.
L'agate rose favorise l'amour entre parents et enfants. Pour un effet optimum, positionnez-la sur le cœur.
L'agate du Botswana est trouvée seulement dans ce pays ; cette pierre convient à tous ceux ayant un rapport avec le feu ou la fumée. Bénéfique pour les fumeurs et pour ceux qui veulent abandonner la cigarette. L'agate du Botswana cherche des solutions au lieu de s'attarder sur les problèmes. Elle aide à explorer un territoire inconnu, ainsi que la propre créativité de l'individu. Sur le plan mental, aide à voir l'image globale. Sur le plan émotionnel, relâche en douceur le refoulement. Présentant souvent des nodules, cette agate ressemble au cerveau aussi par sa couleur grise. Particulièrement utile pour l'assimilation de l'oxygène, pour le système circulatoire et la peau. Atténue la dépression. Sur le plan subtil, stimule le chakra* couronne, faisant venir l'énergie dans le champ aurique.

AGATE : AGATE BLUE LACE

APPELLATION COMMERCIALE

Polie et roulée

Brute

COULEUR	Bleu pâle avec des bandes blanches ou sombres
ASPECT	À bandes, souvent petit et roulé
DISPONIBILITÉ	Facile à trouver
SOURCE	Comme l'agate

PROPRIÉTÉS ADDITIONNELLES. L'agate blue lace est une pierre extrêmement curative. Son énergie modérée apportant la paix à l'esprit est apaisante. Particulièrement efficace pour activer et guérir le chakra* de la gorge, permettant la libre expression des pensées et des sentiments. Ouvre la voie à l'expérience des énergies supérieures. C'est l'une des pierres les plus positives. Neutralise la colère, les infections, l'inflammation et la fièvre.

Sur le plan psychologique, l'agate blue lace compense le refoulement et la suppression des sentiments nés de la peur d'être jugé et rejeté. Le jugement est souvent présent dans la relation parent-enfant, tant dans l'enfance qu'à l'âge adulte. Le manque d'expression bloque le chakra de la gorge et peut affecter la poitrine, d'où une impression de suffoquer. L'agate blue lace dissout en douceur le modèle obsolète de répression et favorise un nouveau mode d'expression. Permet aux hommes de se détendre et d'accepter leur sensibilité et leurs sentiments.

Sur le plan mental, assiste l'expression verbale des pensées et des sentiments et neutralise le stress mental. Sur le plan émotionnel, les énergies paisibles exsudées par cette pierre neutralisent les sentiments de colère.

Sur le plan spirituel, purifie le chakra de la gorge, encourageant l'expression des vérités spirituelles les plus élevées. Cette pierre lie la pensée à la vibration spirituelle et apporte une paix profonde.

GUÉRISON. L'agate blue lace est un puissant guérisseur de la gorge. Sa capacité de compenser l'expression de soi bloquée soulage les problèmes des épaules et du cou, les déficiences thyroïdiennes, les infections de la gorge, les infections lymphatiques. Fait tomber les fièvres, élimine les blocages du système nerveux, traite les déformations arthritiques des os, fortifie le squelette et soigne les fractures. Protège les capillaires et le pancréas. Prise sous forme d'élixir, cette pierre traite les déséquilibres des fluides cérébraux et l'hydrocéphalie. Utilisée aussi pour renforcer la guérison par le son – elle focalise et dirige le son vers l'endroit approprié.

POSITION. À placer selon les besoins, surtout sur la gorge.

AGATE : AGATE DENDRITIQUE

APPELÉE AUSSI AGATE ARBORISÉE

Taillée et polie

COULEUR	Clair, brun, vert
ASPECT	Transparent avec des marques pareilles à des fougères, souvent petit et roulé
DISPONIBILITÉ	Facile à trouver
SOURCE	États-Unis, République tchèque, Inde, Islande, Maroc, Brésil

PROPRIÉTÉS ADDITIONNELLES. L'agate dendritique est une pierre de plénitude, qui apporte l'abondance et la complétude dans tous les domaines de la vie, y compris les affaires et l'agriculture. On peut l'utiliser pour augmenter les récoltes ou entretenir la santé des plantes en pot.

L'agate dendritique engendre une ambiance paisible, tant intérieure qu'extérieure, et incite à profiter de chaque moment. Ce cristal a un lien particulièrement fort avec le règne végétal, soutient la communication avec celui-ci, intensifie la connexion à la terre.

N'importe son mode d'utilisation, l'agate dendritique agit lentement et a besoin de temps.

Sur le plan psychologique, l'agate dendritique incite à rester centré à des époques de conflits ou de confusion. Confère la stabilité, la persévérance, la capacité de tenir les difficultés pour des défis.

Sur le plan spirituel, l'agate dendritique exhorte à rester connecté à ses racines au fur et à mesure qu'on grandit. L'agate dendritique ouvre et aligne les chakras*, leur permettant d'intégrer la conscience supérieure.

GUÉRISON. Au niveau subtil, l'agate dendritique guérit le mal-être suscité par les déséquilibres des chakras. L'agate dendritique résonne avec tout ce qui se ramifie dans le corps, comme les vaisseaux sanguins et les nerfs. Traite le système nerveux, les névralgies, les troubles osseux. Aligne le squelette à la réalité physique de l'individu. L'agate dendritique inverse la dégénérescence capillaire et stimule le système circulatoire. Placée sur une blessure ou un point douloureux, allège la souffrance. Pierre utile pour guérir les plantes et même la terre. Stabilise les vortex du champ énergétique terrestre et peut venir à bout du stress géopathique* ou des "lignes ley noires*."

POSITION. À maintenir selon les besoins. Pour un maximum de bénéfice, on doit la porter pendant de longues périodes. Peut être placée dans les pots des plantes.

AGATE : AGATE FEU

Formation naturelle

COULEUR	Rouge brun, orange, bleu, vert
ASPECT	Petite pierre à volutes, luminescente
DISPONIBILITÉ	Dans les magasins spécialisés
SOURCE	États-Unis, République tchèque, Inde, Islande, Maroc, Brésil

PROPRIÉTÉS ADDITIONNELLES. L'agate feu a un fort rapport avec la terre, son énergie est apaisante, sécurisante. Elle soutient durant les périodes difficiles grâce à ses intenses pouvoirs ancrants.

L'agate feu est dotée d'une grande force protectrice, spécialement contre les malédictions. En édifiant un bouclier autour du corps, elle les renvoie à leur source.

Sur le plan physique, l'agate feu, comme le suggère son nom, est liée à l'élément feu et favorise les entreprises sexuelles, active le chakra* racine et stimule la vitalité à tous les niveaux. Sur le plan psychologique, l'agate feu dissipe la peur et instille un profond sentiment de sécurité.

En tenant une agate feu, l'introspection est facilitée, mettant en évidence les problèmes intérieurs pour qu'ils soient résolus. Cette pierre aide à dissiper les envies et les désirs destructeurs. Utile pour traiter les dépendances.

Sur le plan spirituel, ce cristal protecteur aide la relaxation, de sorte que le corps "se détend", intensifiant la méditation. Censée représenter la perfection absolue, l'agate feu instille la force d'âme spirituelle et favorise l'évolution de la conscience.

GUÉRISON. Soigne l'estomac, le système nerveux, le système endocrinien et les troubles circulatoires. Utile pour les yeux, fortifie la vision nocturne et clarifie la vision sur le plan intériur, intuitif, et extérieur, physique. Rééquilibre le méridien Triple Réchauffeur*, en atténuant les bouffées de chaleur et en abaissant la température corporelle. L'agate feu apporte de la vitalité au corps, en prévenant l'épuisement énergétique. Placée sur un chakra* éclaté, le fait revenir doucement à la normale. Sur le plan subtil, l'agate feu purifie les blocages éthériques et charge en énergie l'aura*.

POSITION. L'agate feu peut être portée pendant de longues périodes ou placée sur la tête ou le corps, selon les besoins.

AGATE : AGATE MOUSSE

Polie

Roulée

COULEUR	Vert, bleu, rouge, jaune, brun
ASPECT	Transparent avec des marques ramifiées pareilles aux feuillages ou à la mousse, souvent petit et roulé
DISPONIBILITÉ	Répandu
SOURCE	États-Unis, Australie, Inde

PROPRIÉTÉS ADDITIONNELLES. Pierre stabilisante très liée à la nature, l'agate mousse est censée ranimer l'âme et permettre de voir la beauté dans tout ce qu'on regarde. Atténue la sensibilité au climat et aux polluants environnementaux. Cette pierre est extrêmement bénéfique pour toute personne travaillant dans l'agriculture ou dans un domaine ayant trait à la végétation.

Cristal porte-bonheur, l'agate mousse aide le travail des sages-femmes, atténue la douleur et favorise l'accouchement facile. C'est la pierre des nouveaux commencements, qui écarte les blocages ou les obstacles spirituels. Pierre de richesse, l'agate mousse attire l'abondance.

L'agate mousse agit parfois d'une double façon, en aidant les gens dominés par l'intellect à accéder à leurs sentiments intuitifs et, inversement, en permettant aux intuitifs de canaliser leur énergie de manière pratique.

Sur le plan psychologique, améliore le respect de soi et fortifie les traits positifs de la personnalité. Laisse aller la peur et le stress profondément enraciné. Encourage le développement de la force et de la capacité de s'entendre avec les autres, tout en favorisant l'essor de l'espace personnel et de la croissance. Cette pierre incite à essayer une fois de plus, en inspirant de nouveaux idéaux après une période de stagnation.

Sur le plan mental, favorise l'expression de soi et la communication. Équilibre les émotions, diminue le stress et allège la peur. Pierre hautement optimiste, elle encourage la confiance et l'espoir. Utile pour toute personne souffrant d'une dépression provoquée par les circonstances ou par des déséquilibres cérébraux. Si difficiles que soient ces situations, l'agate mousse permet de comprende leur cause.

GUÉRISON. L'agate mousse accélère le rétablissement, surtout après des maladies de longue durée. Anti-inflammatoire, elle nettoie le système circulatoire et le système éliminatoire, favorise la circulation de la lymphe, active le système immunitaire, soigne la dépression causée par un déséquilibre de l'hémisphère gauche du cerveau. Aide à prévenir l'hypoglycémie et la déshydratation, traite les infections, les refroidissements et la grippe, atténue les fièvres, diminue le gonflement des ganglions lymphatiques. Sous forme d'élixir appliqué sur la peau, traite les infections fongiques et cutanées.

POSITION. À placer sur le point approprié, en contact avec la peau.

AMAZONITE

Polie et roulée

Brute

COULEUR	Bleu, vert
ASPECT	Opalescent avec des veines, de tailles diverses, parfois roulé
DISPONIBILITÉ	Répandu
SOURCE	États-Unis, Russie, Canada, Brésil, Inde, Mozambique, Namibie, Autriche

CARACTÉRISTIQUES. L'amazonite a une puissante action filtrante. Sur le plan physique, elle bloque le stress géopathique*, absorbe les micro-ondes et les rayonnements des téléphones portables, protège de la pollution électromagnétique. Cette pierre doit être placée entre soi et la source de toute pollution ou collée sur le téléphone portable. Sur le plan mental, filtre les informations arrivant au cerveau et les combine avec l'intuition.

Pierre extrêmement apaisante, calme le cerveau et le système nerveux et aligne le corps physique avec le corps éthérique*, maintenant une santé optimale. L'amazonite équilibre les énergies masculine et féminine, ainsi que de nombreux aspects de la personnalité. Ce cristal permet de voir les deux côtés d'un problème ou les différents points de vue. Sur le plan émotionnel, l'amazonite apaise le traumatisme émotionnel, allégeant l'inquiétude et la peur, dissipant l'énergie négative et l'irritation.

Sur le plan spirituel, l'élixir d'amazonite est extrêmement bénéfique sur tous les plans de conscience. L'amazonite favorise la manifestation de l'amour universel.

GUÉRISON. L'amazonite guérit et ouvre le chakra du cœur et le chakra* de la gorge pour renforcer la communication affectueuse. Elle active aussi le troisième œil* et l'intuition. Cette pierre dissipe l'énergie négative et les blocages du système nerveux. Bénéfique pour l'ostéoporose, les caries dentaires, la carence en calcium, elle équilibre les déficiences métaboliques provoquant ces affections. L'élixir corrige les problèmes de calcium. Le cristal soulage aussi les spasmes musculaires. Protège contre les micro-ondes et les autres sources de brouillard électromagnétique*.

POSITION. À placer sur le point affecté ou à porter sur soi pour se protéger des micro-ondes. À placer près des ordinateurs ou collée au téléphone portable.

AMBRE

Façonné

Jaune, clair

COULEUR	Brun doré ou jaune-vert (si coloré artificiellement)
ASPECT	Résine opaque ou transparente avec des inclusions d'insectes ou de plantes, tailles variées
DISPONIBILITÉ	Facile à trouver
SOURCE	Grande-Bretagne, Pologne, Italie, Roumanie, Russie, Allemagne, Myanmar, la Dominique

CARACTÉRISTIQUES. À strictement parler, l'ambre n'est pas un cristal, mais une résine végétale solidifiée et fossilisée. Pierre d'ancrage pour les énergies supérieures, l'ambre est très lié à la terre. Puissant guérisseur et purificateur, absorbe le mal-être* du corps et favorise la revitalisation des tissus. Il purifie aussi l'environnement et les chakras*, en absorbant les énergies négatives et en les transformant en forces positives qui incitent le corps à se guérir lui-même. Puissant, il connecte le moi à la réalité spirituelle supérieure.

Sur le plan psychologique, l'ambre apporte la stabilité dans la vie, tout en conférant une motivation grâce au lien entre l'objectif et l'envie de l'atteindre. Ses énergies chaleureuses et brillantes se manifestent dans un état d'esprit radieux et spontané qui respecte néanmoins la tradition. Neutralise les tendances suicidaires ou dépressives.

Sur le plan mental, l'ambre stimule l'intellect, écarte la dépression, favorise un état mental positif et une expression de soi créative. Il apporte l'équilibre et la patience, encourage la prise de décisions, est un aide-mémoire utile. Sa flexibilité dissipe l'opposition. Sur le plan émotionnel, l'ambre soutient la sérénité et développe la confiance. Sur le plan spirituel, l'ambre encourage l'altruisme et confère la sagesse.

GUÉRISON. L'ambre est un puissant purificateur et guérisseur des chakras. Sur le plan physique, il imbibe le corps de vitalité et a le pouvoir d'en faire sortir le mal. En absorbant la douleur et l'énergie négative, l'ambre permet au corps de se rééquilibrer et de se guérir lui-même. Allège le stress, résonne avec la gorge, traite le goitre et les autres troubles de la gorge. En outre, soigne l'estomac, la rate, les reins, la vessie, le foie et la vésicule biliaire, soulage des douleurs articulaires et fortifie les membranes muqueuses. Excellent antibiotique naturel sous forme d'élixir, contribue à la guérison des plaies. Stimule le chakra du nombril et facilite l'ancrage des énergies dans le corps.

POSITION. À porter pendant de longues périodes, surtout au poignet ou sur la gorge, ou à placer selon les besoins. Pour soigner les bébés ou les enfants, la mère doit le porter d'abord elle-même.

AMÉTHYSTE

Améthyste violette

COULEUR	Mauve à bleu lavande
ASPECT	Cristaux transparents, pointus. En géode, groupe ou cristal isolé. Toutes les tailles
DISPONIBILITÉ	Cristaux des plus répandus
SOURCE	États-Unis, Grande-Bretagne, Canada, Brésil, Mexique, Russie, Sri Lanka, Uruguay, Afrique de l'est, Sibérie, Inde

CARACTÉRISTIQUES. Pierre extrêmement puissante et protectrice, dotée d'une vibration spirituelle élevée. Préserve de l'attaque psychique*, convertissant l'énergie en amour. Tranquillisant naturel, l'améthyste bloque le stress géopathique* et les énergies environnementales négatives. Sa sérénité favorise les états supérieurs de conscience et la méditation. Outre affermir la prise de conscience spirituelle, l'améthyste a de grands pouvoirs curatifs et purifiants. Selon la tradition, elle protégeait de l'ivresse, atténuait les abus et les passions physiques, incitait à la sobriété. Ce cristal triomphe des dépendances et des blocages, quels qu'ils soient. Utilisée sur un plan supérieur, l'améthyste ouvre la porte vers une autre réalité.

Très bénéfique pour le mental, le calmant ou le stimulant selon les besoins. Lors de la méditation, éloigne les pensées distrayantes, permettant d'atteindre la tranquillité et la compréhension profonde. Sur le plan mental, aide de se sentir moins dispersé, plus concentré et maître de ses facultés, améliore l'intégration des idées nouvelles, lie la cause à l'effet.

Facilite la prise de décisions en faisant appel au bon sens et aux intuitions spirituelles, puis en les mettant en pratique. Calme et synthétise, favorisant la transmission des signaux neuraux dans le cerveau. Lorsque l'insomnie est provoquée par un esprit hyperactif, protège contre les cauchemars récurrents. Fortifie la mémoire et améliore la motivation, permettant à l'individu de se fixer des objectifs réalistes. Aide à se souvenir des rêves et à les comprendre, facilitant en plus le processus de visualisation.

L'améthyste équilibre les hauts et les bas, engage le centrage émotionnel. Dissipe la colère, la fureur, la peur et l'anxiété. Allégeant la tristesse et le chagrin, elle aide à accepter la perte.

Pierre très spirituelle, favorise l'amour du divin, offre des aperçus sur la vraie nature de celui-ci et soutient l'altruisme et la sagesse spirituelle. Active l'intuition et fortifie les dons psychiques*. Excellente pour la méditation et l'interrogation de l'avenir* (dans une boule de cristal), on peut la placer sur le troisième œil pour stimuler celui-ci. En dormant avec une améthyste, on facilite les voyages extra-corporels*, ce qui suscite des rêves intuitifs. L'améthyste transmute les énergies "basses" en énergies aux fréquences élevées, propres aux royaumes spirituel et éthérique*.

GUÉRISON. Active la production d'hormones, harmonise le système endocrinien et le métabolisme. Fortifie les organes de purification et d'élimination, ainsi que le système immunitaire. Parfaite purificatrice du sang, l'améthyste soulage la douleur et le stress physique, émotionnel ou psychologique et bloque le stress géopathique. Allège les maux de tête, dissipe la tension, modère les ecchymoses, les plaies et les enflures, traite les troubles auditifs, soigne les affections pulmonaires et respiratoires, les problèmes dermiques et cellulaires, les maladies du trajet digestif. Bénéfique pour les intestins, harmonise la flore intestinale, élimine les parasites et favorise la réabsorption de l'eau. Traite l'insomnie et confère un sommeil reposant.

Sur un plan subtil, l'améthyste équilibre et relie les corps physique, mental et émotionnel* au corps spirituel. Purifie l'aura*, convertit l'énergie négative et stimule les chakras* de la gorge et couronne. Utile pour les mourants. L'améthyste peut stabiliser les affections mentales, mais ne doit pas être utilisée en cas de paranoïa ou de schizophrénie.

POSITION. À porter ou à placer selon les besoins, surtout comme bijou. Les groupes et les géodes conviennent pour l'environnement, les cristaux isolés pour la guérison. La pointe dirigée vers le sujet attire l'énergie ; dirigée dans le sens opposé, l'aspire. Très bénéfique portée sur la gorge ou le cœur. Contre l'insomnie ou les cauchemars, à placer sous l'oreiller. Perd son éclat au soleil.

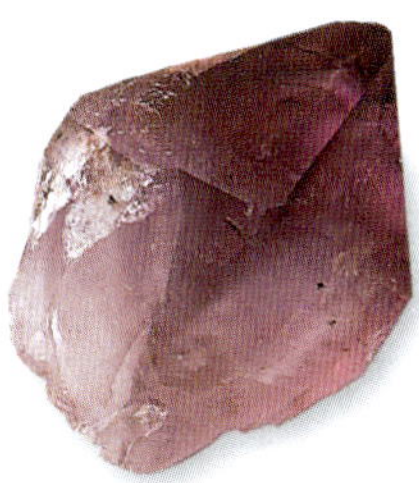

Pointe d'améthyste

COULEURS SPÉCIFIQUES

En plus des caractéristiques génériques, les couleurs et les formes suivantes ont des propriétés supplémentaires :

Fleur d'améthyste violet lavande

L'améthyste violet-lavande a une vibration particulièrement élevée. Les cristaux lilas à double pointe mettent en contact avec les ondes cérébrales bêta. Stimulent et calment le chakra de la gorge et le chakra du cœur. Les "fleurs" violettes offrent à l'environnement lumière et amour.

L'améthyste en chevrons est l'un des meilleurs stimulants du troisième œil*. Fortifie la vision intérieure, intuitive, et la vision extérieure, physique, favorise les voyages extra-corporels. Son énergie très concentrée dissipe et repousse la négativité. Purifie l'aura et aide le diagnostic aurique. Son puissant champ curatif harmonise les organes du corps et stimule le système immunitaire. Permet de trouver une réponse positive à tout problème et de l'appliquer.

L'améthyste en ananas présente de petits nodules sur les côtés, au-dessus desquels émergent les pointes. Leur aspect de tourelles de château de conte de fées facilite le contact avec les domaines mythiques et stimule l'imagination. Guérisseur archétypal des mythes familiaux et collectifs.

Baguette d'améthyste

Groupe d'améthyste en ananas

AMÉTRINE

Polie

Brute

COULEUR	Violet et jaune
ASPECT	Cristal transparent, combinaison d'améthyste et de citrine, souvent petit et roulé
DISPONIBILITÉ	Facile à trouver, bien que provenant d'une seule mine
SOURCE	Bolivie

CARACTÉRISTIQUES. L'amétrine combine les propriétés de l'améthyste et de la citrine. Son action rapide et efficace convient particulièrement aux maladies de longue durée, car elle donne des indications sur les causes du mal-être*. L'amétrine connecte le domaine physique à la conscience supérieure. Facilite le voyage astral* et protège durant celui-ci, en repoussant les attaques psychiques*. Élimine le stress et la tension mentale, en apaisant et en concentrant davantage sur la méditation.

Ouvre le troisième œil, favorise la santé et la divination, joint les énergies masculine et féminine.

Sur le plan psychologique, accroît la compatibilité et l'acceptation des autres. Met en évidence les attaches en dépassant les préjugés. Pierre fortement chargée en énergie, elle stimule la créativité et aide à prendre le contrôle de sa propre vie. Surmonte les contradictions apparentes.

Sur le plan mental, l'amétrine apporte la clarté, harmonisant la perception et l'action. Intensifie la concentration et aide à examiner les choses minutieusement, incitant à explorer toutes les possibilités et apportant des solutions créatives. Conduit l'intellect au-delà de la réalité quotidienne, le liant à la conscience supérieure.

Sur le plan émotionnel, l'amétrine élimine les blocages, y compris la programmation émotionnelle négative* et les attentes, facilitant ainsi la transformation, offrant des aperçus des causes sous-jacentes de la détresse émotionnelle. L'amétrine favorise l'optimisme et le bien-être débarrassé des influences stressantes extérieures.

GUÉRISON. L'amétrine va au fond des choses. Ses fortes propriétés purifiantes éliminent la négativité de l'aura* et les toxines du corps. Charge le sang en énergie, régénère le corps physique, fortifie le système immunitaire, aide le système nerveux autonome et la maturation physique, stabilise l'ADN/ARN, oxygène le corps. Soigne le syndrome de la fatigue chronique (SFC)*, les sensations de brûlure, la dépression, les troubles gastriques, les ulcères, la fatigue, l'apathie, les maux de tête de tension et les affections liées au stress. Dissipe les blocages des corps subtils* physique, émotionnel et mental.

POSITION. À porter sur le plexus solaire pendant de longues périodes. Tenue dans la main, l'ametrine fait ressortir les questions occultées pour qu'elles puissent être guéries.

ANGÉLITE

Plaque légèrement polie

COULEUR	Bleu et blanc, parfois moucheté de rouge
ASPECT	Pierre opaque, souvent veinée d'ailes, assez grosse
DISPONIBILITÉ	Facile à trouver
SOURCE	Grande-Bretagne, Égypte, Allemagne, Mexique, Pérou, Pologne, Libye

CARACTÉRISTIQUES. L'angélite fait partie des "pierres de prise de conscience" du New Age. Représente la paix et la fraternité. Comme son nom le suggère, elle facilite le contact conscient avec le royaume angélique*. Fortifie la communication télépathique et favorise les voyages extra-corporels* tout en maintenant le contact avec la réalité quotidienne.

Pierre puissante pour les thérapeutes, car elle accroît l'harmonisation et aiguise la perception. Protège l'environnement ou le corps, surtout sous forme d'élixir.

Formée à partir de la célestite (voir page 96) compressée au cours des millions d'années, l'angélite possède un bon nombre de propriétés de celle-ci.

Sur le plan psychologique, l'angélite aide à affirmer sa propre vérité, quelle qu'elle soit. Incite à être plus compatissant et à accepter ce qui ne peut pas être changé. Atténue la douleur psychologique et neutralise la cruauté. Sur le plan mental, l'angélite aide à mieux comprendre l'astrologie et les mathématiques. On affirme qu'elle facilite le contact télépathique.

Sur le plan spirituel, l'angélite est très compatissante. Transforme la douleur et le trouble en complétude et guérison, ouvrant la voie à l'inspiration spirituelle. Crée un profond sentiment de paix et de tranquillité. L'angélite aide à se connecter au savoir universel, accroît la prise de conscience, facilite le processus de renaissance, stimule la guérison et active le channeling psychique*.

GUÉRISON. Appliquée sur les pieds, débloque les méridiens* et les voies énergétiques. En résonance avec la gorge, allège l'inflammation et équilibre la thyroïde et la parathyroïde. Cette pierre apaisante répare les tissus et les vaisseaux sanguins, équilibre les fluides corporels, agit en tant que diurétique. Utile pour contrôler le poids. Particulièrement liée aux poumons et aux bras. Soulage la douleur des coups de soleil. Sur le plan subtil, équilibre le corps physique avec les royaumes éthériques.

POSITION. À maintenir ou à placer sur le corps selon les besoins.

ANHYDRITE

Formation naturelle

COULEUR	Clair, bleu, gris
ASPECT	Cristaux lamelliformes longs ou courts, sur matrice
DISPONIBILITÉ	Dans les magasins spécialisés
SOURCE	Italie

CARACTÉRISTIQUES. L'anhydrite confère soutien et force sur le plan physique. Favorise l'acceptation du corps physique en tant que réceptacle éphémère de l'âme et aide à affronter avec sérénité ce qu'apportera l'avenir. Utile pour les personnes qui ont du mal à accepter l'incarnation et qui se languissent pour l'état "après la mort". En enseignant à accepter ce qu'apporte la vie et à abandonner les rêves du passé, favorise la guérison des vies antérieures.

GUÉRISON. Traite les problèmes de la gorge, surtout ceux causés par la difficulté de s'exprimer à travers le corps physique. Diminue la rétention des fluides et le ballonnement.

POSITION. À placer sur la gorge ou sur le thymus.

APATITE

Bleue

COULEUR	jaune, vert, gris, bleu, blanc, pourpre, brun, rouge-brun, violet
ASPECT	Cristal opaque, parfois transparent, vitreux, hexagonal, de diverses tailles, souvent roulé
DISPONIBILITÉ	Le bleu est facile à trouver, le jaune est rare
SOURCE	Mexique, Norvège, Russie, États-Unis

CARACTÉRISTIQUES. L'apatite a des propriétés suscitant l'inspiration. Point d'interface entre la conscience et la matière, c'est une pierre de manifestation, qui favorise l'attitude humanitaire, encline à rendre service. Bien qu'elle soit liée aux vies antérieures, l'apatite est en harmonie avec l'avenir. Elle développe les dons psychiques* et l'accord spirituel, rend la méditation plus profonde, fait monter la kundalini* et favorise la communication et l'expression personnelle sur tous les plans.

Sur le plan psychologique, accroît la motivation et accumule les réserves d'énergie. Induit l'aisance dans la société, poussant à l'extraversion, dissipant la circonspection et l'éloignement. Absorbe la négativité envers soi-même et les autres. Utile pour les enfants hyperactifs et autistes.

Stimulant la créativité et l'intellect, l'apatite élimine la confusion et aide à accéder à l'information utilisable pour le bien individuel et collectif. Accroît les connaissances, profite à la vérité, allège le chagrin, l'apathie et la colère, diminue l'irritabilité et surmonte l'épuisement émotionnel. En libérant l'énergie dans le chakra* racine, dissipe la frustration et assume la passion sans culpabilité.

GUÉRISON. Soigne les os, favorise la formation de nouvelles cellules et l'absorption du calcium, est utile aux cartilages, aux os, aux dents et aux capacités motrices, soulage l'arthrite, les problèmes articulaires et le rachitisme. Supprime la sensation de faim et accélère le métabolisme, encourageant une alimentation saine. Traite les glandes, les méridiens et les organes, maîtrise l'hypertension, équilibre les corps physique, mental, émotionnel et spirituel, ainsi que les chakras, calmant l'hyperactivité et stimulant l'hypoactivité. Utilisée en association avec d'autres cristaux, l'apatite permet d'obtenir plus facilement des résultats.

POSITION. Sur la peau, sur la partie affectée, ou selon les besoins.

COULEURS SPÉCIFIQUES

En plus des caractéristiques génériques, les couleurs suivantes ont des propriétés supplémentaires :

L'apatite bleue connecte avec le plan supérieur de direction spirituelle. Facilite les discours en public, intensifie la communication de groupe, ouvre le chakra de la gorge, apaise le cœur et le mal-être émotionnel.

L'apatite jaune élimine les toxines, active le plexus solaire, extrait l'énergie stagnante, traite le SFC*, l'apathie et la dépression, surmonte l'absence de concentration et la mauvaise digestion. Élimine la cellulite, soigne le foie, le pancréas, la vésicule biliaire et la rate. Neutralise la colère. L'élixir d'apatite jaune inhibe l'appétit.

Apatite jaune

APOPHYLLITE

Amas blanc

COULEUR	Clair, blanc, vert, jaunâtre, pêche
ASPECT	Cristaux cubiques ou pyramidaux, transparents ou opaques, petits cristaux seuls ou grandes grappes
DISPONIBILITÉ	Facile à trouver
SOURCE	Grande-Bretagne, Australie, Inde, Brésil, République tchèque, Italie

CARACTÉRISTIQUES. Très riche en eau, l'apophyllite conduit parfaitement l'énergie et donne accès aux Archives akashiques*. Sa présence dans une pièce intensifie les énergies, car elle transmet admirablement les vibrations. L'apophyllite crée une connexion consciente entre le domaine physique et les domaines spirituels. Au cours des voyages extra-corporels*, maintient un solide lien avec le corps physique, permettant l'arrivée de l'information depuis le domaine spirituel dans celui physique. Cette pierre spirituelle fortifie la vision claire, stimule l'intuition, donne le pouvoir d'accéder à l'avenir. Excellente pour interroger l'avenir*.

Sur le plan psychologique, l'apophyllite favorise l'introspection de son comportement et la correction des erreurs ou des déséquilibres constatés. Incite à abandonner les prétextes et à sortir de la réserve. Pierre de vérité, permet de reconnaître son véritable moi et de le montrer au monde.

Sur le plan mental, l'apophyllite a un effet calmant. Atténue efficacement le stress, laissant aller les blocages mentaux et les modèles de pensée négatifs, amoindrit le désir. Imprègne d'amour universel le processus d'analyse et de prise de décision, afin que le mental s'harmonise avec l'esprit.

Sur le plan émotionnel, l'apophyllite libère les émotions refoulées. Surmonte l'anxiété, les inquiétudes et les peurs, calme l'appréhension et aide à supporter l'incertitude.

Sur le plan spirituel, calme et ancre l'esprit. Outre ses forts liens avec le domaine spirituel, elle permet en même temps de se sentir à l'aise dans son corps. Facilite les voyages extra-corporels et la vision spirituelle. En raison de sa connexion avec les Archives akashiques, l'apophyllite favoirse l'exploration des vies antérieures.

GUÉRISON. Censée être la pierre *par excellence* de la guérison Reiki*. Contribue à faire plonger le patient dans un profond état de relaxation et de réceptivité, afin de lui transmettre une énergie curative pure, non polluée par le thérapeute.

L'apophyllite agit sur le système respiratoire et, tenue sur la gorge, arrête les crises d'asthme. Neutralise les allergies et favorise la régénération des membranes muqueuses et de la peau. Un cristal d'apophyllite placé sur chaque œil redonne de la vigueur aux yeux. Particulièrement utile pour guérir les troubles spirituels et pour aider l'esprit à accepter son existence dans un corps physique.

POSITION. À placer selon les besoins. Les pyramides d'apophyllite sont à placer sur le troisième œil* pour le channeling ou la méditation. Pour interroger l'avenir*, regarder dans le cristal du coin de l'œil.

COULEURS ET FORMES SPÉCIFIQUES

En plus des caractéristiques génériques, les couleurs suivantes ont des propriétés supplémentaires :

Apophyllite verte

L'apophyllite verte active le chakra* du cœur et favorise la franchise, surtout à propos des décisions en rapport avec le cœur. Absorbe l'énergie universelle puis la transmet et lui ouvre le chakra du cœur. Aide les gens qui traversent des braises, tout en leur permettant d'entrer dans un état méditatif, puis apaise leurs pieds après cette épreuve. Annule les ordres hypnotiques* et les mécanismes de contrôle des vies antérieures et de la vie actuelle.

Pyramide d'apophyllite

Les pyramides d'apophyllite sont de puissants énergisants. Fortifient la vision spirituelle et activent le troisième œil. En regardant à travers la base de la pyramide vers son sommet, on ouvre une "porte des étoiles"*. Comme toutes les pyramides, celles-ci préservent les objets ou les autres cristaux et les chargent en énergie. En élixir, offrent lumière et énergie au cœur.

AIGUE-MARINE

Claire, brute

COULEUR	Bleu-vert
ASPECT	Cristal clair à opaque, souvent petit et roulé ou facetté
DISPONIBILITÉ	Facile à trouver
SOURCE	États-Unis, Mexique, Russie, Brésil, Inde, Irlande, Zimbabwe, Afghanistan, Pakistan

CARACTÉRISTIQUES. L'aigue-marine est une pierre de courage. Ses énergies apaisantes diminuent le stress et calment le mental. Harmonise son environnement et protège contre les polluants. Jadis, elle était censée neutraliser les forces de l'obscurité et procurer la faveur des esprits de lumière. Les marins l'arboraient pour se préserver de la noyade.

Sur le plan psychologique, l'aigue-marine a une affinité avec les gens sensibles. Incite à la tolérance, empêche de porter des jugements catégoriques, soutient toute personne débordée par la responsabilité et pousse à assumer la responsabilité pour soi-même. Génère une personnalité honnête, persévérante et dynamique. Écarte les idées obsolètes, qui vont à l'encontre du but recherché.

L'aigue-marine apaise le mental, écarte les pensées superflues, filtre les informations arrivant jusqu'au cerveau, clarifie la perception, aiguise l'intellect et dissipe la confusion. De par sa capacité de conduire les affaires inachevées à leur conclusion, l'aigue-marine permet de décider sur tous les plans. Débloque la communication paralysée et favorise l'expression personnelle. Aide à comprendre les états émotionnels sous-jacents et à interpréter ses sentiments. Atténue les peurs et accroît la sensibilité.

Sur le plan spirituel, l'aigue-marine façonne l'intuition et ouvre l'accès à la clairvoyance. Merveilleuse pierre pour la méditation, elle fait appel aux états supérieurs de conscience et à la sensibilité spirituelle, outre favoriser le service à l'humanité.

L'aigue-marine protège l'aura* et aligne les chakras*, purifiant le chakra de la gorge et ouvrant l'accès à la communication depuis un plan supérieur. Harmonise aussi le corps physique et le corps spirituel.

GUÉRISON. Utile pour le mal de gorge, les glandes enflées, les troubles thyroïdiens. Harmonise l'hypophyse et la thyroïde, régularisant les hormones et la croissance. Grâce à son effet tonique général, fortifie les organes d'élimination et s'avère utile pour les yeux, les dents et l'estomac. Compense la myopie et la presbytie, atténue les réactions immunitaires excessives, traite les maladies auto-immunes comme le rhume des foins.

POSITION. À placer selon les besoins. On peut la poser sur les yeux ou la prendre en élixir.

ARAGONITE

Forme brune, "spoutnik"

Forme blanche en "éventail"

Forme blanche "corail"

COULEUR	Blanc, jaune, doré, vert, bleu, brun
ASPECT	Plusieurs formes, d'ordinaire petites. Crayeux et fibreux, translucide ou transparent, avec des protubérances visibles, comme de petits spoutniks
DISPONIBILITÉ	Facile à trouver
SOURCE	Namibie, Grande-Bretagne, Espagne

CARACTÉRISTIQUES. Pierre de guérison et d'ancrage pour la terre, en harmonie avec la Terre-Mère, l'aragonite encourage le recyclage et la préservation. Transforme le stress géopathique* et dégage les lignes ley* bloquées, même à distance. Grâce à sa capacité de centrer et d'ancrer les énergies physiques, elle est utile lors des périodes de stress. Stabilise le chakra racine et le chakra de la Terre*, amplifiant la connexion avec la terre. Retourne en douceur à l'enfance et au-delà de celle-ci pour explorer le passé.

Sur le plan psychologique, l'aragonite enseigne la patience, l'acceptation et le refus de l'hypersensibilité. Convient aux personnes qui exigent trop d'elles-mêmes. Facilite la délégation de tâches. Son énergie pratique favorise la discipline et la fiabilité, débouchant sur une approche pragmatique de la vie.

Sur le plan mental, encourage la concentration sur les affaires en cours, confère souplesse et tolérance, éveille des intuitions sur les causes des situations. Sur le plan émotionnel, l'aragonite combat la colère et le stress. Confère force et soutien.

Sur le plan physique, permet de se sentir à l'aise dans son corps. Combat le mal-être*, surtout les tics nerveux et les spasmes suscités par l'agitation intérieure. Pierre stabilisante, elle ancre et centre dans le corps.

Sur le plan spirituel, l'aragonite consolide le développement spirituel erratique. Calmante et centrante, rétablit l'équilibre et prépare à la méditation en faisant monter les vibrations à un niveau spirituel supérieur et en ramenant l'énergie dans le corps physique.

GUÉRISON. Réchauffe les extrémités, en chargeant le corps en énergie. Soigne la maladie de Reynaud, les coups de froid, les os, aide l'absorption du calcium, rétablit l'élasticité des disques intervertébraux, atténue la douleur. Calme l'agitation nocturne et les spasmes musculaires, fortifie le système immunitaire et normalise les processus trop accélérés. Ancre les personnes instables dans leur corps. Placée sur une carte, consolide les lignes de stress de la terre.

POSITION. À placer sur la partie affectée ou prendre un bain avec l'élixir. Placer sous l'oreiller pour combattre l'agitation nocturne. Pierre de consolation utile à avoir sur soi. Peut être arborée en pendentif pour l'ancrage.

ATACAMITE

Atacamite sur matrice

COULEUR	Turquoise foncé
ASPECT	Cristaux infimes sur matrice – ressemble à la chrysocolle
DISPONIBILITÉ	Assez rare, mais devient plus facile à trouver
SOURCE	États-Unis, Australie, Mexique, Chili

CARACTÉRISTIQUES. L'atacamite est un cristal récemment découvert dont les propriétés n'ont pas encore été étudiées en détail. (Si on médite sur un cristal d'atacamite, celui-ci précisera comment il veut agir pour l'individu.) On le confond parfois avec la chrysocolle, dont il a certaines propriétés.

On sait que l'atacamite active intensément le troisième œil*, créant de puissantes images visuelles et une forte connexion spirituelle.

Malgré sa force, convient très bien pour stimuler la vision spirituelle et la visualisation. Utilisée pour la méditation, cette pierre de grande clarté conduit l'âme avec assurance sur les plans les plus élevés possibles.

L'atacamite rétablit la confiance spirituelle perdue et favorise la connexion avec les guides supérieurs. Pierre utile à tenir dans la main lors d'un voyage extra-corporel, surtout dirigé vers les sphères spirituelles supérieures.

L'atacamite ouvre le chakra maître du cœur*, apportant plus d'amour inconditionnel dans la vie, stimule le thymus et le fonctionnement du système immunitaire.

GUÉRISON. L'atacamite purifie les reins, écarte la peur, favorise l'élimination sur tous les plans. Puissant purificateur du corps éthérique et du chakra des sourcils. On peut l'utiliser pour traiter les organes génitaux ; censé améliorer la résistance aux herpès et aux maladies vénériennes. Placé sur la gorge, l'atacamite soigne la thyroïde, ouvrant le chakra de la gorge et éliminant les blocages à l'expression personnelle suscités par l'hypothyroïdisme. Grâce à sa couleur verte apaisante, bénéficie au système nerveux, surmontant le stress et l'épuisement nerveux sur le plan subtil.

POSITION. À placer sur le troisième œil* pour stimuler la visualisation ou sur les organes qui en ont besoin. À garder dans la main pour la méditation ou les voyages.

AVENTURINE

Bleue, brute

COULEUR	Vert, bleu, rouge, brun, pêche
ASPECT	Opaque, parsemé de particules étincelantes, toutes les tailles, souvent roulé
DISPONIBILITÉ	Facile à trouver
SOURCE	Italie, Brésil, Chine, Inde, Russie, Tibet, Népal

CARACTÉRISTIQUES. Pierre de prospérité très positive établissant une forte connexion avec le royaume dévique*. Forme un réseau* de protection contre le stress géopathique* autour des jardins ou des maisons. L'aventurine absorbe le brouillard électromagnétique*, protège de la pollution environnementale. Collée à un téléphone portable, protège de ses émissions. Désamorce et renverse les situations négatives.

Sur le plan psychologique, l'aventurine affermit les qualités de leader et le caractère décidé. Favorise la compassion et l'empathie, encourage la persévérance. Aide à remonter dans le passé pour trouver la source du mal-être*. Atténue le bégaiement et allège les névroses graves, permettant ainsi d'en comprendre les raisons. Stabilise l'état d'esprit, stimule la perception et accroît la créativité. Permet de voir les alternatives et les possibilités, surtout celles proposées par les autres. Fusionne le corps intellectuel et le corps émotionnel. Calme la colère et l'irritation, stimule le rétablissement émotionnel et aide à vivre dans son cœur.

Sur le plan physique, l'aventurine anime un sentiment de bien-être. Régularise la croissance, depuis la naissance à l'âge de 7 ans, équilibre l'énergie masculine-féminine, favorise la régénération du cœur. Sur le plan spirituel, l'aventurine protège le chakra du cœur*, préservant son énergie du vampirisme psychique*.

GUÉRISON. Bénéfique pour le thymus, le tissu conjonctif et le système nerveux ; équilibre la pression sanguine et stimule le métabolisme, diminuant le taux de cholestérol et prévenant l'artériosclérose et les crises cardiaques. Son effet anti-inflammatoire calme les éruptions cutanées et les allergies, atténue les migraines et apaise les yeux. Soigne les glandes surrénales, les poumons, les sinus, le cœur, le système musculaire et le système uro-génital. Sous forme d'élixir, soulage les troubles dermiques.

Aventurine pêche (brute)

POSITION. À maintenir ou à placer sur le point approprié.

Aventurine verte (roulée)

COULEURS SPÉCIFIQUES

En plus des caractéristiques génériques, les couleurs suivantes ont des propriétés supplémentaires :

Aventurine rouge (brute)

L'aventurine bleue guérit efficacement le mental.

L'aventurine verte réconforte, soigne et protège le cœur. Équilibrant général. Ramène les choses sous contrôle. Utile pour les affections malignes. Apaise la nausée, dissout les émotions et les pensées négatives. Confère le bien-être général et le calme émotionnel.

AZEZTULITE

Brut, *opaque*

COULEUR	Incolore ou blanc
ASPECT	Quartz clair ou opaque avec des stries, généralement petit
DISPONIBILITÉ	Rare et cher
SOURCE	Caroline du Nord (une veine épuisée)

CARACTÉRISTIQUES. Cristal rare, porteur de lumière, c'est une pierre New Age. Sa vibration extrêmement pure, l'une des plus subtiles du règne minéral, est accordée aux fréquences les plus élevées. Ce cristal fait descendre ces fréquences élevées vers la terre et favorise l'évolution spirituelle.

Élargit la conscience et l'élève à un niveau supérieur, de même que les vibrations de l'individu, si celui-ci est prêt. Ce faisant, il aide à émettre une vibration positive, qui bénéficiera aux autres. Ne nécessite pas de purification, son énergie est toujours abondante.

Cette pierre doit être manipulée avec soin si on n'a pas l'habitude de travailler sur les plans spirituels ou avec de fréquences élevées. Le changement de vibration induit est puissant et risque d'avoir des effets secondaires déplaisants avant d'être totalement intégré. L'utilisation d'autres cristaux spirituels, comme l'amétrine et l'aigue-marine, prépare la voie à ce changement. Avant d'entreprendre cette mutation, les modèles obsolètes doivent être dissipés et la purification émotionnelle achevée. La vibration de la forme opaque de ce cristal est moins fine – c'est un relais utile sur le chemin du travail avec ses types plus transparents.

Sur le plan spirituel, l'azeztulite facilite la méditation, induisant instantanément un état "d'absence" et formant une spirale protectrice autour du corps physique. Incite la kundalini* à monter le long de la colonne vertébrale. Pierre de vision et d'inspiration, active le chakra du troisième œil et le chakra couronne* s'élevant vers les domaines supérieurs. L'azeztulite s'accorde à la direction spirituelle venant de l'avenir, facilitant ainsi la prise de décisions importantes.

Passer à une vibration plus élevée tout en restant dans le corps physique active les points d'accession situés à la base de la colonne vertébrale, au milieu de l'abdomen et au centre du cerveau. Placé sur le troisième œil*, aide à voir l'avenir.

GUÉRISON. Soigne le cancer, les troubles cellulaires et l'inflammation, soutient les malades chroniques en raffermissant leur objectif et en restaurant leur volonté. La majeure partie de son action curative a lieu au niveau de la vibration spirituelle, où ce cristal influence les connexions du chakra avec la réalité supérieure et facilite la mutation vibratoire.

POSITION. Sur le troisième œil, sur le point couronne ou selon les besoins.

AZURITE

Brute

COULEUR	Bleu foncé
ASPECT	Cristaux très petits et étincelants (étincelles invisibles si la pierre est roulée), souvent petites pierres roulées
DISPONIBILITÉ	Facile à trouver, souvent associé à la malachite
SOURCE	États-Unis, Australie, Chili, Pérou, France, Namibie, Russie, Égypte

CARACTÉRISTIQUES. Guide le développement psychique et intuitif, menant l'âme vers l'illumination. Purifie et stimule le troisième œil* et met en accord avec la direction spirituelle. Facilite les voyages extra-corporels. Élève la conscience sur un plan supérieur et confère un contrôle plus grand sur le développement spirituel. Permet d'entrer facilement dans un état méditatif et de channeling*. Puissante pierre curative, permet de comprendre les effets psychosomatiques du mental et des émotions sur le corps.

Sur le plan mental, outre élargir l'esprit, confère une compréhension claire et de nouvelles perspectives. Laisse aller les blocages de longue date de la communication et stimule la mémoire. Met au défi la vision de la réalité de l'individu et abandonne les systèmes de croyance inculqués pour se lancer sans crainte dans l'inconnu, aboutissant à des intuitions plus subtiles et à une nouvelle réalité. Les anciennes croyances montent en douceur dans le mental conscient pour être testées à l'aune de la vérité.

Sur le plan émotionnel, l'azurite élimine le stress, l'inquiétude, le chagrin et la tristesse, conférant plus de légèreté aux émotions. Transforme la peur et les phobies, permettant par ailleurs de comprendre leurs causes. Calme ceux qui parlent trop par nervosité et encourage ceux qui refoulent l'expression personnelle.

GUÉRISON. Traite les problèmes de la gorge, l'arthrite et les troubles articulaires, aligne la colonne et agit au niveau cellulaire pour réparer tout blocage ou dommage cérébral. Soigne les reins, la vésicule biliaire, les troubles hépatiques, la rate, la thyroïde, les os, les dents, la peau. Favorise la détoxication de l'organisme et encourage le développement de l'embryon dans la matrice. Résonne notamment avec le mental et ses processus, avec la guérison mentale et l'allégement du stress. Charge en énergie et réaligne les corps subtils* avec le corps physique, purifiant les chakras*. L'élixir d'azurite améliore la crise de guérison*, où les symptômes empirent temporairement avant de s'estomper.

Azurite avec malachite (roulée)

POSITION. À porter sur la main droite en contact avec la peau ou à placer directement sur le corps, surtout sur le troisième œil. Si des palpitations apparaissent, il faut l'enlever immédiatement.

PIERRES COMBINÉES

L'azurite avec malachite associe les qualités des deux cristaux et est une puissante pierre conductrice d'énergie. Déverrouille la vision spirituelle, ouvre le troisième œil. Guérit profondément, élimine les blocages et les miasmes* anciens. Soulage les crampes musculaires.

BÉRYL

Bleu

Doré

COULEUR	Rose, doré, jaune, vert, blanc, bleu
ASPECT	Cristaux prismatiques, parfois transparents et pyramidaux, toutes tailles
DISPONIBILITÉ	La plupart des formes sont faciles à trouver, mais risquent d'être chères
SOURCE	États-Unis, Russie, Australie, Brésil, République tchèque, France, Norvège

CARACTÉRISTIQUES. Le béryl apprend comment accomplir uniquement ce qui est nécessaire. C'est la pierre *par excellence* pour gérer la vie stressante et se défaire des choses inutiles. Aide à s'accorder aux indications concernant ses objectifs. Représentant la pureté de l'être, le béryl permet d'actualiser le potentiel de celui-ci. Excellente pierre pour interroger l'avenir*, le béryl est souvent utilisé pour la fabrication des boules de cristal. Active le chakra couronne et le chakra du plexus solaire*.

Sur le plan psychologique, le béryl fortifie le courage, atténue le stress et calme le mental. Sur le plan mental, sa capacité d'écarter les distractions et d'adoucir la stimulation excessive, favorise la vision positive, décourage l'analyse trop poussée et l'anxiété. Sur le plan émotionnel, rallume l'amour chez les couples en proie à la routine.

GUÉRISON. Aide les organes d'élimination, fortifie le système pulmonaire et le système circulatoire, accroît la résistance aux toxines et aux polluants. Traite le foie, le cœur, l'estomac, la colonne, les commotions cérébrales. Le béryl est une pierre calmante. En élixir, traite les infections de la gorge.

POSITION. À placer selon les besoins ou à utiliser pour interroger l'avenir*.

COULEURS SPÉCIFIQUES

En plus des caractéristiques génériques, les couleurs suivantes ont des propriétés supplémentaires :

Béryl doré (poli)

Le béryl doré est la pierre du voyant, utilisée dans les rituels magiques. Il favorise l'interrogation de l'avenir, la magie, la pureté de l'être. Enseigne l'initiative et l'indépendance, stimule la volonté de réussir et la capacité de transformer le potentiel en réalité. Ouvre le chakra couronne et le chakra* du plexus solaire.

Morganite (Béryl rose)

La morganite (béryl rose) attire l'amour et l'entretient. Encourage les pensées et les actions tendres, crée l'espace permettant de profiter de la vie. Pierre rose, elle active et purifie le chakra du cœur, allège la vie stressante, bénéficie au système nerveux. Cette pierre aide à reconnaître les dérobades, l'étroitesse d'esprit et l'égotisme qui bloquent la progression spirituelle. Permet de se rendre compte de la présence des besoins négligés de l'âme. Seconde la reconnaissance des besoins émotionnels insatisfaits et des sentiments inexprimés. Pierre puissante, dissipe l'opposition consciente ou inconsciente à la guérison et à la transformation. Écarte la mentalité de victime et ouvre le cœur à l'amour inconditionnel et à la guérison. Entretient la stabilité du corps émotionnel lors des changements psychosomatiques. Utilisé pour la guérison, ce cristal traite le stress et les affections associées à celui-ci. En oxygénant les cellules et en les réorganisant, soigne la tuberculose, l'asthme, l'emphysème, les troubles cardiaques, le vertige, l'impuissance et les blocages pulmonaires.

La bixbyite (béryl rouge) ouvre et charge en énergie le chakra racine.

(*Voir aussi* Émeraude, page 126.)

BÉRYL : CHRYSOBÉRYL

Brut

Taillé

COULEUR	Jaune doré, jaune avec du brun, vert avec du rouge
ASPECT	Cristaux tabulaires transparents. L'alexandrite est verte à la lumière naturelle, rouge à la lumière artificielle. L'œil-de-chat ou le cymophane présente des bandes ou des yeux.
DISPONIBILITÉ	Le chrysobéryl est facile à trouver, l'œil-de-chat est cher, l'alexandrite rare
SOURCE	Australie, Brésil, Myanmar, Canada, Ghana, Norvège Zimbabwe, Russie

CARACTÉRISTIQUES. Type de béryl, le chrysobéryl est la pierre des nouveaux commencements, apportant compassion et pardon, générosité et confiance. En alignant le chakra du plexus solaire et le chakra couronne*, imprègne le mental d'intention spirituelle. Active le chakra couronne, accroissant en même temps le pouvoir spirituel et le pouvoir personnel. Excellent pour la créativité.

Sur le plan psychologique, fortifie le sentiment de valeur personnelle et élimine les modèles énergétiques obsolètes. Sur le plan mental, aide à voir les deux côtés d'une situation et à planifier sa stratégie. Sur le plan émotionnel, encourage à pardonner à ceux qui ont perpétré des injustices.

GUÉRISON. Associé à d'autres cristaux, le chrysobéryl met en évidence la cause du mal-être. Favorise l'auto-guérison, équilibre le taux d'adrénaline et de cholestérol, fortifie la poitrine et le foie.

FORMES SPÉCIFIQUES

En plus des caractéristiques génériques, les formes suivantes de chrysobéryl ont des propriétés supplémentaires :

Alexandrite

L'alexandrite est une pierre caméléon. Donne accès à l'intuition et aux facultés métaphysiques, fortifie la volonté et le magnétisme personnel. Pierre régénératrice, rétablit la dignité personnelle et soutient la renaissance du moi. Centre, fortifie et réaligne les corps émotionnel, mental et spirituel. Apporte la joie, développe la créativité, accélère le changement, renforce la manifestation. Calmant émotionnel, enseigne comment se dépenser moins. Stimule la visualisation, y compris les rêves et l'imagination. Soigne le système nerveux, la rate, le pancréas, les organes reproducteurs masculins, régénère les tissus neuraux. Traite l'intolérance des protéines, les effets secondaires de la leucémie, allège la tension des muscles du cou. Puissante action détoxifiante, stimule le foie.

Œil-de-chat

L'œil-de-chat a des propriétés magiques. Pierre ancrante, stimule en même temps l'intuition. Dissipe l'énergie négative de l'aura*, protège, apporte confiance, bonheur, sérénité et chance. Traite les troubles oculaires et améliore la vision nocturne. Soulage les maux de tête et la douleur faciale. À porter sur le côté droit du corps.

Cymophane

Le cymophane est un type d'œil-de-chat. Stimule et stabilise l'intellect et entretient la flexibilité mentale. Fortifie l'amour inconditionnel.

JASPE SANGUIN

APPELÉ AUSSI HÉLIOTROPE OU PIERRE DE SANG

Roulé

Brut

COULEUR	Rouge-vert
ASPECT	Quartz vert tacheté de jaspe rouge ou jaune, souvent pierre de taille moyenne roulée
DISPONIBILITÉ	Facile à trouver
SOURCE	Australie, Brésil, Chine, République tchèque, Russie, Inde

CARACTÉRISTIQUES. Excellent purificateur du sang, censé posséder des propriétés mystiques et magiques, contrôler le temps, conférer la capacité de bannir le mal et la négativité, diriger les énergies spirituelles. Jadis, la pierre de sang était un "oracle audible"* qui guidait les gens en émettant des sons. Affine l'intuition et accroît la créativité.

Excellente pour l'ancrage et la protection, éloigne les influences indésirables, stimule les rêves, revitalise considérablement.

Sur le plan psychologique, confère courage et enseigne comment éviter les situations dangereuses grâce au retrait stratégique et à la souplesse. Encourage l'altruisme et l'idéalisme, ainsi que l'acceptation de l'idée que le chaos précède la transformation. Favorise l'action dans le présent.

Sur le plan mental, calme l'esprit, dissipe la confusion et renforce le processus de prise de décision. Revitalise le mental épuisé, favorise l'adaptation aux circonstances inhabituelles.

Sur le plan émotionnel, aide à ancrer l'énergie du cœur, diminue l'irritabilité, l'agressivité et l'impatience. Sur le plan spirituel, fait entrer la spiritualité dans la vie quotidienne.

GUÉRISON. Lors des infections aiguës, stimule la circulation de la lymphe et les processus métaboliques, revitalise et recharge en énergie le corps et le mental épuisés, purifie le sang, détoxifie le foie, les intestins, les reins, la rate et la vessie. Bénéfique aux organes très irrigués de sang. Régularise et maintient la circulation sanguine. Diminue la formation du pus et neutralise l'acidité excessive. Comme il active l'élimination des toxines, peut être utile en cas de leucémie. Les anciens Égyptiens l'utilisaient pour réduire les tumeurs. Peut guérir la lignée ancestrale. Purifie les chakras* inférieurs et réaligne leurs énergies.

POSITION. Selon les besoins. À porter en permanence pour jouir d'une bonne santé. À placer dans un bol d'eau à côté du lit pour un sommeil paisible. Pour stimuler l'immunité, coller sur le thymus.

BOJI

APPELLATION COMMERCIALE

Brut

(Masculin) *(Féminin)*

COULEUR	Brunâtre, parfois bleu
ASPECT	Aspect métallique, lisse (féminin) ou avec des pointes carrées (masculin), taille petite à moyenne
DISPONIBILITÉ	Les véritables pierres sont difficiles à trouver
SOURCE	États-Unis, Grande-Bretagne

CARACTÉRISTIQUES. Pierre d'ancrage des plus efficaces, fait revenir en douceur sur la Terre et dans le corps, ancrant dans le présent, surtout après un travail dans une autre dimension spirituelle. Extrêmement utile pour les gens qui ont du mal à s'impliquer à fond dans l'incarnation. Pierre fortement protectrice, très utile pour surmonter les blocages.

Les pierres lisses ont une énergie féminine, celles irrégulières, une énergie masculine. Équilibrantes et énergisantes, une paire de ces pierres harmonise l'énergie masculine-féminine dans le corps et aligne les chakras et les corps subtils*. Grâce à sa forte connexion terrestre, ce cristal bénéficie aux plantes et aux cultures, mais risque de se désintégrer si on le laisse sur le sol ou à l'air libre.

Sur le plan psychologique, met en évidence les blocages sur tous les plans. Élimine les émotions figées, guérit les souvenirs douloureux, révèle les modèles négatifs de pensée et les comportements qui sont à transformer. S'attaquant à la cause du malaise psychosomatique, dissout les blocages du corps physique et des corps subtils. Une pierre Boji tenue dans les mains aligne avec son côté d'ombre, faisant ressortir les qualités refoulées de celui-ci pour les relâcher en douceur et profiter du don qu'elles renferment.

Sur le plan physique, stimule la circulation de l'énergie à travers les méridiens du corps. Sur le plan mental, attire l'attention sur les empreintes mentales et les ordres hypnotiques du passé. Émotionnellement stabilisante, cette pierre insiste sur le fait qu'il faut effectuer avant tout le travail nécessaire.

GUÉRISON. Soigne les blocages énergétiques, soulage la douleur et favorise la régénération des tissus. Utile lorsque l'énergie physique est basse ou quand l'état est incurable. Sur le plan subtil, réaligne les chakras*, répare les "trous" du corps aurique* et les recharge en énergie.

POSITION. Tenir une paire de Boji dans les mains pendant 10 minutes ou les placer sur le point bloqué ou douloureux. Forme un réseau* autour de soi lorsqu'on médite.

Le boji bleu a une vibration spirituelle très élevée. Très utile lors des expériences extra-corporelles, facilite le voyage et protège le corps jusqu'au retour de l'âme.

CALCITE

Brune, pointe

Rhomboïde, naturelle

Manganocalcite, roulée

COULEUR	Vert, bleu, jaune, orange, clair, brun, rose gris, rouge
ASPECT	Translucide et cireux, souvent à bandes (peut être traité à l'acide pour intensifier la couleur), toutes les tailles, parfois roulé
DISPONIBILITÉ	Commun
SOURCE	États-Unis, Grande-Bretagne, Belgique, République tchèque, Slovaquie, Pérou, Islande, Roumanie, Brésil

CARACTÉRISTIQUES. Puissant amplificateur et purificateur énergétique. Un fragment de calcite placé dans la pièce écarte les énergies négatives et intensifie l'énergie personnelle. Élimine l'énergie stagnant dans le corps. Ses diverses couleurs purifient le corps physique ainsi que les corps subtils. Cristal actif, la calcite accélère le développement et la croissance. Pierre spirituelle liée à la conscience supérieure, facilite l'ouverture à la sensibilité supérieure, aux dons psychiques, au channeling et aux expériences extra-corporelles. Accélère le développement spirituel et permet à l'âme revenue dans le corps de se souvenir de ses expériences.

Sur le plan psychologique, la calcite relie les émotions à l'intellect, engendrant l'intelligence émotionnelle. Elle a un effet positif, surtout quand on l'espoir ou la motivation a disparu. Combat la paresse, permettant de devenir plus énergique sur tous les plans.

Sur le plan mental, la calcite calme l'esprit, enseigne le discernement et l'analyse, stimule l'intuition, intensifie la mémoire. Permet de décider quelle information est importante, puis de la retenir. Confère la capacité de traduire les idées en action. Pierre utile pour les études.

Allège le stress émotionnel, le remplaçant par la sérénité. Pierre stabilisante, accroît la confiance en soi et la capacité de surmonter les obstacles. Sur le plan subtil, un arrangement de calcite aux couleurs appropriées purifie, équilibre et charge en énergie tous les chakras*.

GUÉRISON. Purifie les organes d'élimination, favorise l'absorption du calcium dans les os tout en détruisant les calcifications et en fortifiant le squelette et les articulations. Allège les troubles intestinaux et dermiques, stimule la coagulation du sang et la guérison des tissus. Fortifie le système immunitaire et la croissance chez les jeunes enfants. La calcite agit rapidement en élixir et peut être appliquée sur la peau, sur les ulcères, les verrues et les plaies suppurantes. Sur le plan subtil, purifie et recharge en énergie les chakras*.

POSITION. À maintenir ou à placer selon les besoins. À porter en pendentif. Peut être utilisé pour former un réseau autour du lit. Bonne en élixir.

COULEURS SPÉCIFIQUES

En plus des caractéristiques génériques, les couleurs suivantes ont des propriétés supplémentaires :

La calcite noire est une pierre archiviste permettant de régresser et de retrouver des souvenirs, en vue de laisser aller le passé. Fait revenir l'âme dans le corps après un traumatisme ou un stress, allège la dépression, est un compagnon utile durant la nuit sombre de l'âme.

Calcite noire (brute)

La calcite bleue est une bonne pierre pour la récupération et la relaxation. Abaisse la pression sanguine et dissipe la douleur à tous les niveaux. Apaisant en douceur les nerfs et écartant les anxiétés, élimine les émotions négatives. Utilisée sur le chakra* de la gorge, favorise la communication claire, surtout là où celle-ci est minoritaire. Absorbe l'énergie, la filtre et la renvoie à son propriétaire.

Calcite bleue

La calcite claire est une "panacée", surtout en élixir. Puissant détoxifiant. Sur le plan physique, c'est un antiseptique ; sur le plan subtil, purifie et aligne tous les chakras*. Une calcite claire présentant des arcs-en-ciel apporte de grands changements – c'est la pierre des nouveaux débuts. Guérit en profondeur l'âme et revitalise les corps subtils*. Ouvre et purifie la vision intérieure et la vision extérieure.

Calcite claire

La calcite dorée est excellente pour la méditation et pour s'accorder aux plans mentaux supérieurs. Instille l'agilité d'esprit en ancrant les énergies mentales supérieures dans le monde physique. À placer sur le nombril ou les chakras couronne.

Calcite dorée (brute)

La calcite verte dissipe les convictions rigides et les programmes obsolètes, rétablissant l'équilibre mental. Aide à laisser aller ce qui est familier et réconfortant, mais qui ne sert plus, favorise la communication et la transition d'une situation stagnante à une autre, positive. Incite les enfants à tenir ferme dans les discussions. Puissantz stimulante du système immunitaire, très utile pour les réseaux*. Absorbe la négativité et débarrasse le corps des infections bactériennes. Atténue l'arthrite et les froissements des ligaments ou des muscles. Son rayonnement vert apaise les fièvres, les brûlures et les inflammations, soulage les glandes surrénales et calme le mal-être* généré par la colère. Placéc régulièrement sur le corps, cette pierre absorbe le mal-être et doit être soigneusement nettoyée après utilisation.

Calcite verte

Le spath d'Islande (calcite optique) amplifie les images et soigne les yeux. Permet de saisir le double sens des mots. Diminue la tension provoquant des migraines. Excellent purificateur des corps subtils*.

Spath d'Islande

La calcite orange est une pierre très énergisante et purifiante, surtout pour les chakras* inférieurs. Équilibre les émotions, dissipe la peur, surmonte la dépression, écarte les problèmes et maximise le potentiel. Soigne le système reproducteur, la vésicule biliaire, les troubles intestinaux comme le syndrome du côlon irritable, élimine le mucus de l'organisme.

Calcite orange

La calcite rose (manganocalcite) est un cristal du cœur, en contact avec le royaume angélique*. Pierre du pardon, laisse aller la peur et le chagrin qui piègent le cœur dans le passé et offre un amour inconditionnel. Favorise la conscience de sa propre valeur et l'acceptation de soi, traite les affections nerveuses, lève la tension et l'anxiété. Empêche les cauchemars. Son énergie affectueuse dissout la résistance. Utile pour toute personne ayant subi un traumatisme ou une agression.

Calcite rouge

La calcite rouge accroît l'énergie, élève les émotions, favorise la volonté et ouvre le chakra du cœur. Élimine l'énergie stagnante, y compris la constipation, et dissipe les blocages. Résonne jusqu'au chakra racine, qu'elle charge en énergie et guérit. Allège la peur, permettant de comprendre son origine. Sa vitalité anime les fêtes. Sur le plan physique, soulage les problèmes des hanches et des membres inférieurs, assouplissant les articulations. Sur le plan subtil, écarte les blocages empêchant d'avancer dans la vie.

Calcite jaune

La calcite rhomboédrique ferme le mental aux distractions, apportant le calme mental. Guérit le passé.

La calcite jaune ou dorée favorise l'élimination et stimule la volonté. Son énergie, surtout en tant qu'élixir, remonte le moral. Intensifie la méditation, induisant un profond état de relaxation et de spiritualité, en contact avec la source supérieure de direction spirituelle. Stimule le mental supérieur. À utiliser sur le chakra couronne et le chakra du plexus solaire. Son énergie est hautement expansive.

Calcite verte traitée à l'acide pour intensifier sa couleur et changer sa texture

CORNALINE

Formation naturelle

COULEUR	Rouge, orange, rose, brun
ASPECT	Petit caillou translucide, souvent usé par l'eau ou roulé
DISPONIBILITÉ	Commun
SOURCE	Grande-Bretagne, Inde, République tchèque, Slovaquie, Pérou, Islande, Roumanie

CARACTÉRISTIQUES. Ancre dans la réalité présente. Pierre stabilisante possédant une énergie élevée, excellente pour restaurer la vitalité et la motivation, pour stimuler la créativité, pour les objectifs spectaculaires, la cornaline a la capacité de purifier d'autres cristaux.

Sur le plan psychologique, la cornaline permet d'accepter le cycle de la vie et éloigne la peur de la mort. Jadis, on l'utilisait pour protéger les morts au cours de leur voyage vers la vie suivante. Confère du courage, encourage les choix positifs, dissipe l'apathie et motive pour réussir dans tous les domaines. Permet de surmonter les mauvais traitements en tous genres. Incite à avoir foi en soi-même et en ses perceptions. Va à la source de ce qui fait fonctionner l'individu, surmonte le conditionnement négatif et favorise la résolution.

Sur le plan mental, améliore les capacités analytiques et clarifie la perception. Écarte les pensées superflues lors de la méditation et rapproche les rêveurs de la réalité quotidienne. Intensifie la concentration et dissipe la léthargie mentale. Sur le plan émotionnel, protège bien de l'envie, de la fureur et du ressentiment, les siens ou ceux d'autrui. Calme la colère et bannit la négativité émotionnelle, les remplaçant par l'amour de la vie.

GUÉRISON. Chargée de force vitale, la cornaline stimule le métabolisme, active le chakra* racine, influence les organes reproducteurs féminins, accroît la fertilité, surmonte la frigidité et l'impuissance, soigne les problèmes du bas du dos, le rhumatisme, l'arthrite, la névralgie et la dépression, surtout chez les personnes âgées. Régularise les fluides corporels et les reins, accélère la guérison des os et des ligaments, stoppe les hémorragies. Améliore l'absorption des vitamines et des minéraux et assure un bon apport de sang aux organes et aux tissus.

POSITION. À utiliser comme pendentif ou boucle de ceinture, ou à placer en contact avec la peau, selon les besoins. Près de la porte d'entrée, protège et la maison et y invite l'abondance.

Cornaline rose

COULEURS SPÉCIFIQUES

En plus des caractéristiques génériques, les couleurs suivantes présentes des propriétés supplémentaires :

La cornaline rose améliore la relation parent-enfant. Aide à rétablir la confiance et l'amour après des mauvais traitements ou des manipulations.

Cornaline orange

La cornaline rouge réchauffe et énergise. Particulièrement utile pour combattre l'apathie et pour revigorer le mental et le corps.

CÉLESTITE

Géode bleue

Pointe bleue

COULEUR	Bleu, jaune, rouge, blanc
ASPECT	Cristaux pyramidaux transparents, géodes ou groupes de taille moyenne à grande, ou plaques
DISPONIBILITÉ	Facile à trouver, mais très cher
SOURCE	Grande-Bretagne, Égypte, Mexique, Pérou, Pologne, Libye, Madagascar

CARACTÉRISTIQUES. Pierre du New Age, dotée d'une vibration élevée, imprégnée d'énergies divines, la célestite conduit à la paix spirituelle infinie et aux royaumes angéliques*. Démarre le développement spirituel et pousse vers illumination. Utile pour stimuler la communication clairvoyante*, se souvenir des rêves et des voyages extra-corporels*.

Ce beau cristal favorise la pureté du cœur, attire la chance, guérit l'aura*, révèle la vérité, apporte l'équilibre et l'harmonie. La paix profonde qu'il confère aide à régler les conflits et à maintenir une ambiance harmonieuse lors des époques de stress. Améliore les relations dysfonctionnelles en créant un espace pour la négociation sereine.

Pierre créative, spécialement utile pour les arts.

Sur le plan psychologique, confère une force modérée et une immense paix intérieure, malgré l'impulsion à s'ouvrir davantage à de nouvelles expériences. Enseigne la confiance dans la sagesse infinie du divin. Grâce à son effet apaisant, la célestite calme les émotions violentes.

Sur le plan mental, affûte l'esprit et l'apaise, dispersant les inquiétudes et favorisant la clarté mentale et la communication fluide. Aide l'analyse des idées complexes, fait la synthèse de l'intellect et de l'instinct, favorise l'équilibre mental.

Placée sur le troisième œil*, la célestite établit une connexion avec les énergies universelles, apportant une vision de coexistence paisible avec l'ensemble de la création et étayant la possibilité d'une harmonie totale.

GUÉRISON. Dissipe la douleur et apporte l'amour. Traite les troubles oculaires et auditifs, élimine les toxines et met de l'ordre au niveau cellulaire. Son influence apaisante relaxe la tension musculaire et calme le tourment mental. Comme tous les cristaux bleus, la célestite ouvre et guérit efficacement le chakra* de la gorge et les états physiques qui lui sont associés.

POSITION. À placer selon les besoins ou à utiliser pour la méditation et pour interroger l'avenir*. Un grand cristal de célestite placé dans une pièce intensifie les vibrations du lieu. Sa couleur pâlit au soleil.

CÉRUSITE

Cristal archiviste

COULEUR	Blanc, gris, gris-noir, jaune
ASPECT	Cristaux translucides blanc avec jaune ou granuleux gris avec noir, d'ordinaire sur matrice
DISPONIBILITÉ	Dans les magasins spécialisés
SOURCE	Namibie

CARACTÉRISTIQUES. Excellente pierre d'ancrage favorisant l'aisance dans son milieu. Atténuant le "mal du pays" et permettant à l'âme de se sentir chez elle où qu'elle soit, elle est très utile aux personnes qui ont l'impression que la Terre n'est pas leur vraie demeure. La cérusite se présente parfois comme un cristal en forme d'étoile (cristal archiviste), qui s'accorde avec la sagesse supérieure et l'objectif karmique*. La méditation révèle les secrets exclusifs que la cérusite garde pour son propriétaire. La forme d'étoile est censée favoriser les contacts extraterrestres. Ce cristal aide à explorer les vies antérieures qui ne se sont pas déroulées sur Terre et à reconnaître les gens rencontrés lors de ces vies-là, ainsi que la place qu'ils occupent dans le présent. Explique les raisons de l'incarnation terrestre, les leçons à retenir, les tâches à accomplir et les apports à l'évolution de l'humanité. Permet de laisser aller le passé et les effets de celui-ci.

La cérusite est bénéfique pour le voyage, d'affaires ou de loisirs, diminuant les effets du décalage horaire et favorisant l'adaptation à une culture différente. Pierre utile pour faire des compromis de courte durée et s'adapter aux situations où l'opposition intérieure est forte.

Pierre pragmatique, encourage la prise de décision et stimule la croissance. En enseignant comment devenir flexible et assumer la responsabilité, allège la tension et l'anxiété, montre la manière de s'habituer au changement nécessaire. Instille le tact en toute situation et favorise l'extraversion plutôt que le retrait.

Intensifiant la communication, la cérusite facilite les échanges et confère la capacité d'écouter attentivement. Équilibre les hémisphères cérébrales droit et gauche et encourage la créativité. Excellente pierre pour toute personne consacrée aux arts.

L'élixir de cérusite a des propriétés insectifuges. On peut en asperger les plantes en pot ou la pièce pour les protéger des maladies et des insectes.

GUÉRISON. Parfaite pour la vitalité et l'énergie, surtout si la maladie a été de longue durée. Aligne le système nerveux, traite les mouvements involontaires et rend plus forts les muscles et les os. Utile pour la maladie de Parkinson et le syndrome de Tourette. Vainc l'insomnie et les cauchemars.

POSITION. Selon les besoins. En élixir insectifuge pour les plantes en pot.

CALCÉDOINE

Géode blanche

Bleue (roulée)

COULEUR	Blanc, rose, bleu, rouge, grisâtre
ASPECT	Transparent ou opaque, parfois rubané, toutes les tailles, souvent en géode ou petite pierre roulée
DISPONIBILITÉ	Commun
SOURCE	États-Unis, Autriche, République tchèque, Turquie, Slovaquie, Islande, Mexique, Grande-Bretagne, Nouvelle-Zélande, Russie, Brésil, Maroc

CARACTÉRISTIQUES. La calcédoine est une pierre nourrissante qui favorise la fraternité et la bonne volonté, tout en renforçant la stabilité du groupe. On peut l'utiliser pour aider la transmission de la pensée et la télépathie. Cette pierre absorbe l'énergie négative puis la dissipe pour empêcher sa retransmission.

Jadis, les calices étaient taillés en calcédoine et revêtus d'argent, afin d'empêcher l'empoisonnement.

La calcédoine harmonise le mental, le corps, les émotions et l'esprit.

Instillant des sentiments de bienveillance et de générosité, la calcédoine écarte l'hostilité et transforme la mélancolie en joie. Sur le plan psychologique, la calcédoine allège les doutes de soi et facilite la réflexion intérieure constructive, générant une personne ouverte et enthousiaste. Absorbe et dissipe les pensées négatives, les émotions et les mauvais rêves.

GUÉRISON. Puissant nettoyant, y compris des plaies ouvertes. Stimule l'instinct maternel et augmente la lactation, améliore l'assimilation des substances minérales et empêche leur accumulation dans les veines. La calcédoine allège les effets de la démence sénile, accroît l'énergie physique, équilibre le corps, les émotions, le mental et l'esprit. Soigne les yeux, la vésicule biliaire, les os, la rate, le sang et le système circulatoire.

POSITION. Aux doigts, autour du cou, sur la boucle de ceinture ou selon les besoins, surtout sur les organes et en contact avec la peau.

Calcédoine bleue (brute)

COULEURS SPÉCIFIQUES

En plus des caractéristiques génériques, les couleurs et les formes suivantes présentent des propriétés supplémentaires :

La calcédoine bleue est une pierre créative, qui ouvre le mental aux idées novatrices et facilite l'acceptation des nouvelles situations. Ce cristal confère flexibilité mentale et dextérité verbale, fortifie les dons d'écoute et de communication. Stimule la capacité d'apprendre de nouvelles langues et améliore la mémoire. La calcédoine bleue confère un sentiment d'enjouement et d'optimisme. Améliore la perception qu'on a de soi-même. Cette pierre était traditionnellement utilisée pour la maîtrise magique du climat et pour écarter les maladies associées aux changements du temps.

Sur le plan physique, la calcédoine bleue aide la régénération des membranes muqueuses et atténue les affections causées par la sensibilité au temps, comme le glaucome. Fortifie le système immunitaire, stimule la circulation de la lymphe, soigne l'œdème, à un effet anti-inflammatoire, abaisse la température et la pression sanguine. Traite les poumons et purifie le système respiratoire des résidus du tabagisme.

La calcédoine dendritique favorise la réflexion claire et précise. Favorisant la communication calme et détendue, cette pierre est utile quand on est sous pression ou attaqué. Encourage la vie dans le présent et aide à affronter les questions déplaisantes. Confère joie à la vie, rappelle les souvenirs, incite à une approche amicale des autres, en promouvant l'interaction exempte de jugement.

Portée longtemps, la calcédoine dendritique est utile pour les maladies chroniques, les problèmes associés au tabagisme, le système immunitaire. Favorise l'assimilation du cuivre, détoxifie le foie, atténue les inflammations des organes sexuels féminins et traite le muguet.

Calcédoine rose (brute)

La calcédoine rose encourage la gentillesse et toutes les qualités positives. Suscite un sentiment d'émerveillement enfantin et de désir d'apprendre. Favorise les conteurs d'histoires, qui suit une forme de créativité. Pierre spirituelle encourageant l'empathie et la paix intérieure, elle engendre un profond sentiment de confiance.

Cette pierre est particulièrement utile pour le traitement du mal-être* psychosomatique. La calcédoine rose fortifie le cœur et soutient le système immunitaire. Facilite l'allaitement et la circulation de la lymphe.

La calcédoine rouge confère force et persévérance en vue d'atteindre des objectifs. Conseille quand se battre et quand s'avouer vaincu. Aide à traduire les rêves à la réalité, de la manière la plus positive possible. En tant que pierre curative, la calcédoine rouge stimule la circulation sans élever la pression sanguine et favorise la coagulation. Apaise les crampes dues à la faim, mais ne doit pas être utilisée pendant de longues périodes, car elle inhibe l'absorption des substances nutritives et peut provoquer des nausées temporaires.

NOTE. Les géodes de calcédoine peintes en diverses couleurs, dont argent, sont vendues au Maroc et dans d'autres pays. Les couleurs partent si la géode est aspergée d'eau, révélant la calcédoine blanche ou grise en dessous. Les caractéristiques sont celles de la calcédoine générique.

CHAROÏTE

Poli

COULEUR	Violet
ASPECT	Moucheté, en volutes et veiné, souvent de taille petite à moyenne, roulé ou poli
DISPONIBILITÉ	Plus facile à obtenir actuellement
SOURCE	Russie

CARACTÉRISTIQUES. Pierre de transformation. C'est la pierre de l'âme qui surmonte la peur. Stimule la vision intérieure et l'intuition spirituelle, aide à gérer l'énorme fardeau spirituel en associant le chakra du cœur au chakra* couronne, en purifiant l'aura* et en stimulant l'amour inconditionnel. Encourage le changement des vibrations et met en contact avec les réalités supérieures. En même temps, ce cristal suscite une profonde guérison physique et émotionnelle, aidant à accepter le présent comme étant parfait.

Sur le plan psychologique, intègre les "défauts" et facilite l'acceptation d'autrui. Libère les peurs profondes et est particulièrement utile pour surmonter l'opposition ou mettre les choses en perspective. Confère direction, vigueur et spontanéité, diminue le stress et l'inquiétude, incitant à une attitude détendue. Aide à surmonter les compulsions et les obsessions. En équilibrant le chakra couronne, permet de surmonter un sentiment d'éloignement ou de frustration.

Sur le plan mental, stimule l'observation pénétrante et l'analyse, les utilisant pour faciliter une prise de décision rapide. Ce cristal aide les personnes dirigées par les idées et les programmes des autres et non par les leurs propres.

Sur le plan spirituel, ancre le moi spirituel dans la réalité quotidienne. Favorise le service à l'humanité, ouvre et équilibre le chakra couronne, confère des visions intuitives des vies antérieures, suggère des moyens de corriger le karma personnel et collectif.

GUÉRISON. Transforme l'énergie négative en guérison et convertit le mal-être en bien-être. Recharge en énergie le corps épuisé, soigne et intègre les dualités, régularise la pression sanguine. Traite les yeux, le cœur, le foie et le pancréas, arrête l'évolution des dommages hépatiques provoqués par l'alcool, allège les crampes et les douleurs. Confère un sommeil profond avec des rêves puissants, vainc l'insomnie et accorde aux enfants un sommeil paisible. Utile lorsqu'un mauvais fonctionnement du système nerveux autonome affecte le cœur. Traite l'autisme et les troubles bipolaires.

POSITION. Sur le cœur ou selon les besoins, en contact avec la peau. Un réseau de ce cristal est extrêmement efficace. L'élixir purifie le corps physique et stabilise les troubles émotionnels.

CHIASTOLITE

APPELÉE AUSSI PIERRE DE CROIX, ANDALOUSITE

Andalousite

Verte

Brune

COULEUR	Brun-gris, rose, gris, rouge brunâtre, vert olive
ASPECT	Croix distincte au centre de la pierre, souvent petite et roulée
DISPONIBILITÉ	Facile à trouver
SOURCE	Chili, Russie, Espagne

CARACTÉRISTIQUES. Pierre protectrice puissante, capable de transmuer la dissension en harmonie. Jadis, elle servait à écarter les malédictions. Pierre créative, dissipe les pensées et les sentiments négatifs, aide à résoudre les problèmes

Portail s'ouvrant sur les mystères, la chiastolite facilite les voyages extra-corporels, la compréhension et l'exploration de l'immortalité. Liée à la mort et à la renaissance, elle aide ceux qui accomplissement la transition au-delà de la mort.

Sur le plan psychologique, la chiastolite dissipe les illusions et calme les peurs, permettant d'affronter la réalité. Particulièrement utile pour vaincre la peur de la folie. Aide le passage d'une situation à une autre, élimine le conditionnement et les modèles obsolètes.

Sur le plan mental, la chiastolite favorise le règlement des problèmes en consolidant les capacités analytiques. Sur le plan émotionnel, la chiastolite élimine les sentiments de culpabilité et stabilise les émotions. Maintient la spiritualité durant les traumatismes ou la maladie, invoquant les forces protectrices. Permet de s'accorder aux objectifs de l'âme.

GUÉRISON. Allège les peurs, stoppe les hémorragies, atténue l'acidité excessive, soigne le rhumatisme et la goutte, stimule la lactation chez les mères qui allaitent. Répare les dommages chromosomiques et équilibre le système immunitaire. Traiter la paralysie, fortifie les nerfs.

POSITION. Placer selon les besoins ou porter autour du cou.

L'andalousite verte est une pierre équilibrante, qui purifie le cœur. Relâche les blocages émotionnels et ceux des chakras* provoqués par la colère accumulée et les vieux traumatismes émotionnels. Très utile pour la thérapie psychologique ou la thérapie par les cristaux.

CHLORITE

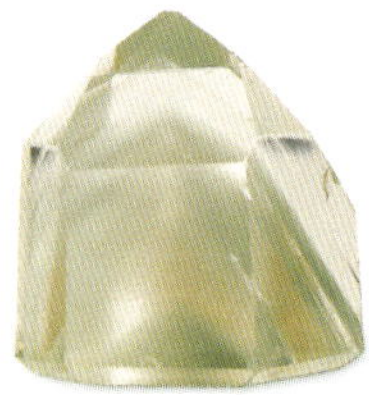

Chlorite fantôme

COULEUR	Vert
ASPECT	Plusieurs formes, d'habitude opaque, parfois dans du quartz
DISPONIBILITÉ	Facile à trouver
SOURCE	Russie, Allemagne, États-Unis

CARACTÉRISTIQUES. Puissante pierre de guérison, bénéfique pour l'environnement et le champ énergétique personnel. Associée à l'améthyste, élimine les implants énergétiques* et neutralise l'attaque psychique*. Associée à la cornaline et au rubis, protège contre l'attaque psychique et permet aux esprits attachés à la terre d'avancer.

GUÉRISON. Aide l'élimination des toxines et l'assimilation des vitamines A et E, du fer, du magnésium et du calcium. Analgésique, détruit les tumeurs dermiques et les taches hépatiques. Encourage la prolifération des bactéries utiles.

POSITION. Selon les besoins. Forme un réseau* autour d'une zone, la protégeant contre les énergies ou les entités négatives.

(*Voir aussi* Chlorite fantôme, pages 233 et 234, et Séraphinite, page 262.)

PIERRE CHRYSANTHÈME

État naturel

COULEUR	Brun, gris avec du blanc
ASPECT	Ressemble à un chrysanthème, pierre de taille moyenne
DISPONIBILITÉ	Facile à trouver
SOURCE	Chine, Japon, Canada, États-Unis

CARACTÉRISTIQUES. Plane en douceur à travers le temps, facilitant les voyages temporels et exsudant une confiance sereine, qui fortifie tout milieu par sa présence. Rayonnant l'harmonie, fait la synthèse du changement et de l'équilibre, montrant comment les deux travaillent ensemble. Cette pierre permet de profiter de la joie d'être centré dans le présent, incite le moi à s'épanouir, inspire, charge en énergie et concrétise les efforts. Enseigne comment garder son esprit enfantin, prompt à s'amuser, innocent sur la voie spirituelle, et confère de l'impétuosité au développement personnel. Fortifiant le caractère, triomphe de la bigoterie, de l'ignorance, de l'étroitesse d'esprit, de l'autosatisfaction et de la jalousie, tout en poussant à montrer plus d'amour au monde, qui à son tour fera entrer plus d'amour dans la vie des gens.

Sur le plan mental, contrecarre la superficialité, donne de la profondeur à la réflexion et garde contre les distractions. Permet de percevoir l'image globale. Émotionnellement parlant, apporte stabilité et confiance, éliminant le ressentiment et l'animosité.

GUÉRISON. Favorise la maturation physique et la transition. Traite la peau, le squelette et les yeux, disperse les toxines et détruit les tumeurs.

POSITION. À porter ou à placer dans l'environnement. L'élixir est préparé par une méthode indirecte : la pierre est placée dans un bol en verre rempli d'eau, pour ne pas abîmer la "fleur".

CHRYSOCOLLE

APPELÉ AUSSI PIERRE D'EILAT

Brut

Poli

COULEUR	Vert, bleu, turquoise
ASPECT	Opaque, souvent à bandes ou occlusions, toutes tailles, souvent roulé ou poli
DISPONIBILITÉ	Commun
SOURCE	États-Unis, Grande-Bretagne, Mexique, Chili, Pérou, Zaïre, Russie

CARACTÉRISTIQUES. Pierre tranquille et utile, qui facilite la méditation et la communication. Dans la maison, absorbe tous les types d'énergies négatives. Aide aussi à accepter avec sérénité les situations en changement permanent, faisant appel à une grande force intérieure. Bénéfique pour les relations chancelantes, stabilise et guérit tant les troubles domestiques que les interactions personnelles.

Calme, purifie et charge en énergie tous les chakras*, les alignant avec le divin. Au chakra du plexus solaire, extirpe les émotions négatives comme la culpabilité et inverse la programmation destructrice. Au chakra du cœur, traite les chagrins et intensifie la capacité d'aimer. Au chakra de la gorge, améliore la communication tout en favorisant le discernement exigé par le silence. Au troisième œil*, ouvre la vision psychique. Sur le plan psychologique, encourage la conscience de soi et l'équilibre intérieur, confère confiance et sensibilité, fortifie le pouvoir personnel et inspire la créativité. Triomphant des phobies, élimine la négativité et offre une motivation à ceux qui en manquent. Sur le plan mental, diminue les tensions et aide à garder la tête froide. Favorise la vérité et l'impartialité. Émotionnellement, allège la culpabilité et apporte la joie.

GUÉRISON. Traite l'arthrite, les maladies osseuses, les spasmes musculaires, le trajet digestif, les ulcères, les troubles hématologiques et les problèmes pulmonaires. Détoxifie le foie, les reins et les intestins. Réapprovisionne en oxygène le sang et la structure cellulaire des poumons, accroissant la capacité respiratoire, régularise le taux d'insuline et équilibre le sang. Fortifie les muscles et atténue leurs crampes. Grâce à son action rafraîchissante, soigne les infections, surtout de la gorge et des amygdales, abaisse la pression sanguine, apaise les brûlures. Soulage la douleur arthritique, fortifie la thyroïde et est bénéfique au métabolisme. Chez les femmes, traite le syndrome prémenstruel et les crampes. Sur le plan subtil, la chrysocolle dissout les miasmes*.

POSITION. Selon les besoins, sur la peau ou le troisième œil.

Chrysocolle drusiforme

PIERRE COMBINÉE

Le chrysocolle drusiforme combine les propriétés du chrysocolle à celles du quartz. Apporte une grande clarté et agit extrêmement vite.

CHRYSOPRASE

Roulé

Citron (roulé)

Brut

COULEUR	Vert pomme, citron
ASPECT	Opaque, moucheté, souvent petit et roulé
DISPONIBILITÉ	Commun
SOURCE	États-Unis, Russie, Brésil, Australie, Pologne, Tanzanie

CARACTÉRISTIQUES. Le chrysoprase confère le sentiment d'être une partie intégrante du divin. Induit de profonds états méditatifs. Jadis, il était censé promouvoir l'amour de la vérité. Favorise aussi l'espoir et les intuitions personnelles, met en évidence les talents et stimule la créativité. Encourage la fidélité dans les affaires et les relations personnelles. Charge en énergie les chakras* du cœur et sacral et fait entrer l'énergie universelle dans le corps physique.

Sur le plan psychologique, le chrysoprase est calmant et opposé au culte du moi, incitant à l'ouverture aux nouvelles situations. Favorise l'analyse des motifs égotistes du passé et de leur effet sur le développement de l'individu, harmonisant les idéaux avec le comportement. Dépassant les pensées et les actions obsessionnelles ou impulsives, dirige l'attention sur les événements positifs. S'oppose aux jugements catégoriques, stimule l'acceptation des autres et de soi-même. Utile pour le pardon et la compassion. Sur le plan mental, stimule le discours fluide et la dextérité de l'esprit. Empêche de parler sans réfléchir. Écarte les images oppressantes et récurrentes, prévenant ainsi les cauchemars, surtout chez les enfants. Sur le plan émotionnel, apporte un sentiment de sécurité et de confiance. Utile pour traiter la co-dépendance et soutenir l'indépendance tout en encourageant l'engagement.

Sur le plan physique, a une puissante action détoxifiante, stimule le foie. Susceptible d'extraire du corps les métaux lourds.

GUÉRISON. Excellent pour la relaxation et le sommeil paisible. Résonnant avec le chakra* sacral, accroît la fertilité, soigne la stérilité causée par une infection et protège contre les MST. Traite la goutte, les troubles oculaires, les maladies mentales, les maladies dermiques, les troubles cardiaques, le goitre, équilibre hormonal et calme le système digestif. Soulage les handicaps et fait entrer l'énergie universelle dans le corps. Accroît l'absorption de la vitamine C. Combiné avec le quartz fumé, traite les infections fongiques. L'élixir calme les troubles gastriques causés par le stress. Guérit l'enfant intérieur*, libérant les émotions refoulées depuis l'enfance. Atténue la claustrophobie et les cauchemars.

POSITION. À placer selon les besoins. Dans les cas extrêmes, utiliser en élixir. Portée pendant de longues périodes, le chrysoprase met en harmonie avec le royaume dévique*.

CINABRE

APPELÉE AUSSI SANG DE DRAGON

Cristaux bruts sur matrice

COULEUR	Rouge, brun-rouge, gris
ASPECT	Masse petite, cristalline ou granuleuse sur matrice
DISPONIBILITÉ	Facile à trouver mais cher
SOURCE	Chine, États-Unis

CARACTÉRISTIQUES. Le cinabre attire l'abondance, accroît le pouvoir de persuasion et la motivation commerciale, aide à avancer sans provoquer l'agressivité. Favorise l'organisation et le travail, les finances et les affaires d'un groupe. Le cinabre est utile lorsqu'on désire devenir plus fort ou changer son image, car il investit l'individu de dignité et de pouvoir. Rend l'apparence extérieure agréable et élégante. Sur le plan mental, le cinabre confère fluidité au mental et à la parole. Sur le plan spirituel, connecte avec l'acceptation de l'idée que tout est parfait tel quel. Relâche les blocages de l'énergie et aligne les centres énergétiques.

GUÉRISON. Le cinabre soigne et purifie le sang, confère force et souplesse au corps physique, stabilise le poids et accroît la fertilité.

POSITION. Selon les besoins. À garder dans la caisse.

CITRINE

APPELÉE AUSSI PIERRE DE CAIRNGORM

Pointe

Géode

COULEUR	Jaune à brun jaunâtre ou gris brun fumé
ASPECT	Cristaux transparents, toutes les tailles, souvent en géode, pointe ou groupe
DISPONIBILITÉ	La citrine naturelle est assez rare ; l'améthyste chauffée est souvent vendue en tant que citrine
SOURCE	Brésil, Russie, France, Madagascar, Grande-Bretagne, États-Unis

Agrégat

CARACTÉRISTIQUES. Puissant nettoyant et régénérateur. Dotée du pouvoir solaire, c'est une pierre extrêmement bénéfique, chaleureuse, énergisante et hautement créative. Fait partie des cristaux qui n'ont jamais besoin d'être nettoyés, car ils absorbent, transforment, dissipent et ancrent l'énergie négative, protégeant ainsi l'environnement. La citrine charge en énergie tous les plans de la vie. Protectrice aurique*, elle est en fait un système d'alarme préventif, qui permet de prendre des mesures pour se protéger. Purifie les chakras*, surtout les chakras du plexus solaire et du nombril. Active le chakra couronne et ouvre l'intuition. La citrine purifie et équilibre les corps subtils*, les harmonisant avec le corps physique.

Cristal d'abondance dynamique, enseigne comment attirer la richesse, la prospérité, la réussite, toutes les bonnes choses, et comment les faire se manifester. Pierre heureuse et généreuse, incite à partager, tout en permettant de ne pas perdre sa fortune. Confère la joie à tous ceux qui la tiennent entre leurs mains. La mélancolie et la négativité n'ont pas de place autour de la citrine. Apaise les désaccords familiaux ou collectifs.

Sur le plan psychologique, accroît le respect et la confiance en soi, écarte les tendances destructrices, fortifie l'individualité, améliore la motivation, stimule la créativité et favorise l'expression personnelle. Insensibilise quelque peu, surtout aux reproches et pousse à agir en se basant sur la critique constructive. Aide à développer une attitude positive et à voir l'avenir avec optimisme, se laissant porter par le courant au lieu de s'accrocher au passé. Favorise l'appréciation des expériences nouvelles et encourage l'exploration de toutes les possibilités en vue de trouver la meilleure solution.

Sur le plan mental, la citrine renforce la concentration et revitalise le mental. Excellente pour surmonter la dépression, les peurs et les phobies. Favorise le calme intérieur, donc l'émergence de la sagesse. Aide à assimiler l'information, à analyser les situations et à se faufiler entre elles dans une direction positive. Éveille le mental supérieur. Un pendentif de citrine permet de traduire facilement en paroles les pensées et les sentiments.

Émotionnellement, la citrine incite à la joie. Laisse aller les défauts, les peurs et les sentiments au niveau le plus profond. Dépasse la peur de la responsabilité et éteint la colère. Aide à se déplacer parmi les sentiments inconstants et à devenir émotionnellement équilibré.

Sur le plan physique, la citrine confère énergie et vigueur au corps. Utile pour les personnes particulièrement sensibles aux influences environnementales et à d'autres influences extérieures.

GUÉRISON. Excellente pierre pour le rechargement en énergie. Très bénéfique pour le SFC*, soigne les maladies dégénératives. Stimule la digestion, la rate et le pancréas, atténue les infections rénales et vésiculaires, allège les troubles oculaires, accroît la circulation sanguine, détoxifie le sang, active le thymus, équilibre la thyroïde, a un effet réchauffant et fortifie les nerfs. Favorise l'élimination – soulage la constipation et détruit la cellulite. En élixir, utile pour les troubles menstruels et les symptômes de la ménopause comme les bouffées de chaleur, équilibrant les hormones et allégeant la fatigue.

POSITION. Aux doigts ou sur la gorge, en contact avec la peau. Une citrine pointe vers le bas fait descendre le rayon doré de l'esprit dans le domaine physique. Disposer selon les besoins. Utiliser une sphère pour la méditation. Placer dans le coin de richesse de votre maison ou bureau, ou dans la caisse. La citrine pâlit au soleil.

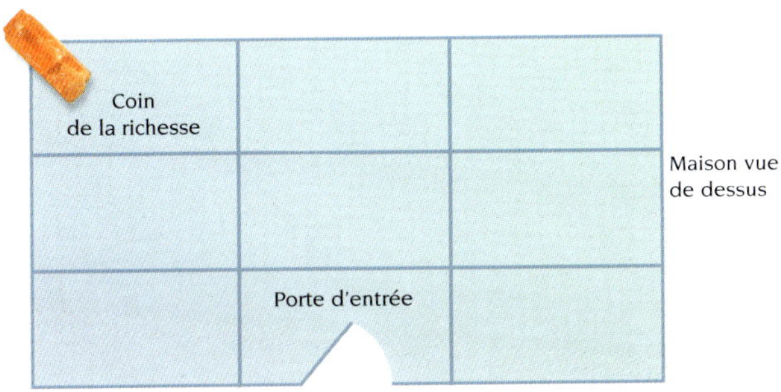

Le coin de la richesse est le point de gauche le plus éloigné de la porte d'entrée ou de la porte d'une chambre.

DANBURITE

Rose

COULEUR	Rose, jaune, blanc, lilas
ASPECT	Clair, avec des stries, toutes tailles
DISPONIBILITÉ	Facile à trouver
SOURCE	États-Unis, République tchèque, Russie, Suisse, Japon, Mexique, Myanmar

CARACTÉRISTIQUES. Pierre extrêmement spirituelle dotée d'une vibration très pure et agissant sur l'énergie du cœur. Active l'intellect et la conscience supérieure, se connectant aux royaumes angéliques*. Sa brillance vient de la lumière cosmique – elle présente parfois une formation de Bouddha, qui attire l'illumination et l'éclat spirituel. Aplanit la voie devant l'individu.

Porter une danburite fournit un lien avec la sérénité et la sagesse éternelles. Utilisée lors de la méditation, conduit à un état supérieur de conscience et permet d'accéder à la direction intérieure.

Facilite le changement profond et le dépassement du passé. Purificateur karmique*, laisse aller les miasmes* et les impératifs mentaux transportés avec soi. Indique à l'âme une nouvelle direction. Placé à côté du lit, ce cristal accompagne les mourants dans leur voyage au-delà de la mort, permettant la transition spirituelle consciente.

Sur le plan spirituel, stimule le troisième œil*, le chakra couronne et le chakra* transpersonnel, les ouvrant au quatorzième niveau. Aligne le chakra du cœur avec ces chakras supérieurs (voir pages 364 et 365, *Les cristaux et les chakras*). Éclaircit l'aura* et favorise le rêve lucide.

Sur le plan psychologique, encourage le comportement naturel et change les attitudes récalcitrantes, conférant patience et paix de l'esprit.

GUÉRISON. Allège les allergies et les états chroniques, a une forte action détoxifiante. Soigne le foie et la vésicule biliaire. Favorise la prise de poids si nécessaire, assiste la fonction musculaire et motrice.

POSITION. Selon les besoins, surtout sur le cœur. Pour des rêves lucides, placer la danburite sous l'oreiller.

COULEUR SPÉCIFIQUE

En plus des caractéristiques génériques, la couleur suivante a des propriétés supplémentaires :

La danburite rose ouvre le cœur et incite à s'aimer soi-même.

Danburite lilas

DIAMANT

Taillé en facettes

Brut

COULEUR	Blanc clair, jaune, bleu, brun, rose
ASPECT	Pierres précieuses petites, claires transparentes quand elles sont taillées
DISPONIBILITÉ	Cher
SOURCE	Afrique, Australie, Brésil, Inde, Russie, États-Unis

CARACTÉRISTIQUES. Le diamant est un symbole de pureté. Sa lumière blanche pure aide à faire de sa vie un ensemble harmonieux. Aide à nouer des relations, apporte l'amour et la clarté dans un partenariat. Censé fortifier l'amour d'un époux pour sa femme, c'est un signe d'engagement et de fidélité. Symbole de richesse depuis des milliers d'années, c'est l'une des pierres de manifestation, attirant l'abondance. Plus le diamant est grand, plus il y a d'abondance. Un grand diamant est aussi excellent pour bloquer les stress géopathique* ou le brouillard électromagnétique* et pour protéger contre les téléphones portables.

Le diamant amplifie l'énergie. C'est l'une des rares pierres qui n'ont jamais besoin d'être rechargées en énergie. Accroît l'énergie de tout ce qui entre en contact avec lui. Utilisé avec d'autres cristaux pour la guérison, le diamant est très efficace, car il intensifie le pouvoir de ceux-ci. Toutefois, il intensifie tant l'énergie négative que celle positive. Sur le plan subtil, comble les "trous" de l'aura*, rechargeant celle-ci en énergie.

Sur le plan psychologique, parmi les qualités conférées par le diamant on trouve l'intrépidité, l'invincibilité et la force d'âme. L'éclat impitoyable du diamant mettra néanmoins en évidence tout ce qui est négatif et a besoin d'une transformation. Le diamant élimine la douleur émotionnelle et mentale, diminue la peur et incite à de nouveaux commencements. C'est une pierre extrêmement créative, stimulant l'imagination et l'esprit inventif.

Sur le plan mental, le diamant fournit un lien entre l'intellect et le mental supérieur, apportant clarté mentale et favorisant l'illumination.

Sur le plan spirituel, le diamant purifie l'aura de tout ce qui voile l'éclat intérieur d'une personne, permettant à la lumière de l'âme de briller. Rappelle les aspirations de l'âme et soutient l'évolution spirituelle. Active le chakra couronne*, le connectant à la lumière divine.

GUÉRISON. Soigne le glaucome, éclaircit la vue et est bénéfique pour le cerveau. Traite les allergies et les affections chroniques, rééquilibre le métabolisme. Selon la tradition, le diamant neutralisait le poison.

POSITION. À porter près de la peau, ou à placer selon les besoins. Particulièrement efficace en boucles d'oreilles, surtout contre les émissions des téléphones portables.

DIOPTASE

Bleu-verte (amorphe)

Cristalline

COULEUR	Bleu-vert foncé ou vert émeraude
ASPECT	Petits cristaux brillants, d'habitude sur matrice, ou une masse amorphe
DISPONIBILITÉ	Assez rare et cher
SOURCE	Iran, Russie, Namibie, République démocratique du Congo, Afrique du Nord, Chili, Pérou

CARACTÉRISTIQUES. Puissant guérisseur du cœur, qui ouvre le chakra* maître du cœur. Sa superbe couleur bleu-vert incite tous les chakras à fonctionner mieux et facilite l'accord spirituel, aboutissant aux plans supérieurs de conscience. L'effet sur le champ énergétique humain est spectaculaire.

Sur le plan psychologique, la dioptase encourage à vivre dans le présent et, paradoxalement, active les souvenirs des vies antérieures. Incite à une attitude positive à l'égard de la vie et instille la capacité de s'accorder à ses propres ressources. Agissant dans tous les domaines de la vie pour transformer le mal en bien, elle permet de surmonter tout sentiment de manque et de réaliser son potentiel. Quand on est dans l'embarras, cette pierre indique la direction.

Sur le plan mental, la dioptase est un puissant purificateur et détoxifiant. Laisse aller le besoin de contrôler les autres. La dioptase agit comme un pont vers la guérison émotionnelle, spécialement pour l'enfant intérieur. Son rayonnement vert atteint les profondeurs du cœur pour en absorber les maux oubliés. Dissipe le chagrin, la trahison et la tristesse, est extrêmement efficace pour guérir la peine et la douleur de l'abandon.

La dioptase enseigne qu'en dernière analyse la douleur et les difficultés dans une relation sont une image de la séparation intérieure du moi. La reconstitution de ce lien et la tendresse apportée à tous les plans combleront le trou noir émotionnel désirant désespérément l'amour. Cette pierre dissipe les idées préconçues sur l'amour et apporte une nouvelle vibration affective.

Sur le plan spirituel, la dioptase placée sur le troisième œil* active l'harmonie spirituelle et la vision psychique, ainsi que la conscience des richesses intérieures.

GUÉRISON. Régularise les troubles cellulaires, active les lymphocytes T et le thymus, atténue la maladie de Ménière, diminue l'hypertension, soulage la douleur et les migraines, prévint les infarctus et les troubles cardiaques, allège la fatigue et surmonte le choc. Détoxifiant, ce cristal allège la nausée et régénère le foie. Particulièrement efficace pour se débarrasser des dépendances et du stress. Il faut l'utiliser en élixir pour les maux de tête et la douleur.

POSITION. Sur le chakra maître du cœur. Excellente en essence.

ÉMERAUDE

Brute

COULEUR	Vert
ASPECT	Petite pierre précieuse brillante ou cristal nuageux
DISPONIBILITÉ	La qualité gemme est chère, mais l'émeraude non taillée est facile à trouver
SOURCE	Inde, Zimbabwe, Tanzanie, Brésil, Égypte, Autriche

CARACTÉRISTIQUES. Pierre d'inspiration et de patience infinie, l'émeraude met avec grande intégrité l'accent sur la vie. "Pierre de l'amour comblé", elle apporte la félicité domestique et la loyauté. Consolide l'unité, l'amour inconditionnel et le partenariat, favorise l'amitié, maintient l'équilibre du partenariat. Si l'émeraude change de couleur, on dit qu'elle signale l'infidélité. Ouvre le chakra* du cœur et a un effet calmant sur les émotions.

Assure l'équilibre physique, émotionnel et mental, élimine la négativité et suscite des actions positives. Focalisant l'intention et élevant la conscience, fait aboutir les actions positives. L'émeraude intensifie les dons psychiques, dont la clairvoyance* et stimule le gain de sagesse des plans mentaux. Selon la tradition, l'émeraude protégeait des enchantements et des intrigues des magiciens et prédisait l'avenir.

Sur le plan psychologique, confère la force de caractère permettant de surmonter les malheurs. Pierre de régénération et de rétablissement, capable de guérir les émotions négatives. Renforce la capacité de jouir pleinement de la vie. Utile en cas de claustrophobie.

L'émeraude confère clarté mentale, fortifie la mémoire, inspire un subtil savoir intérieur, élargit la vision. Pierre de sagesse, favorise le discernement, la vérité, l'expression éloquente. Fait ressortir ce qu'on sait inconsciemment. Extrêmement bénéfique pour la compréhension mutuelle dans un groupe, stimulant la coopération.

GUÉRISON. Aide la récupération après des maladies infectieuses. Traite les sinus, les poumons, le cœur, la colonne vertébrale, les muscles, apaise les yeux. Améliore la vision et a un effet détoxifiant sur le foie. Soulage le rhumatisme et le diabète. Servait jadis d'antidote contre les poisons. Portée autour du cou, l'émeraude était censée éviter l'épilepsie. Son rayonnement vert favorise la guérison des affections malignes.

POSITION. À porter sur l'auriculaire, l'annulaire, sur le cœur ou sur le bras droit. À positionner selon les besoins. Portée constamment, déclenche des émotions négatives. Les émeraudes opaques ne conviennent pas à l'accord mental.

FLUORITE

APPELÉE AUSSI FLUORINE

Claire

Verte

Brune

Violette

Violette

COULEUR	Clair, bleu, vert, violet, jaune, brun
ASPECT	Transparent, cubique ou octaédrique, toutes tailles
DISPONIBILITÉ	Commun
SOURCE	États-Unis, Grande-Bretagne, Australie, Allemagne, Norvège, Chine, Pérou, Mexique, Brésil

CARACTÉRISTIQUES. Pierre hautement protectrice, surtout sur le plan psychique, aide à discerner les emprises extérieures à l'œuvre en soi et met fin à la manipulation psychique et aux influences mentales indésirables. Purifie et stabilise l'aura*. Extrêmement effective contre le stress électromagnétique. Correctement positionnée, bloque le stress géopathique*. Utilisée pour la guérison, la fluorite absorbe l'ensemble des énergies négatives et des stress. Nettoie, purifie, dissipe et réorganise tout ce qui n'est pas parfaitement harmonieux dans le corps. Le meilleur cristal pour surmonter toute forme de désorganisation.

La fluorite ancre et intègre les énergies spirituelles, favorise l'impartialité et intensifie l'intuition, rendant ainsi plus conscient des réalités spirituelles supérieures. Accélère l'éveil spirituel, focalise le mental et le connecte au mental universel. Apporte stabilité aux groupes, les réunissant dans un but commun.

Cette pierre est associée au progrès sur un certain nombre de plans, structurant la vie quotidienne, vainc le chaos et réorganise les corps physique, émotionnel et mental.

Sur le plan psychologique, dissipe les modèles invétérés de comportement et ouvre en douceur la porte du subconscient, faisant remonter les sentiments refoulés, pour qu'ils soient résolus. Accroît la confiance en soi et la dextérité.

Améliore la coordination physique et mentale, neutralise les troubles mentaux. Écartant les idées fixes, aide à dépasser l'étroitesse d'esprit pour arriver à une image globale. Dissipe les illusions et révèle la vérité. Très utile quand on doit agir avec impartialité et objectivité.

Aide parfaitement l'apprentissage – organise et traite l'information, faisant le rapport entre ce qu'on sait déjà et ce qu'on apprend, accroît la concentration, permettant d'absorber de nouvelles données et favorisant l'agilité de la pensée.

Émotionnellement parlant, la fluorite a un effet stabilisant. Permet de comprendre l'effet du mental et des émotions sur le corps. Dans les relations, enseigne l'importance de l'équilibre. Sur le plan physique, la fluorite favorise l'équilibre et la coordination.

GUÉRISON. Bon outil de guérison pour les infections et les troubles divers. Bénéfique pour les dents, les cellules, les os, répare les dommages de l'ADN. Puissant antiviral, surtout en élixir. Régénère la peau et les membranes muqueuses, particulièrement celles du trajet respiratoire, traite les ulcères et les plaies. Soigne les refroidissements, la grippe et la sinusite. Détruisant les adhérences et rendant la mobilité aux articulations, allège l'arthrite, le rhumatisme et les blessures de la colonne vertébrale. Passée sur le corps vers le cœur, la fluorite soulage la douleur, surtout celle du zona et des autres affections liées aux nerfs. Traite la peau, faisant disparaître les imperfections et les rides. On peut l'utiliser durant le traitement dentaire. Accroît la libido.

POSITION. À porter aux oreilles ou placer dans l'environnement. Positionner selon les besoins pour la guérison. La fluorite aspire l'énergie négative et le stress. Il faut la nettoyer après chaque utilisation. Placer sur l'ordinateur ou entre soi et la source du brouillard électromagnétique*. Pulvériser l'essence autour de soi. Les pierres de la taille d'une main sont apaisantes.

COULEURS SPÉCIFIQUES

En plus des caractéristiques génériques, les couleurs suivantes ont des propriétés supplémentaires :

Fluorite bleue

La fluorite bleue intensifie la pensée créative, logique, et la communication claire. Pierre à double action, elle calme ou revitalise l'énergie des corps physique et biomagnétiques*, selon les besoins. La fluorite bleue est efficace pour les yeux, le nez, les oreilles et les problèmes de la gorge. Amplifie le potentiel curatif en focalisant l'activité cérébrale. Susceptible d'invoquer l'éveil spirituel.

La fluorite claire stimule le chakra couronne*, charge en énergie l'aura* et harmonise l'intellect avec l'esprit. Aligne tous les chakras, faisant entrer l'énergie universelle dans le corps physique. Renforce l'effet des autres cristaux durant la guérison et éclaircit la vision diminuée.

Fluorite claire sur matrice

La fluorite verte ancre l'énergie excessive, dissipe le traumatisme émotionnel et élimine les infections. Particulièrement efficace pour absorber les énergies négatives de l'environnement. Véhicule les informations du subconscient et donne accès à l'intuition. Nettoyant efficace de l'aura, des chakras et du mental, dissipe le conditionnement obsolète. Soulage les troubles gastriques et les crampes intestinaux.

Fluorite verte

Fluorite violette

La fluorite violette et pourpre stimule le troisième œil et confère du bon sens à la communication psychique. Excellente pierre de méditation. Utile pour le traitement des os et les troubles de la moelle osseuse

La fluorite jaune accroît la créativité et stabilise l'énergie des groupes. Particulièrement utile pour la coopération. Favorise les activités intellectuelles. Sur le plan physique, élimine les toxines, traite le cholestérol et soulage le foie.

La fluorite yttrique a une forme légèrement différente des autres fluorites. Ne remédie pas à la désorganisation, mais traite d'autres états associés à ces cristaux. Orientée vers le service. Attire la richesse et l'abondance, enseigne les principes de la manifestation. Intensifie l'activité mentale.

Fluorite jaune

FUCHSITE

APPELÉE AUSSI MUSCOVITE VERTE

Brute

COULEUR	Vert
ASPECT	Plaques et couches (forme de mica), toutes tailles
DISPONIBILITÉ	Dans les magasins spécialisés
SOURCE	Brésil

CARACTÉRISTIQUES. Permet d'accéder au savoir investi d'une grande valeur pratique. Canalise les traitements phytothérapiques et les remèdes holistiques, suggère l'action globale à entreprendre et donne accès à des indications à propos des questions de santé et de bien-être. Aide à saisir l'interaction avec les autres et lie aux intérêts essentiels de la vie.

Sur le plan psychologique, la fuchsite traite les questions de servitude des vies antérieures ou de cette vie-ci. Inverse la tendance au martyre. Excellente pour ceux qui deviennent en un clin d'œil des libérateurs, que ce soit pour sauver une personne ou un groupe, puis se transforment rapidement en victimes. Montre comment rendre service sans se laisser entraîner dans des luttes de pouvoir ou dans une fausse modestie. Bien des gens qui rendent service le font en étant poussés par le sentiment de n'être pas "assez bons". Enseigne la conscience de sa propre valeur.

La fuchsite montre comment faire uniquement ce qui convient à la croissance de l'âme de ses semblables et rester serein, sans intervenir, tandis qu'ils apprennent leurs propres leçons. Combine l'amour inconditionnel avec l'amour tenace qui dit "ça suffit". Utile pour combattre une situation où on semble "aider", mais d'où on tire en fait une grande satisfaction psychologique de la dépendance de l'autre personne. Permet aux deux âmes de suivre leur propre chemin.

Particulièrement utile pour la personne assimilée au "patient" dans une famille ou un groupe, sur laquelle sont projetés le mal-être et la tension. Celle-ci tombe malade ou devient dépendante au nom de la famille ou du groupe. Si elle désire aller mieux, la famille ou le groupe la force souvent à rester "malade" ou dépendante. La fuchsite lui confère la force de trouver le bien-être et de se retirer du conflit familial ou collectif. Ce cristal triomphe de la co-dépendance et du chantage émotionnel. Permet de retrouver le ressort après un traumatisme ou une tension émotionnelle.

GUÉRISON. Accroît l'énergie des cristaux et facilite son transfert. Fait descendre l'énergie au point le plus bas, rétablissant l'équilibre. Élimine les blocages provoqués par l'excès d'énergie, faisant passer celle-ci par des canaux positifs. Équilibre le taux de globules rouges et blancs, traite le syndrome du canal carpien et les blessures d'effort récurrentes. Aligne la colonne vertébrale, accroît la flexibilité du système musculo-squelettique.

POSITION. À placer selon les besoins ou tenir durant la méditation.

(*Voir aussi* Muscovite, page 192.)

GALÈNE

Brute

COULEUR	Gris-lilas métallique
ASPECT	Masse brillante petite ou grande, granuleuse et irrégulière
DISPONIBILITÉ	Dans les magasins spécialisés
SOURCE	États-Unis, Grande-Bretagne, Russie

CARACTÉRISTIQUES. "Pierre d'harmonie", apporte l'équilibre sur tous les plans. Harmonise les plans physique, éthérique et spirituel. Pierre d'ancrage, elle centre et induit la guérison holistique. Excellente pour les médecins, les homéopathes et les phytothérapeutes. Encourage la recherche et les expérimentations. Ouvre le mental, développant les idées et dissipant les conjectures limitatives du passé.

GUÉRISON. Diminue les inflammations et les éruptions, stimule la circulation, bénéficie aux veines, accroît l'assimilation du sélénium et du zinc, profite aux cheveux.

POSITION. Placer selon les besoins. Comme la galène contient du plomb, les élixirs doivent être préparés uniquement par la méthode indirecte (voir page 371) et appliqués sur une peau intacte.

GRENAT

Brut

Poli

Cristal

Caillou

COULEUR	Rouge, rose, vert, orange, jaune, brun, noir
ASPECT	Cristal transparent ou translucide, souvent petit et facetté ou morceau opaque plus grand
DISPONIBILITÉ	Commun
SOURCE	Monde entier

CARACTÉRISTIQUES. Pierre hautement réénergisante et régénérante. Purifie les chakras* et les recharge, revitalise, purifie et équilibre l'énergie, apportant la sérénité ou la passion, selon les besoins. Censé avertir d'un danger imminent, c'était jadis un talisman protecteur. Cristal des plus répandus, présente plusieurs formes, chacune dotée de propriétés différentes, en plus des caractéristiques génériques.

Inspire amour et dévouement, équilibre les envies sexuelles et allège la dysharmonie émotionnelle. Le grenat rouge stimule surtout la montée contrôlée de la kundalini* et favorise la virilité. Pierre d'engagement.

Lors d'une crise, ce cristal s'avérera salutaire, particulièrement dans des situations apparemment sans issue, où la vie s'est morcelée ou est devenue traumatisante. Fortifie, active et renforce l'instinct de survie, apportant courage et espoir dans des situations possiblement désespérées. Sous l'influence du grenat, la crise se transforme en défi. Favorise l'assistance mutuelle à des époques de troubles.

Le grenat est fortement lié à l'hypophyse, stimule la prise de conscience élargie et le rappel des vies antérieures. Active d'autres cristaux, amplifiant leur effet, et dissipe l'énergie négative des chakras.

Les grenats taillés carrément (à angles droits) sont censés apporter la réussite en affaires.

Sur le plan psychologique, le grenat affûte les perceptions des autres et de soi-même, fait disparaître les modèles invétérés de comportement qui n'ont plus lieu d'être et contourne l'opposition ou le sabotage instinctif. Sur le plan mental, aide à écarter les idées inutiles ou obsolètes. Sur le plan émotionnel, élimine les inhibitions et les tabous, ouvre le cœur et favorise la confiance en soi.

GUÉRISON. Régénère le corps, stimule le métabolisme, traite les troubles spinaux et cellulaires, purifie et recharge en énergie le sang, le cœur et les poumons, régénère l'ADN, aide l'assimilation des substances minérales et des vitamines.

POSITION. Aux oreilles, aux doigts ou sur le cœur, en contact avec la peau. Placer sur la peau selon les besoins. Pour se souvenir des vies antérieures, placer sur le troisième œil*.

VARIÉTÉS DE GRENAT

En plus des caractéristiques génériques, les formes et les couleurs suivantes ont des propriétés supplémentaires :

Le grenat almandin est une pierre de guérison régénérante, conférant force et vigueur. Aide à s'accorder du temps pour soi, amène un amour profond, favorise l'intégration de la vérité et de l'affinité avec le moi supérieur. Soutient le mental supérieur, enseigne la charité et la compassion, ouvre la voie entre les chakras racine et couronne, canalisant et ancrant les énergies spirituelles dans le corps physique, de même que le corps subtil dans l'incarnation physique. Favorise l'absorption du fer dans les intestins, aiguise le regard, traite le foie et le pancréas.

Grenat almandin

L'andradite est dynamique et flexible. Stimule la créativité et attire dans la relation ce qui est le plus nécessaire au développement personnel. Dissipe le sentiment de solitude et favorise les rencontres amoureuses. L'andradite stimule les qualités masculines comme le courage, la vigueur et la force. Réaligne les champs magnétiques du corps, nettoie et élargit l'aura*, activant la vision psychique. Aide la production du sang et charge en énergie le foie. Favorise l'assimilation du calcium, du magnésium et du fer.

Le grenat grossulaire est utile en cas de défis et de procès. Enseigne la relaxation, inspire la coopération. Accroît la fertilité et aide l'assimilation de la vitamine A. Excellent pour l'arthrite et le rhumatisme, fortifie les reins, bénéfique pour les membranes muqueuses et la peau.

La hessonite confère le respect de soi, fait disparaître les sentiments de culpabilité et d'infériorité, encourage le service, favorise la quête de nouveaux défis. Active l'intuition et les dons psychiques. Utilisée pour des voyages extra-corporels*, conduit à la destination choisie. Régularise la production hormonale, soigne la stérilité, l'impuissance, le système olfactif, élimine les influences négatives qui minent la santé.

La mélanite renforce la résistance et favorise l'honnêteté, élimine les blocages des chakras* du cœur et de la gorge, permettant ainsi d'affirmer la vérité. Surmonte le manque d'amour dans toute situation, dissipant la colère, l'envie, la jalousie et la méfiance, conduisant le partenariat vers sa prochaine étape, quelle que celle-ci puisse être. Fortifie les os et aide le corps à s'adapter au traitement médicamenteux. Soigne le cancer, les attaques d'apoplexie, les rhumatismes et l'arthrite.

Le pyrope confère vitalité et charisme, favorise une excellente qualité de vie. Rassemble les forces créatives de l'individu. Protège les chakras racine et couronne, les alignant avec les corps subtils et connectant l'ancrage du chakra racine avec la sagesse du chakra couronne. Pierre stabilisante, fortifie la circulation et traite le trajet digestif. Calme les brûlures d'estomac et apaise le mal de gorge

La rhodolite est une pierre chaleureuse, confiante et sincère. Stimule la contemplation, l'intuition et l'inspiration. Protège le chakra racine et fortifie la sexualité, triomphant de la frigidité. Stimule le métabolisme, soigne le cœur, les poumons et les hanches.

La spessartite a des vibrations élevées. Communique la volonté d'aider les autres et fortifie le cœur, consolidant les processus analytiques et l'esprit rationnel. Antidépresseur, écarte les cauchemars, allège les problèmes sexuels et traite l'intolérance du lactose et les déséquilibres d'absorption du calcium.

L'uvarovite favorise l'individualité sans égocentrisme, tout en liant l'âme à sa nature universelle. Stimule le chakra du cœur et fortifie les relations spirituelles. Pierre calme et paisible, permet d'apprécier la solitude sans se sentir isolé. Détoxifiant, diminue l'inflammation et abaisse la fièvre. Traite l'acidose, la leucémie, et la frigidité.

Le grenat rouge représente l'amour. En accord avec l'énergie du cœur, ranime les sentiments et intensifie la sexualité. Cette pierre contrôle la colère, surtout à son propre égard.

HÉMATITE

Brute (cristalline)

Roulée

Brute

COULEUR	Argent, rouge
ASPECT	Cristaux non polis "circonvolutés" rouge ou gris. Brillants, si polis. Lourds. Toutes tailles
DISPONIBILITÉ	Commun
SOURCE	Grande-Bretagne, Italie, Brésil, Suède, Canada, Suisse

CARACTÉRISTIQUES. Particulièrement efficace pour ancrer et protéger. Harmonise le mental, le corps et l'esprit. Utilisée durant les voyages extra-corporels, l'hématite protège l'âme et la fait revenir dans le corps. Cette pierre très yang équilibre les méridiens*, redressant les déséquilibres yin. Dissipe la négativité et empêche les énergies négatives de pénétrer dans l'aura*, rétablissant la paix et l'harmonie du corps.

L'hématite est censée être bénéfique pour les problèmes juridiques.

Sur le plan psychologique, soutient les femmes timides, relance le respect de soi et à la capacité de survivre, fortifie la volonté et la fiabilité, communique la confiance. Écarte les limitations auto-imposées et favorise le développement. Contribue à surmonter les compulsions et les dépendances. L'hématite attire l'attention sur les désirs insatisfaits qui dirigent la vie. Soigne la boulimie, le tabagisme et toute forme d'excès. Permet d'admettre que les erreurs sont des expériences qui enseignent quelque chose, et pas uniquement des désastres.

Sur le plan mental, stimule la concentration, consolide la mémoire et la pensée originale. Dirige l'attention mentale sur les besoins essentiels de la survie et aide à résoudre tous types de problèmes. Encourage l'étude des mathématiques et des sujets techniques.

Sur le plan physique, rétablit, fortifie et régularise l'apport de sang et extrait la chaleur du corps.

GUÉRISON. Soulage les problèmes circulatoires comme la maladie de Reynaud et les troubles hématologiques comme l'anémie. Aide les reins à purifier le sang et régénère les tissus. Stimule l'absorption du fer et la formation des globules rouges. Traite les crampes des jambes, l'anxiété l'insomnie, les fractures et l'alignement spinal. Pour les fièvres, utiliser en élixir.

POSITION. Au sommet de la colonne, pour faciliter la manipulation de celle-ci. Maintenir ou placer selon les besoins. Ne pas utiliser en cas d'inflammation ou durant de longues périodes.

DIAMANT DE HERKIMER

APPELÉ AUSSI QUARTZ DE HERKIMER

Petit

Grand, avec des occlusions fumées*

COULEUR	Clair
ASPECT	Arcs-en-ciel clairs, huileux, en général à double pointe, petit ou grand
DISPONIBILITÉ	Cher, mais facile à trouver
SOURCE	États-Unis, Mexique, Espagne, Tanzanie

CARACTÉRISTIQUES. Énergise, anime et favorise la créativité. Puissant cristal d'harmonisation, surtout lorsqu'il est petit et exceptionnellement clair. Stimule les dons psychiques comme la clairvoyance*, la vision spirituelle et la télépathie, connectant aux indications des dimensions supérieures et favorisant le souvenir des rêves et la compréhension. Suscite l'accord conscient avec les plans spirituels supérieurs et avec son propre potentiel. Purifie les chakras* et ouvre les canaux de circulation de l'énergie spirituelle. Donne accès aux informations des vies antérieures, permettant de reconnaître les blocages ou l'opposition à la croissance spirituelle. Facilite la libération en douceur et la transformation, mettant en évidence l'objectif de l'âme. Active le corps de lumière*.

Harmonise les gens et les met en contact s'ils doivent se séparer : chacun gardera une pierre. Consolide la télépathie, surtout aux étapes initiales de la pratique, et accorde le thérapeute et le patient. Possède une mémoire cristalline capable d'emmagasiner des informations en vue de leur récupération ultérieure. Peut être programmé pour que d'autres personnes arrivent à puiser dedans. Cristal puissant pour éliminer la pollution électromagnétique ou la radioactivité. Bloque le stress géopathique*. Les cristaux plus grands sont excellents pour former des réseaux autour d'une maison ou d'un lit.

GUÉRISON. Détoxifiant, protège contre la radioactivité et soigne la maladie des radiations. Soulage l'insomnie causée par le stress géopathique ou la pollution électromagnétique ; corrige l'ADN, les troubles cellulaires et les déséquilibres métaboliques, élimine le stress et la tension du corps. Favorise le souvenir des vies antérieures, du mal-être et des blessures anciennes qui affectent encore cette vie-ci. Excellent en aérosol environnemental ou élixir.

POSITION. En pendentif ou boucles d'oreilles (seulement pour de courtes périodes). Placer à la base de la colonne ou selon les besoins. Positionner entre soi-même et la source du brouillard électromagnétique*, ou vaporiser dans la pièce.

Le diamant de Herkimer fumé possède une énergie d'ancrage très forte, qui traite le chakra* de la Terre et l'environnement, nettoyant la pollution électromagnétique et le stress géopathique. Utilisé en réseau* autour d'un lit, aide à surmonter le sentiment de tension.

Le diamant de Herkimer avec des inclusions de citrine est un excellent antidote pour la fatigue causée par les énergies négatives.

HOWLITE

Roulée

COULEUR	Vert, blanc, bleu – souvent artificiellement coloré
ASPECT	Pierre marbrée, souvent roulée. Toutes tailles
DISPONIBILITÉ	Facile à trouver
SOURCE	États-Unis

CARACTÉRISTIQUES. Pierre extrêmement calmante. Placée sous l'oreiller, c'est un excellent antidote pour l'insomnie, spécialement quand celle-ci est causée par la surexcitation. Peut être utilisée en élixir – à boire environ une heure avant de se mettre au lit.

Connecte aux dimensions spirituelles, permettant de s'y accorder et préparant le mental à la réception de la sagesse et des intuitions. Assiste les voyages extra-corporels et l'accès aux vies antérieures. Le regard focalisé sur un cristal de howlite transporte dans une autre époque ou dimension. Placée sur le troisième œil*, donne accès aux souvenirs des vies antérieures, y compris ceux de l'état "intermédiaire"* et des dimensions spirituelles. Aide à préciser les ambitions, spirituelles et matérielles, et à les achever.

Sur le plan psychologique, la howlite enseigne la patience et aide à éliminer la fureur et la colère incontrôlée. Un morceau placé dans la poche d'une personne absorbe sa propre colère ainsi que celle dirigée contre elle. Permet de surmonter la tendance à être critique et égoïste, renforçant les traits de caractère positifs.

Tranquillise le mental et est excellente pour le sommeil ou la méditation. Favorise la communication calme et logique, fortifie la mémoire et stimule le désir de savoir.

Ce cristal calme les émotions turbulentes, surtout celles dont les causes se trouvent dans les vies antérieures. Coupe les liens unissant les émotions du passé aux catalyseurs de la vie présente.

GUÉRISON. Soulage l'insomnie, équilibre le taux de calcium dans le corps, bénéficiant aux dents, aux os et aux tissus mous. Essence de gemmes utile.

POSITION. À placer selon les besoins ou tenir pendant la méditation ou pour atténuer la colère. Un réseau* formé autour du lit diminue l'insomnie. Garder dans la poche pour absorber la négativité.

COULEUR SPÉCIFIQUE

En plus des caractéristiques génériques, la couleur suivante a des propriétés supplémentaires :

La howlite bleue aide à se rappeler les rêves et à accéder à ce qu'ils suggèrent.

Howlite bleue (colorée artificiellement)

IDOCRASE

APPELÉ AUSSI VÉSUVIANITE

Roulée

COULEUR	Vert, brun, jaune, bleu pâle, rouge
ASPECT	Petit cristal transparent, résineux, moucheté
DISPONIBILITÉ	Dans les magasins spécialisés
SOURCE	États-Unis

CARACTÉRISTIQUES. Établit un lien avec le moi supérieur et l'information qu'il offre à l'âme incarnée. Sur le plan psychologique, libère des sentiments d'emprisonnement et d'entrave. Utile pour la guérison des expériences des vies antérieures : enfermement, danger extrême, entrave mentale ou émotionnelle. Dissipe en douceur la colère et atténue la peur, engendrant une sécurité intérieure. Grâce à ses puissantes connexions mentales, l'idocrase ouvre l'esprit et élimine les modèles de pensée négatifs, de sorte que celui-ci soit plus pénétrant. Stimule le caractère inventif et le besoin de découvrir, les liant à la créativité.

GUÉRISON. Fortifie l'émail des dents et restaure l'odorat. Aide à assimiler les substances nutritives des aliments. Bannit la dépression.

POSITION. Selon les besoins.

IOLITE

Brute

COULEUR	Gris, violet, bleu, jaune
ASPECT	Petit, translucide, la couleur change selon l'angle de vision
DISPONIBILITÉ	Dans les magasins spécialisés
SOURCE	États-Unis

CARACTÉRISTIQUES. Pierre de vision, active le troisième œil* et facilite la visualisation et l'intuition quand tous les chakras* sont alignés. Stimule la connexion avec le savoir intérieur. Utilisé lors des cérémonies chamaniques, assiste les voyages extra-corporels. En contact avec le champ aurique, l'iolite émet une charge électrique qui redonne de l'énergie à celui-ci et l'aligne avec les corps subtils*.

Sur le plan psychologique, l'iolite aide à comprendre et à éliminer les causes des accoutumances, permettant ainsi d'exprimer son véritable moi, libéré des attentes des proches. Sur le plan mental, l'iolite purifie les pensées-formes*.

Émotionnellement, l'iolite laisse aller la discorde dans les relations. Encourage à prendre la responsabilité pour soi-même, et donc à surmonter la co-dépendance dans le partenariat.

GUÉRISON. Favorise une constitution forte. Diminue les dépôts de graisse dans le corps, atténue l'effet de l'alcool et soutient la détoxication et la régénération du foie. Cette pierre soigne la malaria et les fièvres, aide l'hypophyse, les sinus et le système respiratoire, allège les migraines et détruit les bactéries.

POSITION. Selon les besoins, et sur le troisième œil* si tous les chakras* sont déjà alignés.

PYRITE DE FER

APPELÉE AUSSI L'OR DES FOUS

Fleur de pyrite

Pyrite cubique

COULEUR	Doré ou brunâtre
ASPECT	Métallique, parfois cubique, petit à moyen
DISPONIBILITÉ	Facile à trouver
SOURCE	Grande-Bretagne, Amérique du Nord, Chili, Pérou

CARACTÉRISTIQUES. Excellent bouclier énergétique, qui écarte l'énergie négative et les polluants, y compris les maladies infectieuses, sur tous les plans. Portée autour du cou, protège les corps subtils* et le corps physique, écartant le mal et le danger.

Pierre très positive, vainc l'inertie et le sentiment de médiocrité. Stimule la circulation des idées, permettant de puiser dans ses capacités et son potentiel. Un cristal de pyrite de fer placé sur le bureau charge en énergie la zone qui l'entoure. Utile lorsqu'on met en place les grandes lignes de stratégie commerciale. Enseigne comment voir au-delà des apparences et favorise la diplomatie.

Sur le plan psychologique, la pyrite de fer soulage l'anxiété et la frustration, donne un coup de pouce à la conscience de sa propre valeur et à sa confiance. Consolidant la confiance en soi et la virilité, convient aux hommes souffrant d'un complexe d'infériorité. Trop puissante pour les "machos", qui risquent de devenir agressifs. Aide les femmes à surmonter les complexes de servitude et d'infériorité.

L'activité mentale est stimulée par la pyrite de fer, car celle-ci accroît l'apport de sang au cerveau. Améliore la mémoire et la capacité de se souvenir. La pyrite cubique élargit et structure les capacités mentales, équilibrant l'instinct avec l'intuition, la créativité avec l'analyse.

Sur le plan émotionnel, atténue la mélancolie et le désespoir intense. Physiquement, la pyrite de fer accroît l'énergie et surmonte la fatigue. Bloque les fuites énergétiques du corps physique et de l'aura*. Augmente l'apport d'oxygène au sang et fortifie le système circulatoire. Représentant l'idéal de la santé et du bien-être parfaits, induit très rapidement la guérison, dévoilant la cause du mal-être*. Particulièrement utile pour remonter aux sources du mal-être karmique* et psychosomatique.

GUÉRISON. Traite les os et stimule la formation des cellules, repaire l'ADN endommagé, aligne les méridiens et apaise le sommeil perturbé par des troubles gastriques. Fortifie le trajet digestif, neutralise les toxines ingérées, bénéfique au système circulatoire, oxygène davantage le courant sanguin. Bénéfique pour les poumons, allégeant l'asthme et la bronchite.

POSITION. À placer sur la gorge dans un sachet ou sous l'oreiller.

JADE

APPELÉ AUSSI JADÉITE, NÉPHRITE

Vert (roulé)

Vert (poli)

Bleu

COULEUR	Vert, orange, brun, bleu, bleu-vert, crème, lavande, rouge, blanc
ASPECT	Translucide (jadéite) ou crème (néphrite), une texture quelque peu savonneuse. Toutes tailles
DISPONIBILITÉ	La plupart des couleurs sont faciles à trouver, certaines sont rares. La néphrite est moins rare que la jadéite
SOURCE	États-Unis, Chine, Italie, Myanmar, Russie, Moyen-Orient

CARACTÉRISTIQUES. Symbole de pureté et de sérénité très apprécie en Orient, le jade incarne la sagesse accumulée dans la sérénité. Associé au chakra* du cœur, intensifie l'entretien des sentiments d'amour. Pierre protectrice, écarte le mal de son propriétaire et apporte l'harmonie. Censé attirer la chance et l'amitié.

Sur le plan psychologique, le jade stabilise la personnalité et intègre le mental avec le corps. Favorise l'autosuffisance. Sur le plan mental, laisse aller les pensées négatives et apaise l'esprit. Stimule les idées et fait paraître les tâches moins complexes, si bien qu'elles peuvent être effectuées sans délai.

"Pierre de rêve" sur le plan émotionnel. Placé sur le front, suscite des rêves intuitifs. Favorise la libération émotionnelle, surtout l'élimination de l'irritabilité.

Sur le plan spirituel, le jade encourage à devenir celui qu'on est réellement, à se reconnaître en tant qu'être spirituel dans un corps humain. Suscite l'éveil du savoir caché.

Sur le plan physique, le jade est une pierre de purification, favorisant la filtration et les organes d'élimination du corps. C'est la pierre des reins par excellence. La jadéite et la néphrite ont les mêmes propriétés curatives, mais les jades de diverses couleurs ont des caractéristiques spécifiques.

GUÉRISON. Traite les reins et les glandes surrénales, élimine les toxines, rétablit la cohérence du système cellulaire et du squelette, accélère la cicatrisation des sutures. Favorise la fertilité et l'accouchement. Agit sur la rate et les hanches. Équilibre les fluides corporels et les taux eau-sel/acide-alcalin.

POSITION. À placer selon les besoins. Les Chinois pensent que le jade tenu dans les mains transfère ses vertus au corps.

Jade bleu-vert

COULEURS SPÉCIFIQUES

En plus des caractéristiques génériques, les couleurs suivantes ont des propriétés supplémentaires :

Le jade bleu/bleu-vert symbolise la paix et la réflexion. Confère sérénité intérieure et patience. Pierre du progrès lent, mais régulier, aide les gens débordés par des situations impossibles à contrôler.

Le jade brun très ancrant connecte à la terre et apporte confort et robustesse. Aide à s'adapter à un nouvel environnement.

Jade lavande

Le jade vert est le plus répandu. Calme le système nerveux et canalise la passion de façon constructive. Harmonise les relations à problèmes.

Le jade lavande allège les blessures et les traumatismes émotionnels et confère la paix intérieure. Enseigne la subtilité et la réserve quant aux questions émotionnelles et établit des limites claires.

Jade multicolore

Le jade orange est énergisant et sereinement stimulant. Apporte la joie et enseigne que tous les êtres sont interconnectés.

Le jade rouge, le plus passionné et stimulant, associé à l'amour et au défoulement, relâche la tension pour que la colère devienne constructive.

Le jade blanc dirige l'énergie de la façon la plus constructive. Filtre les distractions, mettant l'accent sur le meilleur résultat possible et aide la prise de décision en offrant des informations significatives.

Le jade jaune énergisant et stimulant, mais modéré, apporte joie et bonheur. Enseigne que tous les êtres sont interconnectés. Aide la digestion et l'élimination.

JASPE

Roulé

Bréchiforme, brut

Rouge, brut

COULEUR	Rouge, brun, jaune, vert, bleu, pourpre
ASPECT	Opaque, à motifs, souvent usé par l'eau ou petit et roulé
DISPONIBILITÉ	Commun
SOURCE	Monde entier

CARACTÉRISTIQUES. Le jaspe est appelé "protecteur suprême". Soutient durant les périodes de stress, apporte la sérénité et l'unité. Utilisé pour la guérison, unifie tous les aspects de la vie. Rappelle aux gens de s'aider les uns les autres.

Le jaspe aligne les chakras* et peut être utilisé pour les arrangements de cristaux autour de ceux-ci, chaque couleur convenant à un chakra spécifique. Facilite les voyages chamaniques et le souvenir des rêves. Offre protection, ancre les énergies et le corps, absorbe l'énergie négative, purifie et aligne les chakras et l'aura*. Le jaspe équilibre le yin et le yang et harmonise les corps physique, émotionnel et mental avec le monde éthérique. Élimine la pollution électromagnétique et environnementale, y compris la radiation, et assiste la radiesthésie.

Sur le plan psychologique, le jaspe communique la détermination, quel que soit l'objectif. Confère le courage de s'attaquer aux problèmes avec assurance et favorise l'honnêteté envers soi-même. Soutient pendant les conflits inévitables.

Sur le plan mental, le jaspe facilite la réflexion rapide, encourage les capacités organisationnelles et la réalisation des projets. Stimule l'imagination et traduit les idées en action.

Sur le plan physique, le jaspe prolonge le plaisir sexuel. Soutient pendant les maladies de longue durée ou l'hospitalisation et recharge le corps en énergie.

GUÉRISON. Aide le système circulatoire, le trajet digestif et les organes sexuels. Équilibre le taux en minéraux du corps. Particulièrement utile en élixir, car il ne stimule pas excessivement le corps.

POSITION. Selon les besoins, en contact avec la peau. Les arrangements spécifiques sont présentés sous chaque couleur. Utiliser pendant de longues périodes, car le jaspe agit lentement. Pour absorber l'énergie négative, placer un grand cristal de jaspe brun décoratif dans la pièce.

Jaspe bleu (roulé)

COULEURS ET FORMES SPÉCIFIQUES

En plus des caractéristiques génériques, les couleurs suivantes ont des propriétés supplémentaires :

Le jaspe bleu connecte avec le monde spirituel. Stimule le chakra* de la gorge, équilibre les énergies yin et yang stabilise l'aura*. Soutient l'énergie durant le jeûne, soigne les maladies dégénératives, équilibre les carences minérales. *Position* : aux chakras du nombril et du cœur pour le voyage astral.

Le jaspe brun (y compris le jaspe gravure) est connecté à la Terre et encourage la conscience écologique, apportant stabilité et équilibre. Particulièrement utile pour alléger le stress géopathique* et le stress environnemental. Facilite la méditation profonde, le centrage et la régression vers les vies antérieures, révélant les causes karmiques* des problèmes. Améliore la vision nocturne, encourage le voyage astral* et stimule le chakra* de la Terre. Active le système immunitaire, élimine les polluants et les toxines du corps, active les organes d'élimination, soigne la peau. Fortifie la décision de renoncer au tabagisme. *Position* : sur le front, ou selon les besoins.

Jaspe vert (brut)

Le jaspe vert guérit et laisse aller le mal-être* et l'obsession. Équilibre des parties de la vie ayant pris excessivement le pas sur d'autres. Stimule le chakra couronne. Traite les troubles dermiques et diminue la bouffissure. Soigne les affections de la partie supérieure du corps, le trajet digestif et les organes de purification. Diminue la toxicité et l'inflammation.

Le jaspe pourpre stimule le chakra couronne, élimine les contradictions. *Position* : sur le sommet de la tête.

Le jaspe rouge (y compris le jaspe bréchiforme) stimule en douceur. Ancre l'énergie et rectifie les situations injustes. Met en évidence les problèmes avant qu'ils deviennent excessifs et offre des aperçus sur les situations les plus difficiles. Excellent chapelet pour calmer les émotions en l'égrenant. Placé sous l'oreiller, aide à se souvenir des rêves. Stimule le chakra racine et facilite la renaissance. Purifie et stabilise l'aura, consolide les frontières de l'individu. Fortifie la santé, renforce et détoxifie le système circulatoire, le sang et le foie, dissout les blocages hépatiques ou biliaires. *Position* : sur le chakra racine ou selon les besoins.

Jaspe jaune (roulé)

Le jaspe jaune protège durant le travail spirituel et le voyage physique. Canalise l'énergie positive, suscitant le bien-être physique, et ranime le système endocrinien. Stimule le chakra du plexus solaire. Élimine les toxines, traite la digestion et l'estomac. *Position* : front, poitrine, gorge, poignet ou sur l'endroit douloureux jusqu'au soulagement.

Mookaïte (roulé)

La basanite (jaspe noir) aide à interroger l'avenir*. Conduit au tréfonds d'un état modifié de conscience et suscite des rêves et des visions prophétiques.

La mookaïte (jaspe australien) établit un bon équilibre entre les expériences intérieures et extérieures. Communique un désir de nouvelles expériences, en même temps qu'une profonde sérénité face à elles. Encourage la souplesse. Met en évidence toutes les possibilités et aide à choisir la bonne. Pierre physiquement stabilisante, fortifie le système immunitaire, soigne les blessures et purifie le sang.

Œil-de-fer (brut)

Le jaspe gravure (voir jaspe brun) est censé incarner la Terre-Mère parlant à ses enfants. Ses images véhiculent un message du passé destiné à ceux capables de le déchiffrer. Fait remonter les sentiments cachés de culpabilité, d'envie, de haine et d'amour, ainsi que des pensées normalement laissées de côté, qu'elles proviennent de cette vie-ci ou des vies antérieures. Une fois la réserve levée, ce sont des leçons à retenir. Instille un sens de proportion et d'harmonie. Apporte confort et allège la peur. Stimule le système immunitaire et purifie les reins.

Jaspe orbiculaire

Le jaspe orbiculaire soutient le service, facilite l'acceptation de la responsabilité et instille la patience. Ses marques rondes résonnent avec la respiration circulaire, qu'il facilite. Élimine les toxines générant une odeur corporelle désagréable.

Le jaspe royal ouvre le chakra* couronne et aligne les énergies spirituelles avec le but personnel, apportant statut et pouvoir. Élimine les contradictions et soutient la préservation de la dignité personnelle. Confère stabilité émotionnelle et mentale.

Le jaspe bréchiforme (jaspe veiné d'hématite) permet de garder les pieds sur terre et d'atteindre la stabilité émotionnelle. Élimine l'énergie excessive de la tête, favorisant la clarté mentale.

(*Voir aussi* Rhyolite, pages 248-249.)

Œil-de-fer (roulé)

PIERRE COMBINÉE

L'œil-de-fer est une combinaison de jaspe, hématite et quartz œil-de-tigre. Favorise la vitalité et aide à supporter le changement, indiquant un refuge lorsque le danger menace. Extrêmement utile pour les gens totalement vidés sur tous les plans, surtout ceux souffrant d'un épuisement émotionnel ou mental ou d'un stress familial. Favorise le changement en créant un espace où réfléchir à ce qui est nécessaire, puis en fournissant l'énergie dont l'action a besoin. Les solutions qu'il propose sont d'ordinaire pragmatiques et simples. Pierre créative et artistique, fait ressortir les talents inhérents.

Agit sur le sang, équilibre le taux de globules rouges et blancs, élimine les toxines, soigne les hanches, les membres inférieurs et les pieds, fortifie les muscles, aide l'assimilation du complexe vitaminé B et secrète des stéroïdes naturels. Garder en contact avec la peau.

JAIS

COULEUR	Noir
ASPECT	Pareil à du charbon, d'habitude poli et petit
DISPONIBILITÉ	Facile à trouver
SOURCE	Monde entier, particulièrement aux États-Unis

CARACTÉRISTIQUES. C'est un bois fossilisé, qui a l'aspect du charbon. Utilisé comme talisman depuis l'âge de pierre. Élimine l'énergie négative et allège les peurs irrationnelles. Porté autour du cou, préserve de la violence et de la maladie et protège durant le voyage spirituel. Défendait jadis des "entités des ténèbres".

Les personnes attirées par le jais sont censées être des "âmes anciennes", possédant une longue expérience de l'incarnation sur Terre.

Peut aussi être utilisé pour s'ouvrir aux expériences psychiques et faciliter la quête de l'illumination spirituelle.

Selon la tradition, les bijoux en jais devenaient une partie du corps de celui qui les portait. Autrement dit, ces bijoux hérités ou achetés doivent être nettoyés très soigneusement. Le jais utilisé pour la guérison doit être bien purifié après chaque application.

Réputé stabiliser les finances et protéger les affaires. On peut placer le jais dans la caisse ou dans le coin de richesse de la maison (le coin de gauche le plus en retrait) ou des locaux professionnels.

Sur le plan psychologique, favorise la prise de contrôle de sa vie. Équilibre les changements d'humeur et allège la dépression, conférant la stabilité.

Purifie le chakra* racine et stimule la montée de la kundalini*. Placé sur la poitrine, dirige la kundalini vers le chakra couronne.

GUÉRISON. Traite les migraines, l'épilepsie et les refroidissements. Réduit les gonflements glandulaires et lymphatiques, soigne le mal d'estomac. Traditionnellement, on l'utilisait contre les crampes menstruelles.

POSITION. Partout. En bijou, doit être serti avec de l'argent.

KUNZITE

Verte (Hiddénite)

Rose

COULEUR	Rose, vert, jaune, lilas, clair
ASPECT	Cristal strié, transparent ou translucide, toutes tailles
DISPONIBILITÉ	Devient plus facile à trouver
SOURCE	États-Unis, Madagascar, Brésil, Myanmar, Afghanistan

CARACTÉRISTIQUES. Pierre extrêmement spirituelle, dotée d'une vibration élevée, éveille le centre du cœur et suscite l'amour inconditionnel, générant pensées affectueuses et communication. Rayonne la paix et connecte avec l'amour universel. La kunzite induit un état méditatif profond et centré. Bénéfique pour les personnes qui ont du mal à se plonger dans la méditation. Accroît la créativité. Encourage la modestie et la volonté de rendre service.

La kunzite est une pierre protectrice, agissant sur l'individu et son environnement. Possède le pouvoir de dissiper la négativité. Préserve l'aura* des énergies indésirables, l'entourant d'une enveloppe protectrice, et disperse les entités attachées* et les influences mentales* de celles-ci. Communique la capacité d'être protégé même dans une foule. La kunzite intensifie le champ énergétique entourant le corps.

Sur le plan psychologique, la kunzite encourage l'expression personnelle et permet la libre manifestation des sentiments. Écarte les obstacles et aide à s'adapter aux pressions de la vie. Permet de récupérer les souvenirs bloqués. Salutaire pour les personnes qui ont grandi trop vite, fait revenir la confiance et l'innocence perdues. Favorise la tolérance envers les autres et envers soi-même. Diminue l'anxiété induite par le stress.

Sur le plan mental, la kunzite facilite l'introspection et la capacité d'agir à partir d'une critique constructive. Dotée du pouvoir de combiner l'intellect, l'intuition et l'inspiration.

La kunzite peut être utilisée pour éliminer les résidus émotionnels et laisser aller les émotions. Guérit le chagrin, surtout celui amené des vies antérieures. Écarte l'opposition et facilite les compromis entre les besoins personnels et ceux des autres. L'effet positif de la kunzite sur l'état d'esprit bénéficie à la dépression provoquée par des causes émotionnelles. Excellente pour soulager les crises de panique.

Sur le plan spirituel, active le chakra* du cœur et l'aligne avec les chakras de la gorge et du troisième œil.

Sur le plan physique, bloque le stress géopathique*. Très efficace portée en pendentif ou collée au téléphone portable, ainsi qu'à d'autres équipements émettant des rayonnements électromagnétiques

GUÉRISON. Fortifie le système circulatoire et le muscle cardiaque. Utile pour les états affectant les nerfs, comme la névralgie. Calme l'épilepsie et allège les douleurs articulaires. Neutralise les effets de l'anesthésie et stimule le système immunitaire. Contenant du lithium, la kunzite est bénéfique pour les troubles psychiatriques et la dépression, surtout prise en élixir. Permet au corps physique de se remettre des effets du stress émotionnel. Peut être utilisée par les praticiens de la radionique* pour représenter le patient durant les traitements à distance.

POSITION. Tenir ou placer selon les besoins ou utiliser en élixir. (Le soleil fait pâlir la kunzite). Porter en pendentif ou coller sur le téléphone portable ou l'ordinateur. La panique est atténuée par une kunzite tenue ou placée sur le plexus solaire.

COULEURS SPÉCIFIQUES

En plus des caractéristiques génériques, les couleurs suivantes ont des propriétés supplémentaires :

Kunzite claire

La kunzite claire assiste la récupération de l'âme* en facilitant le voyage de retour vers le site où celle-ci a été perdue. Peut servir de réceptacle pour l'âme jusqu'à sa réintégration dans le corps.

La kunzite jaune élimine le brouillard environnemental* et écarte du champ aurique la radiation et les micro-ondes. Aligne les chakras*, restructure l'ADN, stabilise le schéma cellulaire et l'équilibre calcium-magnésium du corps.

La kunzite lilas est un portail céleste* et un symbole de l'infini. Facilite la transition pour les mourants, communiquant le savoir dont l'âme qui s'en va a besoin pour passer dans l'illumination. Traverse les barrières du temps dans l'infini.

Kunzite lilas

Hiddénite

La hiddénite (kunzite verte) varie en couleur du vert jaune au vert émeraude. Connecte aux autres mondes, aidant le transfert de la connaissance depuis les royaumes supérieurs. Bénéficie aux expériences intellectuelles et émotionnelles. Relâche en douceur les sentiments d'échec et aide les gens qui s'efforcent de faire bonne contenance à l'acceptation du soutien des autres et de l'univers. Cette pierre a le pouvoir de lier l'intellect à l'amour, pour faire venir à l'existence l'inconnu. La kunzite verte ancre l'amour spirituel. C'est un cristal soutenant les nouveaux départs. "Promenée" en douceur sur le corps, la hiddénite facilite le diagnostic, mettant en évidence les zones de faiblesse, de détachement et de mal-être*. Bénéfique au thymus et à la poitrine. Pour stimuler l'intuition spirituelle, il vaut mieux la placer sur le troisième œil*.

CYANITE

APPELÉE AUSSI DISTHÈNE

Bleue
(lames perlées)

COULEUR	Bleu-blanc, rose, vert, jaune, gris, noir
ASPECT	Cristal strié, en lames, transparent, opaque ou "perlé", toutes tailles
DISPONIBILITÉ	Facile à trouver
SOURCE	Brésil

CARACTÉRISTIQUES. Excellente pour l'accord et la méditation. Apaisante, c'est un puissant transmetteur et amplificateur des énergies à haute fréquence, stimulant les dons psychiques et l'intuition. Grâce à sa capacité de s'accorder sur le plan causal, cette pierre favorise la manifestation de l'énergie spirituelle dans les pensées. Met en contact avec les guides spirituels* et instille la compassion. Ancrant les vibrations immatérielles, confère intégrité spirituelle et maturité. Aide à se souvenir des rêves et favorise ceux curatifs. La cyanite est utile pour les personnes accomplissant la transition à travers la mort.

La cyanite aligne instantanément les chakras* et les corps subtils*, purifiant les canaux et les méridiens. Restaure le chi (qi*) du corps physique et de ses organes. Stabilise le champ biomagnétique* après purification et transformation.

Comme la cyanite n'absorbe pas la négativité, elle n'a pas besoin d'être nettoyée.

Sur le plan psychologique, la cyanite encourage l'affirmation de la vérité, se frayant un chemin à travers les peurs et les blocages. En activant le chakra de la gorge, cette pierre favorise l'expression personnelle et la communication. Pourfend l'ignorance et ouvre à la vérité spirituelle et psychologique.

La cyanite écarte la confusion et dissipe les blocages, les illusions, la colère, la frustration et le stress. Accroît la capacité de pensée logique et linéaire, stimule le mental supérieur et connecte au plan causal.

Sur le plan spirituel, aide à se détacher de l'idée de sort aveugle et de karma* implacable. Met en évidence le rôle du moi dans la génération des causes provenant d'une vie antérieure, ainsi que les mesures requises pour équilibrer le passé. Facilite le processus d'ascension en attirant le corps de lumière* dans le monde physique et en connectant le mental supérieur aux fréquences les plus élevées.

GUÉRISON. Traite les troubles musculaires, les fièvres, le système uro-génital, la thyroïde et la parathyroïde, les glandes surrénales, la gorge et le cerveau. Antalgique naturel, diminue la pression sanguine et soigne les infections. Élimine le poids excessif, soutient le cervelet et les réactions motrices du corps. Aide à équilibrer les énergies yin et yang.

POSITION. Selon les besoins, surtout entre le nombril et le cœur. Porter en pendentif.

COULEURS SPÉCIFIQUES

En plus des caractéristiques génériques, les couleurs suivantes ont des propriétés supplémentaires :

La cyanite bleue fortifie la voix, traite la gorge et le larynx. Utile pour les acteurs et les orateurs.

La cyanite noire ancre le corps en alignant les chakras*. Utile durant la méditation ou après celle-ci.

LABRADORITE

APPELÉE AUSSI SPECTROLITE

Polie

COULEUR	Gris à noir, avec du bleu, jaune
ASPECT	Toutes tailles, d'habitude poli : sombre avant d'être exposé à la lumière, puis bleu irisé ou éclats dorés. La forme jaune est transparente, petite et roulée
DISPONIBILITÉ	Facile à trouver
SOURCE	Italie, Groenland, Finlande, Russie, Canada, Scandinavie

CARACTÉRISTIQUES. La labradorite irisée est une pierre hautement mystique et protectrice, qui apporte la lumière. Élève la conscience et met en contact avec les énergies universelles. Écarte les énergies indésirables de l'aura et prévient les fuites énergétiques. Forme une barrière contre les énergies négatives ramassées au cours d'une thérapie. Peut conduire dans un autre monde ou dans d'autres vies. Pierre du savoir ésotérique, facilite l'initiation aux mystères.

Aligne le corps physique et les corps éthériques* et donne accès à l'objectif spirituel. Élève la conscience et ancre les énergies spirituelles dans le corps physique. Cette pierre stimule l'intuition et les dons psychiques*, y compris l'art d'être quelque part au "bon moment", mettant en évidence les messages de l'inconscient et facilitant leur compréhension.

Sur le plan psychologique, bannit les peurs et les insécurités, ainsi que les résidus psychiques des déceptions précédentes, y compris celles des vies antérieures. Renforce la foi en soi-même et la confiance dans l'univers. Écarte les projections des autres, dont les pensées-formes qui se sont accrochées à l'aura*.

Calme l'esprit hyperactif et charge en énergie l'imagination, suscitant de nouvelles idées. L'analyse et la rationalité sont équilibrées par la vision intérieure. Suscite la contemplation et l'introspection. Faisant la synthèse entre la pensée intellectuelle et la sagesse intuitive, la labradorite dissipe parfaitement les illusions, allant à la racine des choses et mettant en évidence la vraie intention masquée par les pensées et les actions. Cette pierre fait revenir les souvenirs refoulés du passé.

Compagnon utile au cours du changement, communique la force et la persévérance. Pierre de transformation, prépare le corps et l'âme au processus d'élévation.

GUÉRISON. Traite les troubles oculaires et cérébraux, allège le stress, régularise le métabolisme, soigne les refroidissements, la goutte et le rhumatisme, équilibre les hormones, soulage la tension menstruelle, diminue la pression artérielle. Peut servir de témoin lors du traitement radionique*, désignant la cause du mal-être*.

POSITION. Porter sur le chakra* maître du cœur, maintenir ou placer selon les besoins.

Labradorite jaune

COULEUR SPÉCIFIQUE

En plus des caractéristiques génériques, la couleur suivante a des propriétés supplémentaires :

La labradorite jaune permet d'accéder aux plans supérieurs de conscience, renforce la visualisation, la transe, la clairvoyance* et le channeling*. Bénéfique pour le chakra du plexus solaire, développe le corps mental, lui conférant la sagesse supérieure. Traite l'estomac, le foie, la vésicule biliaire et les glandes surrénales. *Position* : sur le troisième œil*, le plexus solaire, ou dans la main.

LAPIS-LAZULI

Brut

Poli

COULEUR	Bleu foncé tacheté d'or
ASPECT	Dense, veiné, le lapis-lazuli ressemble au ciel nocturne. Toutes tailles, parfois roulé
DISPONIBILITÉ	Facile à trouver, mais cher
SOURCE	Russie, Afghanistan, Chili, Italie, États-Unis, Égypte, Moyen-Orient

CARACTÉRISTIQUES. Le lapis-lazuli ouvre le troisième œil* et équilibre le chakra* de la gorge. Stimule illumination, fortifie le travail avec les rêves ainsi que les dons psychiques, facilitant le voyage spirituel et stimulant le pouvoir personnel et celui spirituel. Laisse aller rapidement le stress, apportant ainsi une paix profonde. Doté d'une immense sérénité, c'est la clé de la réalisation spirituelle.

Le lapis-lazuli est une pierre protectrice qui met en contact avec les esprits gardiens. Identifiant l'attaque psychique*, la bloque et renvoie l'énergie à sa source. Enseigne le pouvoir de la parole et inverse les malédictions ou le mal-être causé par le manque d'expression du passé.

Cette pierre harmonise les plans physique, émotionnel, mental et spirituel, dont les déséquilibres risquent d'aboutir à la dépression, au mal-être* et à la disparition de l'objectif. À l'inverse, leur harmonie débouche sur une meilleure connaissance de soi.

Le lapis-lazuli encourage à prendre le contrôle de sa vie. Révèle la vérité intérieure, favorise la conscience de soi et permet l'expression personnelle sans retenue ou compromis. Si la colère refoulée cause des troubles au niveau de la gorge ou lors de la communication, le lapis-lazuli relâche ces blocages. Confère à la personnalité honnêteté, compassion et droiture durables.

Puissant amplificateur de la pensée, stimule les facultés supérieures du mental, conférant objectivité et clarté. Encourage la créativité à travers l'harmonisation avec la source. Le lapis-lazuli aide à affronter la vérité, où qu'on la trouve, et à accepter ce qu'elle enseigne. Permet d'exprimer ses opinions et règle les conflits. Enseigne la valeur de l'écoute active.

Le lapis-lazuli noue les relations avec amour et amitié, facilitant l'expression des sentiments et des émotions. Fait disparaître les supplices, la cruauté et la souffrance. Sous forme d'essence, dissout les chaînes émotionnelles.

GUÉRISON. Soulage la douleur, surtout celle des migraines. Surmonte la dépression, la perte d'audition, bénéficie aux systèmes respiratoire et nerveux, à la gorge, au larynx et à la thyroïde, purifie les organes, la moelle osseuse, le thymus, le système immunitaire, le sang. Active le système immunitaire. Allège l'insomnie et le vertige, abaisse la pression artérielle.

POSITION. À porter ou à placer sur la gorge ou le troisième œil*. Positionner au-dessus du diaphragme, n'importe où entre le sternum et le sommet de la tête.

LARIMAR

APPELÉ AUSSI PIERRE DU DAUPHIN, PECTOLITE BLEUE

Roulé

COULEUR	Bleu, bleu-vert, gris ou rouge, avec du blanc
ASPECT	Translucide, lisse, avec des volutes de couleur ou de veines blanches apparaissant à travers la couleur de base. Petit à moyen, roulé
DISPONIBILITÉ	Facile à trouver
SOURCE	République dominicaine, Bahamas

CARACTÉRISTIQUES. Récemment découvert, le larimar est une "pierre spirituelle" ouvrant à de nouvelles dimensions et stimulant l'évolution de la Terre. Rayonne amour et paix, favorise la sérénité, induit un profond état méditatif, élève naturellement la conscience, harmonise le corps et l'âme à des vibrations inédites. Sur le plan spirituel, charge en énergie, dissipant les fausses frontières qui limitent le moi spirituel et guidant l'âme sur sa véritable voie. Facilite le contact angélique et la communication avec les autres mondes. Excellente pierre pour les gens en quête de l'âme sœur, permet de guérir les relations des vies antérieures ou les traumatismes sentimentaux.

Sur le plan psychologique, écarte les blocages et les contraintes auto-imposés, le comportement qui se sabote lui-même, surtout la tendance à se prendre pour un martyr. Aide à prendre le contrôle de sa vie. Particulièrement utile pour atténuer la culpabilité et dissiper la peur. Lors des périodes de stress et de changement inévitable, permet d'affronter les défis d'une âme égale.

Mentalement parlant, confère sérénité et clarté, ainsi que réflexion constructive. Stimule la créativité et encourage à "se laisser porter par le courant".

Sur le plan émotionnel, apporte le calme et l'équilibre. C'est un antidote aux extrêmes émotionnels. Atténue les troubles bipolaires. Soigne les traumatismes sentimentaux et remet en contact avec l'enjouement et l'énergie naturellement épanouie de l'enfant.

Pierre curative de l'environnement, connecte avec l'énergie de la Déesse Terre, aidant les femmes à se mettre en harmonie avec leur féminité innée et rétablissant leur attache à la nature. Placé sur le sol, compense les déséquilibres de l'énergie terrestre et le stress géopathique*.

GUÉRISON. Positionné sur le cœur, le troisième œil* ou le plexus solaire, de même que passé en douceur sur tout le corps, le larimar élimine les entités attachées*. Stimule le chakra* couronne, le chakra du troisième œil, le chakra du cœur et le chakra de la gorge, favorisait l'auto-guérison. Particulièrement utile pour les cartilages, les affections de la gorge, la dissipation des blocages énergétiques dans la poitrine, la tête et le cou. On peut aussi le placer sur les articulations bloquées ou les artères rétrécies. Placé sur un endroit douloureux, élimine en douceur la souffrance. En tant qu'outil de réflexologie, identifie l'endroit du mal-être* et purifie les méridiens* du corps.

POSITION. Tenir ou porter pour de longues périodes. Utiliser sur les pieds.

LÉPIDOLITE

Brute (*forme de mica*)

Polie

COULEUR	Pourpre, rose
ASPECT	En strates, légèrement luisants ou masse granuleuse. Toutes tailles
DISPONIBILITÉ	Facile à trouver
SOURCE	États-Unis, République tchèque, Brésil, Madagascar, République dominicaine

CARACTÉRISTIQUES. Élimine la pollution électromagnétique. Placée sur l'ordinateur, absorbe ses émissions. Sous forme de mica, les propriétés de la lépidolite sont intensifiées, faisant d'elle un outil des plus efficaces pour la "purification". Utilisée pour le plus grand bien, la lépidolite dissipe la négativité, active et ouvre les chakras* de la gorge, du cœur, du troisième œil* et couronne, éliminant les blocages et permettant d'accéder à la conscience cosmique. Cette pierre facilite le voyage chamanique ou le voyage spirituel et donne accès aux archives akashiques*. Accorde aux pensées et aux sentiments des vies antérieures qui suscitent un blocage dans cette vie-ci et est capable de conduire dans l'avenir.

Extrêmement utile pour atténuer le stress et la dépression, en stoppant les pensées obsessionnelles, en allégeant le découragement et en triomphant de l'insomnie. Grâce à son contenu en lithium, aide à stabiliser les changements d'humeur et les troubles bipolaires. Excellente pour surmonter tout type de dépendance émotionnelle ou mentale, que ce soient les drogues ou des troubles divers comme l'anorexie. "Pierre de transition", libère et réorganise les modèles psychologiques et comportementaux anciens, induisant le changement. Encourage l'indépendance et la réalisation des objectifs sans aide extérieure.

Sur le plan mental, stimule l'intellect et les capacités analytiques. Grâce à son pouvoir d'objectivité et de concentration, accélère la prise de décision, en poussant l'individu à se focaliser sur ce qui est important et à écarter les distractions superflues.

Sur le plan émotionnel, incite à se tenir dans son propre espace, exempt des influences des autres. Pierre calmante qui atténue les troubles du sommeil et le stress, apportant une profonde guérison émotionnelle.

GUÉRISON. Identifie l'endroit du mal-être*. Placée sur le corps dans cette zone, vibre doucement et soulage les allergies, fortifie le système immunitaire, restructure l'ADN, accroît la production de ions négatifs, atténue l'épuisement, l'épilepsie et la maladie d'Alzheimer. Calme la sciatique et la névralgie, ainsi que les troubles articulaires. Détoxifiante pour la peau et le tissu conjonctif, excellente pour la ménopause, surtout en élixir. Soigne les affections causées par le "syndrome de l'air conditionné"* ou le stress des ordinateurs.

POSITION. À placer ou à porter selon les besoins. Pour alléger les troubles du sommeil, il faut la placer sous l'oreiller.

MAGNÉSITE

Forme "circonvolutée" (brute)

Forme marbrée (roulée)

COULEUR	Blanc, gris, brun, jaune
ASPECT	La taille et la forme varient largement. Peut être "circonvoluté", crayeux et marbré ou cristallin
DISPONIBILITÉ	Facile à trouver, la forme cristalline est rare
SOURCE	Brésil, États-Unis

CARACTÉRISTIQUES. Apporte une paix profonde pour la méditation et la relaxation. Placée sur le troisième œil*, fortifie la visualisation et l'imagerie, active le chakra* du cœur et stimule l'amour sincère, y compris l'amour de soi nécessaire avant de pouvoir accepter l'amour d'autrui.

Favorise la pratique de l'amour inconditionnel dans des situations où les relations avec les autres sont difficiles en raison du comportement ou des dépendances de ces personnes. Aide à se sentir centré, à laisser calmement l'autre personne être elle-même, sans l'inciter à changer et sans être affecté soi-même par ses difficultés.

Sur le plan psychologique, la magnésite fait ressortir toutes formes d'auto-duperie. Permet d'identifier les pensées et les sentiments inconscients et d'analyser leurs causes, remontant si nécessaire dans le passé. Induit une attitude positive envers la vie. Aide les gens égotistes à se mettre au second plan et enseigne comment écouter attentivement les autres.

La forme circonvolutée de la magnésite a un puissant effet sur le mental, harmonisant les hémisphères cérébraux et stimulant les idées et leur application.

Ce cristal a un effet calmant sur les émotions, favorisant la tolérance du stress émotionnel. Soutient les personnes nerveuses et craintives, les aidant à vaincre l'irritabilité et l'intolérance.

GUÉRISON. Riche en magnésium, permet l'absorption de cette substance minérale dans le corps. Détoxifie et neutralise l'odeur corporelle, agit comme antispasmodique et relaxant musculaire, traite les crampes menstruelles, gastriques, intestinales et vasculaires, ainsi que la douleur des calculs biliaires et rénaux. Soigne les troubles osseux et dentaires, prévient l'épilepsie, soulage les maux de tête, surtout les migraines, ralentit la formation des caillots sanguins. Accélère le métabolisme des graisses et dissout le cholestérol, prévenant l'artériosclérose et l'angine de poitrine. Bon prophylactique pour les affections cardiaques, équilibre la température corporelle, diminuant les fièvres et les refroidissements.

POSITION. À placer selon les besoins, en contact avec la peau. En essence pour des applications internes et externes.

MAGNÉTITE

APPELÉE AUSSI PIERRE D'AIMANT

Brute

COULEUR	Noir, gris brunâtre
ASPECT	Sombre, magnétique (minerai de fer), toutes tailles
DISPONIBILITÉ	Facile à trouver
SOURCE	États-Unis, Canada, Inde, Mexique, Roumanie, Italie, Finlande, Autriche

CARACTÉRISTIQUES. Magnétique, possède une forte polarité positive-négative. Utilisée dans la thérapie magnétique, œuvrant de pair avec le champ biomagnétique* et les méridiens* du corps, ainsi qu'avec ceux de la planète pour guérir celle-ci. Pierre d'ancrage, utilisée par un thérapeute expérimenté, réaligne les courants énergétiques inversés dans le corps ou dans la terre.

La magnétite attire et repousse, énergise et apaise. À certaines époques, le corps tente trop de se guérir par lui-même, surchargeant en énergie les méridiens. Si un organe ou un méridien est hyperactif, la magnétite le calmera grâce à sa charge négative. S'il est paresseux, la magnétite l'activera grâce à sa charge positive. Très utile pour les blessures dues au sport, car elle soulage les douleurs musculaires.

Aligne temporairement les chakras* et les méridiens des corps subtils* et éthériques*. Relie les chakras* racine et Terre aux énergies nourrissantes du sol, qui soutiennent la force vitale et la vigueur du corps physique.

Facilite la télépathie, la méditation et la visualisation, suscitant une perspective équilibrée et la confiance en ses propres intuitions.

Pierre magnétique, attire l'amour, l'engagement et la loyauté.

Sur le plan psychologique, la magnétite atténue les émotions négatives comme la peur, la colère, le chagrin, l'attachement excessif et stimule les qualités positives comme la ténacité et l'endurance. Indique comment se sortir des situations préjudiciables et favorise l'objectivité. Équilibre l'intellect avec les émotions, offrant la stabilité intérieure.

GUÉRISON. Fournit l'énergie curative nécessaire pour le rétablissement. Bénéfique pour l'asthme, le sang, le système circulatoire, la peau, les cheveux. Stimule les organes paresseux et calme ceux hyperactifs. Anti-inflammatoire, soigne la fatigue et les crampes musculaires. Arrête les hémorragies nasales.

POSITION. À placer sur la nuque et à la base de la colonne, ou sur l'articulation douloureuse. Pour stopper les crampes nocturnes, la placer au pied du lit.

MALACHITE

Roulée

Brute

COULEUR	Vert
ASPECT	À bandes et rosettes concentriques claires et sombres. Toutes tailles, souvent roulé ou poli
DISPONIBILITÉ	Facile à trouver
SOURCE	Roumanie, Zambie, République démocratique du Congo, Russie, Moyen-Orient

CARACTÉRISTIQUES. Pierre puissante, qu'il faut manier avec prudence, de préférence sous la supervision d'un thérapeute expérimenté. Toxique, ne doit être utilisée que sous sa forme polie. Évitez d'inspirer sa poussière. L'élixir doit être appliqué uniquement sur la peau. Il faut le préparer par la méthode indirecte, en plaçant la pierre dans un récipient en verre posé dans de l'eau de source, de sorte que les pierres ne viennent pas en contact avec l'eau.

La malachite amplifie tant les énergies positives que celles négatives. Ancre les énergies spirituelles dans la planète. Certains pensent que la malachite est encore en cours d'évolution et qu'elle deviendra l'une des plus puissantes pierres de guérison du nouveau millénaire.

Importante pierre de protection, absorbe sans peine les énergies négatives et les polluants de l'atmosphère et du corps. Il faut la nettoyer avant et après utilisation en la plaçant sur un agrégat de quartz au soleil (n'utilisez pas de sel, qui endommagera sa surface).

Absorbe la pollution suscitée par le plutonium et protège des radiations, quelles qu'elles soient. La maison de toute personne vivant près d'une centrale nucléaire ou d'une source naturelle de radiations doit se munir d'une malachite. Élimine aussi la pollution électromagnétique et guérit les énergies terrestres. Forte affinité avec la nature et avec les forces déviques*.

La malachite purifie et active les chakras et met en harmonie avec la direction spirituelle. Placée sur le troisième œil*, stimule la visualisation et la vision psychique. Placée sur le cœur, apporte équilibre et harmonie, ouvrant le cœur à l'amour inconditionnel.

Ce cristal peut être utilisé pour interroger l'avenir* ou accéder aux autres mondes, intérieurs ou extérieurs. Le voyage à travers ses circonvolutions libère le mental et stimule les images, favorisant les intuitions subconscientes ou les messages venant de l'avenir.

Sur le plan psychologique, la malachite est une pierre de transformation. La vie devient plus intense sous l'influence de cette pierre intrépide, qui encourage à prendre des risques et à changer. Montre infailliblement ce qui bloque la croissance spirituelle. Met en évidence les sentiments profonds et les causes psychosomatiques, détruit les liens indésirables et les modèles obsolètes, enseignant comment assumer la responsabilité pour ses propres actions, pensées et sentiments. Laisse aller les inhibitions et encourage l'expression des sentiments. Développe l'empathie avec les autres, montrant comment on se sentirait à leur place. Atténue la timidité et soutient l'amitié. Utile pour les problèmes psycho-sexuels, surtout si ceux-ci ont été provoqués par des expériences sexuelles traumatisantes lors des vies antérieures. Aide le processus de renaissance.

Sur le plan mental, la malachite va au cœur des choses, fortifiant l'intuition. Allège les troubles mentaux, y compris les affections psychiatriques, et combat la dyslexie. Accroît la capacité d'assimiler et de traiter les informations, rend plus observateur et aide à comprendre les concepts difficiles.

Placée sur le plexus solaire, la malachite facilite la guérison émotionnelle profonde. Élimine les expériences négatives et les traumatismes anciens, mettant en évidence les sentiments refoulés et restaurant la capacité de respirer profondément. Équilibre les chakras* du cœur et du nombril, révélant les intuitions. Sur le plan émotionnel, les états d'esprit deviennent plus intenses, mais susceptibles aussi de changer rapidement. Sert à l'exploration intérieure, stimulant les rêves et ranimant les souvenirs. La malachite a toutefois besoin du soutien d'autres cristaux lors du processus de guérison et de transformation.

GUÉRISON. Pierre curative extrêmement versatile, particulièrement utile pour les crampes, y compris celles menstruelles. Facilite l'accouchement – on l'appelle aussi pierre sage-femme. Vibre avec les organes sexuels féminins et traite tout mal-être* sexuel. Abaisse la pression du sang, traite l'asthme, l'arthrite, l'épilepsie, les fractures, les articulations gonflées, les tumeurs, le mal des transports, le vertige, le nerf optique, le pancréas, la rate et la parathyroïde. Harmonise l'ADN et la structure cellulaire, fortifie le système immunitaire. Stimule le foie pour en éliminer les toxines, diminue l'acidité des tissus. Portée autour de la taille, soigne le diabète.

POSITION. Porter sur la main gauche ou placer sur le troisième œil. Positionner selon les besoins. Pour absorber les émotions négatives, placer sur le plexus solaire. Les élixirs doivent être préparés avec de la malachite polie, par la méthode indirecte. Appliquer éxternellement.
Note : La malachite risque de provoquer de légères palpitations cardiaques – enlever immédiatement et remplacer par un quartz rose ou une rhodonite.

Malachite avec chrysocolle (brute)

PIERRE COMBINÉE

La malachite avec chrysocolle se présente comme un cristal clair, doté d'une vibration curative très élevée. Cette combinaison symbolise l'unité et la paix. Placée sur une zone déséquilibrée, rétablit en douceur l'équilibre. Si une pierre est placée sur le troisième œil et une autre sur le plexus solaire, le mental, le corps et les émotions s'équilibrent.

Malachite avec chrysocolle (polie)

(*Voir aussi* Azurite avec malachite, page 78.)

MERLINITE

Façonnée et polie

COULEUR	Noir et blanc
ASPECT	Deux couleurs opaques distinctes, d'ordinaire petit
DISPONIBILITÉ	Devient plus facile à trouver
SOURCE	Nouveau-Mexique

CARACTÉRISTIQUES. Pierre magique gardant la marque du savoir commun des chamanes, des alchimistes, des prêtres-magiciens et des divers autres utilisateurs de la magie, sa double couleur associe les vibrations spirituelles et terrestres, donnant accès aux mondes spirituel et chamanique. Étaye les pratiques chamaniques et les rituels magiques, facilite la lecture des archives akashiques*, induisant le voyage dans les vies passées ou futures pour avoir un aperçu de la façon dont vivre à l'avenir. Fera pénétrer la magie dans la vie de l'individu.

GUÉRISON. Guérit les vies antérieures, afin d'induire l'harmonie dans la vie actuelle. Équilibre le yin et le yang, les énergies masculine et féminine, le conscient et le subconscient, l'intellect et l'intuition.

POSITION. À porter autour du cou ou derrière les oreilles pour accéder aux vies antérieures.

MOLDAVITE

Cristalline

COULEUR	Vert foncé
ASPECT	Masse petite, transparent, repliée, souvent vitreuse
DISPONIBILITÉ	Rare mais disponible, mais de plus en plus chère, car la source est épuisée
SOURCE	République tchèque, Allemagne, Moldavie

CARACTÉRISTIQUES. Pierre New Age, c'est une forme de tectite, censée être d'origine extraterrestre, formée quand une météorite géante a frappé la Terre. La moldavite serait le résultat de la fusion des énergies extraterrestres avec la Terre-Mère, provoquée par la chaleur de l'impact qui a métamorphosé les roches environnantes, "éparpillant" les cristaux sur une vaste zone. Pierre rare, on la trouve le long des berges de la rivière Vltava (en allemand Moldau, d'où le nom). Il est peu probable qu'on puisse la découvrir ailleurs dans le monde. Ce cristal finira par disparaître.

Utilisée depuis l'âge de pierre comme talisman et amulette pour la chance et la fertilité. Beaucoup de gens sont persuadés qu'elle aidera la transition et la guérison de la Terre et que le moment est venu d'utiliser ses énergies avec sagesse. Fortifie grandement l'effet des autres cristaux, les menant à leur vibration la plus élevée.

Met en communication avec le moi supérieur et les extraterrestres. Possède sa propre âme élevée* cosmique, capable d'entrer en contact avec les maîtres élevés* et les messagers cosmiques. Si on lève cette pierre vers la lumière en la regardant, la conscience change. Conduit dans les dimensions spirituelles supérieures et facilite le processus d'ascension. Si on ne l'ancre pas, on risque de rester déraciné. Tenir dans la main une paire de Boji après des expériences spirituelles avec la moldavite ancre en douceur ; les énergies du quartz clair stabilisent leurs effets.

Possède une vibration extrêmement élevée, qui ouvre les chakras*, élimine leurs blocages et les aligne. Complète le schéma divin et accélère la croissance spirituelle. Résonne avec le chakra couronne, l'ouvrant à la réception de la direction spirituelle supérieure. Placée sur la gorge, transmet les messages interplanétaires, spécialement ceux ayant trait à l'état de l'écologie terrestre et à ses besoins de guérison.

Transcende le temps. Placée sur le troisième œil*, permet de se déplacer dans le temps, facilitant si nécessaire le voyage vers d'autres vies. La moldavite montre des potentiels futurs plutôt que remonter dans le passé pour revivre une vie, sauf s'il faut retrouver la sagesse spirituelle, ou accéder à l'état précédant l'incarnation pour approcher son objectif. Sous l'influence de la moldavite, on peut avancer jusqu'à une vie future, pour voir les résultats des actions entreprises dans la vie actuelle, ou pour apprendre ce qu'il faut faire maintenant pour prévenir la destruction future.

Pierre utile pour les personnes sensibles qui ont du mal à accepter l'incarnation sur terre et qui n'arrivent pas s'adapter à la souffrance et aux émotions intenses. Beaucoup sont des enfants des étoiles* venus aider la Terre lors de son passage à une nouvelle vibration. Peu accoutumés aux énergies pesantes de la Terre, ils trouvent difficile d'intégrer les corps spirituels dans le corps physique et ont besoin d'ancrage. Utilisée en association avec des pierres d'ancrage comme l'hématite et le quartz fumé, la moldavite soutient ce processus. Placée sur le cœur, atténue le "mal du pays" des gens dont les racines ne plongent pas dans la Terre. Dépourvue de structure cristalline, la moldavite conduit au-delà des limites et des frontières de l'individu. Sur le plan psychologique, aide à développer le détachement des sujets inquiétants comme l'argent et la peur de l'avenir. Offre une image globale des raisons de l'incarnation et entre en contact avec l'objectif spirituel, l'intégrant dans la vie terrestre. Suscite des qualités telles que l'empathie et la compassion.

Sur le plan mental, la moldavite peu conventionnelle et inspirante met en avant des solutions inattendues. Éveiller les souvenirs latents et accède à l'information spirituelle à travers l'intellect. Laisse aller les idées fixes et les croyances archaïques. Susceptible de neutraliser les ordres hypnotiques*.

Sur le plan physique, envoie un flot d'énergie à travers le corps, avec de forts effets métaphysiques. "Transfère" les informations des archives akashiques* et du corps de lumière*, qui seront ensuite traitées et rendues conscientes, processus assez long, mais qui accélère la croissance spirituelle et l'élévation des vibrations personnelles.

GUÉRISON. Plutôt que soigner les états individuels, rend conscient de la cause et de la source du mal-être*, puis soutient le processus d'élimination et de guérison et attire l'attention sur le bénéfice que la maladie offre. Outil de diagnostic. Les gens qui n'aiment pas sa couleur vert foncé cachent parfois des traumatismes émotionnels qui doivent se montrer pour être guéris grâce à d'autres cristaux. Il leur faut éprouver l'amour inconditionnel et l'unité.

POSITION. À placer sur le front, la gorge, le sommet de la tête.
Note : la moldavite est fragile et ne doit pas être nettoyée avec du sel, qui abîmera sa surface.

PIERRE DE LUNE

Crème (état naturel)

Blanche

Claire (polie)

COULEUR	Blanc, crème, jaune, bleu, vert
ASPECT	Laiteux, translucide, toutes tailles
DISPONIBILITÉ	Facile à trouver
SOURCE	Inde, Sri Lanka, Australie

CARACTÉRISTIQUES. "Pierre de nouveaux commencements". Comme son nom le suggère, son lien avec la lune est fort, de même qu'avec l'intuition. Telle la lune, la pierre est un miroir, qui rappelle que tout fait partie d'un cycle de changements, pareil à la croissance et au déclin de cet astre. Son effet le plus puissant s'exerce sur l'apaisement des émotions.

Fait passer l'inconscient au conscient, favorise l'intuition et l'empathie, encourage le rêve lucide, surtout à l'époque de la pleine lune. La tradition s'en servait pour fortifier les dons psychiques et développer la clairvoyance*. En pendentif, encourage l'acceptation de ses propres dons psychiques*.

Sur le plan psychologique, calme les réactions excessives aux situations et aux catalyseurs émotionnels. Chargée d'une énergie réceptive, passive, féminine, équilibre les énergies masculine et féminine et aide les hommes qui veulent entrer en contact avec leur aspect féminin. Parfait antidote pour les machos ou les femmes trop agressives.

Sur le plan mental, ouvre l'esprit aux impulsions brusques et irrationnelles, au don de faire par hasard des découvertes heureuses et à la synchronicité. Attention à ne pas se laisser porter par les illusions en réaction à des désirs pris pour la réalité.

Atténue l'instabilité émotionnelle et le stress. Stabilise les émotions et améliore l'intelligence émotionnelle. Placée sur le plexus solaire, permet de comprendre puis d'éliminer les modèles émotionnels obsolètes. Apporte une profonde guérison émotionnelle et soigne les affections de la partie supérieure du trajet digestif liées au stress.

Physiquement parlant, influence fortement le cycle menstruel féminin, allège le mal-être* et la tension en rapport avec celui-ci. Liée à l'épiphyse, équilibre le système hormonal, stabilise les fluides corporels déséquilibrés et harmonise l'horloge biologique. Utile en cas de choc. Calme les enfants hyperactifs.

GUÉRISON. Aide les systèmes digestif et reproducteur, l'assimilation des substances nutritives, l'élimination des toxines et la rétention des fluides. Atténue les affections dégénératives de la peau, des cheveux, des yeux et des organes comme le foie et le pancréas. Excellente pour le syndrome prémenstruel, la conception, la grossesse, l'accouchement et l'allaitement. L'élixir était utilisé jadis pour prévenir l'insomnie et le somnambulisme.

POSITION. À porter comme bague ou placer sur la partie appropriée du corps – le front pour les expériences spirituelles, le plexus solaire ou le cœur pour les émotions. Les femmes doivent l'enlever lors de la pleine lune.

MUSCOVITE

Appelée aussi Mica

Brute

COULEUR	Rose, gris, brun, vert, violet, jaune, rouge, blanc
ASPECT	Mica perlé, en strates, toutes tailles
DISPONIBILITÉ	Facile à trouver
SOURCE	Suisse, Russie, Autriche, République tchèque, Brésil, Nouveau-Mexique, États-Unis

CARACTÉRISTIQUES. La muscovite est la forme la plus commune de mica. Pierre mystique dotée de fortes attaches angéliques, stimule la conscience du moi supérieur. Utilisée pour interroger l'avenir*, connecte aux domaines spirituels supérieurs. Stimule le chakra* du cœur, facilite le voyage astral* et active l'intuition et la vision psychique.

Permet de reconnaître les défauts de l'humanité, tout en stimulant l'amour inconditionnel et l'acceptation. Renvoie l'image tel un miroir et permet de reconnaître ses projections – les parties du moi non reconnues et tenues pour "extérieures". Aide à comprendre que ce qu'on n'aime pas chez autrui est en fait ce qu'on ne peut pas accepter chez soi-même. Facilite l'intégration et la transformation de ces caractéristiques.

Soulageant en douceur et en toute sécurité les tensions de la Terre, la muscovite permet de former un réseau* autour des zones séismiques. Diminue aussi la tension du corps physique et aligne les corps subtils* et les méridiens* avec lui, l'équilibrant.

Sur le plan psychologique, la muscovite disperse l'insécurité, le doute de soi et la maladresse. Utile pour les dyspraxiques* et ceux qui confondent la droite et la gauche. Élimine la colère et le stress nerveux, conférant souplesse à tous les plans de l'être. Permet de regarder avec joie l'avenir et le passé, pour évaluer les leçons apprises. En autorisant à se voir avec le regard d'autrui, la muscovite aide à changer l'image montrée au monde extérieur. Aide durant l'exploration des sentiments douloureux.

Sur le plan mental, la muscovite facilite la résolution des problèmes, stimule l'agilité d'esprit, aide l'expression claire des pensées et des sentiments. Physiquement parlant, améliore l'apparence extérieure, conférant éclat à la chevelure et au regard. Permet au corps d'atteindre un poids convenable.

GUÉRISON. Contrôle le taux de sucre sanguin, équilibre les sécrétions pancréatiques, allège la déshydratation et atténue la faim en cas de jeûne. Soigne les reins, apaise l'insomnie, les allergies et soigne toute affection suscitée par le mal-être* ou la détresse.

POSITION. À porter avec soi, à tenir dans la main ou à passer sur la peau.

COULEURS SPÉCIFIQUES

En plus des caractéristiques génériques, les couleurs suivantes ont des propriétés supplémentaires :

La muscovite rose est la couleur la plus efficace pour établir un contact angélique.

La muscovite violette ouvre le chakra* transpersonnel et facilite l'élévation de la conscience à une vibration très raffinée.

(*Voir aussi* Fuchsite [muscovite verte], page 132.)

NEBULA

Polie

COULEUR	Noir avec des taches vertes
ASPECT	Pierre dense avec des taches distinctes, d'habitude petite et roulée
DISPONIBILITÉ	Récemment apparue sur le marché
SOURCE	Sud-ouest des États-Unis, Mexique

CARACTÉRISTIQUES. Composée de quatre minéraux, la Nebula est censée posséder des propriétés métaphysiques particulières, encore à l'étude. Mélange la vibration de la lumière véhiculée par sa composante quartz au corps physique, illuminant les cellules et activant leur conscience. Ce processus élève la prise de conscience globale, faisant monter le souvenir des racines spirituelles de l'âme.

Regarder aux profondeurs d'une Nebula conduit d'une part dans l'infini, d'autre part dans la plus infime particule de l'être. Finalement, les deux forment un tout. C'est une pierre de non-dualité et d'unité

GUÉRISON. Suscite la guérison subtile au niveau cellulaire de l'être.

POSITION. Tenir dans la main ou placer sur le troisième œil*.

OBSIDIENNE

Brute

COULEUR	Brun, noir, bleu, vert, arc-en-ciel, rouge noir, argent, doré
ASPECT	Luisant, opaque, vitreux, toutes tailles, parfois roulé
DISPONIBILITÉ	Certaines couleurs sont faciles à trouver, d'autres sont rares. Les bleu-vert sont du verre artificiel
SOURCE	Mexique et monde entier

CARACTÉRISTIQUES. L'obsidienne est une lave en fusion, refroidie si rapidement qu'elle n'a pas eu le temps de cristalliser. Pierre sans frontières ou limitations, agit extrêmement vite et avec grande force Ses qualités de miroir mettant l'accent sur la vérité exposent impitoyablement les défauts, les faiblesses et les blocages. On ne peut rien cacher à l'obsidienne. Montrant comment atténuer les états destructeurs et affaiblissants, l'obsidienne oblige à grandir et offre un soutien inébranlable au cours de ce processus. Il faut la manipuler soigneusement, de préférence sous la direction d'un thérapeute expérimenté, car elle risque de faire resurgir des émotions négatives et des vérités déplaisantes. Bien dirigées, ses qualités cathartiques sont extrêmement précieuses. Offre une guérison profonde de l'âme. L'obsidienne facilite le retour aux vies antérieures pour guérir les émotions ou les traumatismes anciens amenés dans la vie actuelle.

L'obsidienne est une pierre extrêmement protectrice, qui forme un bouclier contre la négativité. Fournit une corde d'ancrage* depuis le chakra* racine jusqu'au centre de la terre, absorbe les énergies négatives de l'environnement et fortifie si nécessaire. Utile pour les personnes très sensibles. Bloque l'attaque psychique* et écarte les influences spirituelles négatives.

Un grand morceau d'obsidienne sera très efficace contre le stress géopathique* ou pour absorber la pollution environnementale. Sa tendance naturelle à faire éclater la vérité doit être prise en compte. Beaucoup de gens trouvent accablants ses effets puissants et préfèrent pour cette tâche une pierre plus modérée. Elle est cependant extrêmement utile pour les thérapeutes et les conseillers, car outre permettre d'atteindre l'essence du problème, l'obsidienne purifie aussi les énergies libérées. L'obsidienne noire ou acajou convient le mieux pour ce faire, la seconde étant la plus modérée.

De même, une obsidienne placée près du lit ou sous l'oreiller élimine le stress mental et la tension. Elle calmera, mais mettra aussi en évidence les raisons de ce stress. Avant que la paix revienne, on doit faire face à ces raisons ; cela réglera le problème de façon permanente au lieu de n'avoir qu'un effet palliatif. L'une des formes les plus modérées d'obsidienne, comme les Larmes d'Apache ou l'obsidienne à flocons de neige conviennent encore mieux. Comme l'obsidienne est si efficace à l'absorption des énergies négatives, il est essentiel de nettoyer la pierre sous l'eau courante après chaque utilisation.

Sur le plan spirituel, l'obsidienne anime l'objectif immatériel, élimine les blocages énergétiques et soulage la tension, intégrant l'ombre psychologique dans l'ensemble afin d'aboutir à l'intégrité spirituelle. Ancre l'esprit dans le corps, stimule la croissance sur tous les plans, pousse à l'exploration de l'inconnu, ouvrant de nouveaux horizons.

L'obsidienne confère clarté à l'intellect, écarte la confusion et les croyances oppressantes, tout en précisant très nettement ce qui se trouve derrière le mal-être* ou la détresse mentale. Élargit la conscience, pénétrant avec confiance et aisance dans l'inconnu.

Sur le plan psychologique, l'obsidienne permet de savoir qui on est vraiment. Met l'individu face à son aspect sombre et lui enseigne comment l'intégrer. Aide à identifier le modèle comportemental dépassé, dissout les blocages émotionnels et les traumatismes anciens, conférant profondeur et lucidité aux émotions. Favorise la compassion et la force.

GUÉRISON. Donne un aperçu de la cause du mal-être. Aide l'assimilation de tout ce qui est difficile à accepter et favorise la digestion physique. Détoxifie, dissipant les blocages et la tension des corps subtils* et du corps physique, y compris dans les artères durcies. Atténue la douleur de l'arthrite, des problèmes articulaires, des crampes et des blessures. En élixir, est bénéfique pour le choc. Calme la souffrance et stoppe les hémorragies, profitant à la circulation. Réchauffe les extrémités. On peut l'utiliser pour diminuer la taille d'une prostate élargie.

POSITION. À placer selon les besoins. Utiliser une boule ou un miroir pour interroger l'avenir*.

COULEURS SPÉCIFIQUES

En plus des caractéristiques génériques, les couleurs suivantes ont des propriétés supplémentaires :

L'obsidienne noire est une pierre très puissante et créative, qui ancre l'âme et les forces spirituelles sur le plan physique, les mettant sous la direction de la volonté consciente et leur permettant de manifester leurs énergies sur terre. Le sang froid est accru grâce à cette pierre.

L'obsidienne noire oblige d'affronter son véritable moi, conduisant en ce faisant au tréfonds du subconscient. Elle fait ressortir les déséquilibres et les aspects obscurs, mettant en évidence les facteurs cachés, et amplifie les énergies négatives, pour qu'elles soient pleinement éprouvées, puis libérées. Cet effet curatif remonte dans les vies antérieures et peut agir sur la lignée ancestrale et familiale*. L'obsidienne noire utilise le passé comme un compost d'où émergera une énergie fertile, nécessaire à la croissance de l'âme. Corrige la mauvaise utilisation précédente du pouvoir et s'attaque aux questions de ce genre à tous les niveaux, enseignant qu'être chargé de pouvoir ne signifie pas exercer une puissance personnelle, mais la canaliser pour le bien de tous.

Obsidienne noire (brute)

Pierre protectrice, repousse la négativité et les pensées peu affectueuses. Permet de laisser aller les amours anciens et soutient ce processus.

Utilisée dans les cérémonies chamaniques pour éliminer les troubles physiques, possède aussi le don de prophétie. Les boules d'obsidienne noire sont des aides puissantes pour la méditation et l'interrogation de l'avenir. Seuls ceux capables de gérer consciemment ce qu'ils voient et s'en servir pour le bien commun devraient les utiliser. Le quartz clair aide à ancrer et à formuler ce qui est révélé.

Placée sur le nombril, cette pierre ancre l'énergie spirituelle dans le corps. Tenue brièvement au-dessus du troisième œil*, brise les barrières mentales et écarte le conditionnement. Soigneusement utilisée, rassemble l'énergie éparpillée et favorise la libération émotionnelle.

L'obsidienne bleue favorise le voyage astral, facilite la divination et intensifie la télépathie. Active le chakra* de la gorge et soutient la communication. Ouvre l'aura* à la réception de l'énergie curative. Traite les troubles du langage, les affections oculaires, la maladie d'Alzheimer, la schizophrénie et le dédoublement de la personnalité. Placée sur le point douloureux, calme le mal.

L'obsidienne bleu verte ouvre les chakras du cœur et de la gorge, facilite l'affirmation de la vérité et la compréhension à partir du cœur. Aide la guérison par le reiki*, équilibre le mental, le corps et l'esprit. Améliore l'assimilation des vitamines A et E, aiguise la vision nocturne.

L'obsidienne bleu acier est une pierre intuitive. Favorise la divination, les transes, le voyage chamanique, la communication psychique et la régression vers les vies antérieures. Ouvre le troisième œil et facilite les voyages intérieurs. Comme toutes les obsidiennes, accède aux sources des difficultés et équilibre les champs énergétiques. Intensifie le traitement radionique* et fait un pendule efficace pour la radiesthésie. Rend le patient plus réceptif. Soigne le mauvais alignement spinal, les vertèbres déplacées, les troubles circulatoires, les tumeurs et les états spasmodiques. En élixir, soigne les yeux.

Obsidienne dorée

L'obsidienne dorée est particulièrement efficace pour l'interrogation de l'avenir. Conduit dans l'avenir et le passé, au tréfonds de l'essence d'un problème. Montre ce qui est nécessaire pour la guérison, effectuée par d'autres cristaux. Sur le plan psychologique, élimine tout sens de futilité ou conflit de l'ego. Excluant toute implication de l'ego, offre la clarté de la direction spirituelle. Équilibre les champs énergétiques.

L'obsidienne verte ouvre et purifie les chakras du cœur et de la gorge.

Détruit les attaches avec les autres et protège contre la répétition. Traite la vésicule biliaire et le cœur. Assurez-vous qu'il s'agit effectivement de l'obsidienne et non du verre.

Obsidienne acajou

L'obsidienne acajou a une énergie plus modérée que la noire. Résonnant avec la terre, ancre et protège, confère force en cas de besoin, stimule l'objectif de vie, élimine les blocages énergétiques et favorise la croissance sur tous les plans. Pierre stabilisante, fortifie l'aura affaiblie et rétablit le sens correct de rotation des chakras sacral et du plexus solaire. Portée sur le corps, soulage la douleur et améliore la circulation.

Obsidienne arc-en-ciel

L'obsidienne arc-en-ciel est l'une des plus modérées, quoique dotée de forts pouvoirs protecteurs. Enseigne à l'individu sa nature spirituelle. Tranche les liens de l'amour, enlève en douceur les crochets que le partenaire a laissés dans le cœur et recharge celui-ci en énergie. Portée en pendentif, absorbe l'énergie négative de l'aura et extrait le stress du corps.

Obsidienne rouge noire

L'obsidienne rouge noire fait monter la kundalini*. Favorise la vitalité, la virilité et la fraternité. Traite les fièvres et les refroidissements.

L'obsidienne argentée intensifie la méditation. Offre un miroir de l'être intérieur. Confère des avantages tout au long de la vie, patience et persévérance si nécessaire. Lors des voyages extra-corporels, connecte le corps astral au corps physique, faisant revenir l'âme dans ce dernier.

OBSIDIENNE : LARMES D'APACHE

Formation naturelle

COULEUR	Noir
ASPECT	Petit, souvent lisse et usé par l'eau. Translucide à la lumière
DISPONIBILITÉ	Commun
SOURCE	États-Unis

PROPRIÉTÉS ADDITIONNELLES. Forme d'obsidienne noire, aux effets plus modérés. Met en évidence la négativité, mais lentement, afin que celle-ci puisse être transformée. Absorbe l'énergie négative et protège l'aura*. Ancre et purifie le chakra* de la Terre. La légende raconte que ces pierres sont des larmes versées à des époques de chagrin. Apaise la tristesse, offre un aperçu de la source de détresse, allège les griefs durables. Stimule les capacités analytiques et favorise le pardon. Écarte les limitations auto-imposées et accroît la spontanéité.

GUÉRISON. Intensifie l'assimilation des vitamines C et D, élimine les toxines du corps et calme les spasmes musculaires.

POSITION. Chez l'homme sur l'abdomen, chez la femme, sur les seins.

OBSIDIENNE : OBSIDIENNE À FLOCONS DE NEIGE

Roulée

COULEUR	Noir et blanc
ASPECT	Marbré noir et blanc, comme si des flocons de neige mouchetaient sa surface. Souvent petit et roulé
DISPONIBILITÉ	Facile à trouver
SOURCE	Monde entier

PROPRIÉTÉS ADDITIONNELLES. Placée sur le chakra sacral, calme et apaise, rendant réceptif avant d'attirer l'attention sur les modèles invétérés de comportement. Enseigne à apprécier les erreurs tout autant que les réussites.

Pierre de pureté, équilibre le corps, le mental et l'esprit. Aide à reconnaître et à laisser aller la "réflexion erronée" et les modèles mentaux stressants. Favorise l'impartialité et le centrage intérieur. Grâce à son aide, l'isolement et la solitude confèrent du pouvoir, permettant de s'abandonner à la méditation.

GUÉRISON. Traite les veines et le squelette, améliore la circulation. L'élixir est bon pour la peau et des yeux.

POSITION. À placer selon les besoins ou à utiliser en élixir.

OKÉNITE

Boule d'okénite sur matrice

COULEUR	Blanc
ASPECT	Long et fibreux, comme une petite boule de neige à poils
DISPONIBILITÉ	Facile à trouver dans les magasins spécialisés
SOURCE	Inde

CARACTÉRISTIQUES. Pierre du New Age, possède une énergie modérée. On aurait envie de la caresser, mais les fibres s'emmêlent ou se cassent. L'okénite connecte avec le moi supérieur et soutient la manifestation consciente des énergies de celui-ci sur le plan terrestre. Écarte les obstacles et stimule la vigueur nécessaire à l'accomplissement des tâches de la vie.

Ce cristal aide à accepter l'incarnation et attire l'attention sur les raisons des expériences actuelles de l'individu. Identifie les dettes karmiques* et les occasions permettant de grandir. Aidant à comprendre comment le passé karmique a suscité le présent et comment le présent engendrera l'avenir, l'okénite favorise la guérison karmique profonde sur tous les plans.

Peut être utilisée pour préparer au channeling*, car elle purifie les chakras*, le corps physique et les corps subtils*, unissant leurs énergies.

Ce cristal a une double action. Pierre de vérité, inculque la bonne foi, à soi-même et aux autres, protégeant de l'aigreur qui naît quand des gens affirment leur vérité. Aide à accepter avec affection les tournures du discours des autres, signalant si celles-ci renferment une quelconque vérité susceptible d'être admise.

Sur le plan psychologique, génère un profond pardon de soi. Favorise l'achèvement des cycles karmiques, remontant aux vies antérieures afin de se pardonner pour ses erreurs et alléger la culpabilité karmique. Enseigne que tout fait partie du cycle d'apprentissage des leçons spirituelles et, à partir de là, que rien ne sera enduré éternellement. Si on a fait tout ce qui était possible, on arrive à se sortir d'une situation sans encourir d'autre dette karmique.

Sur le plan mental, l'okénite facilite le changement de la disposition d'esprit, relâchant les anciens modèles et en suscitant d'autres, plus appropriés. Utile pour les personnes excessivement prudes, surtout si cet état est lié à des vœux de chasteté faits au cours de vies antérieures.

GUÉRISON. Favorise la circulation du sang et du lait, très bénéfique pour les femmes qui allaitent. Stimule la circulation dans la partie supérieure du corps, diminue les fièvres et atténue les troubles nerveux. En élixir, traite les éruptions cutanées.

POSITION. Selon les besoins.

ONYX

Poli

COULEUR	Noir, gris, blanc, bleu, brun, jaune, rouge
ASPECT	À bandes, marbré, souvent poli. Toutes tailles
DISPONIBILITÉ	Facile à trouver
SOURCE	Italie, Mexique, États-Unis, Russie, Brésil, Afrique du Sud

CARACTÉRISTIQUES. Confère de la force, soutient dans des circonstances difficiles ou désorientantes et pendant des époques d'immense stress mental ou physique. Facilite le centrage de l'énergie de l'individu et son alignement avec le pouvoir supérieur, ainsi que l'accession à la direction supérieure. Conduit dans l'avenir. Grâce à sa capacité de conférer force personnelle, permet de se rendre maître de son destin. Favorise la vigueur, la fermeté et la vitalité. Permet d'apprendre des leçons, conférant confiance en soi et donnant le pouvoir de se sentir à l'aise dans son milieu.

Pierre secrète, offre à l'individu l'occasion de suivre ses propres conseils. Toutefois, l'onyx est censé garder le souvenir des événements arrivés à celui qui le porte. Sert aussi à la psychométrie, profitant aux gens sensibles à ses vibrations.

Cette propriété d'emmagasinage des souvenirs physiques rend l'onyx utile pour le travail sur les vies antérieures visant à guérir d'anciens traumatismes et blessures physiques affectant la vie présente. Un cristal d'onyx tenu dans la main dirige l'attention vers l'emplacement de cette blessure-là, qui sera ainsi soulagée grâce au travail corporel, au remaniement*ou à la thérapie des cristaux. L'onyx sert aussi à guérir les vieux chagrins et tristesses.

Sur le plan psychologique, l'onyx reconnaît et intègre les dualités du moi. Ancre les personnes inconstantes dans un mode de vie plus stable et confère maîtrise de soi. Tonique mental atténuant les peurs et les inquiétudes accablantes, l'onyx véhicule le don inestimable des décisions sages.

Sur le plan physique, l'onyx favorise l'absorption des énergies de l'univers exigées par la guérison ou par d'autres buts. Équilibre les énergies yin et yang du corps.

GUÉRISON. Bénéfique pour les dents, les os, la moelle osseuse, les troubles sanguins et les pieds.

POSITION. À porter sur le côté gauche du corps. À placer ou à tenir selon les besoins. La tradition affirme que l'onyx porté en collier apaise la luxure et renforce la chasteté.

OPALE

Polie

Brute

Opale commune

Opale sombre

COULEUR	Blanc, rose, noir, beige, bleu, jaune, brun, orange, rouge, vert, pourpre
ASPECT	Clair ou laiteux, irisé et rougeoyant ou vitreux sans éclat, souvent petit et poli
DISPONIBILITÉ	Facile à trouver, bien que les opales nobles soient chères
SOURCE	Australie, Mexique, Pérou, Amérique du Sud, Canada, Grande-Bretagne, États-Unis, Honduras, Slovaquie

CARACTÉRISTIQUES. Pierre délicate, dotée d'une vibration subtile, intensifie la conscience cosmique et induit des visions psychiques et mystiques. Stimulant l'originalité et la créativité dynamique, met en contact l'individu avec son véritable moi qui peut alors être exprimé. Absorbante et réfléchissante, saisit les pensées et les sentiments, les amplifie et les renvoie à leur source. Pierre karmique*, enseigne que ce qu'on écarte finit par revenir. Bien programmée, rend invisible, donc permet de passer inaperçu. On peut l'utiliser lorsqu'on s'aventure dans des endroits dangereux, ainsi que pour un travail chamanique discret.

Sur le plan psychologique, amplifie les caractéristiques et les fait ressortir en vue d'une transformation. Fortifiant la conscience de sa propre valeur de l'individu, aide celui-ci à comprendre son potentiel plénier. Sur le plan mental, confère clarté et spontanéité. Encourage l'intérêt pour les arts.

Émotionnellement parlant, l'opale a toujours été associée à l'amour, à la passion, au désir, à l'érotisme. C'est une pierre séduisante qui intensifie les états émotionnels et laisse aller les inhibitions. Agit comme stabilisateur émotionnel. Risque cependant d'éparpiller l'énergie – l'utilisateur doit être bien centré avant de se servir de l'opale pour explorer ou induire des sentiments, ou avoir d'autres pierres à portée de main pour faciliter l'intégration. L'opale montre à l'individu son état émotionnel passé, spécialement celui des vies antérieures, et lui enseigne comment assumer la responsabilité de ses sentiments. Encourage l'étalage des émotions positives. Un bijou en opale est censé conférer loyauté, fidélité et spontanéité, quoi qu'il risque d'intensifier l'inconstance si la tendance naturelle est déjà là. Censée guérir le champ énergétique terrestre, remédier à l'épuisement, recharger en énergie et stabiliser un réseau.

GUÉRISON. Étaye la volonté de vivre. Traite la maladie de Parkinson, les infections, les fièvres. Accroît la mémoire. Purifie le sang et les reins, règle le taux d'insuline, facilite l'accouchement et atténue le syndrome prémenstruel (couleurs foncées). Bon pour les yeux, surtout en élixir.

POSITION. À placer selon les besoins, spécialement sur le cœur et le plexus solaire. À porter sur l'auriculaire.

TYPES ET COULEURS SPÉCIFIQUES
En plus des caractéristiques génériques, les couleurs suivantes ont des propriétés supplémentaires :

Les opales noire, brune, grise résonnent avec le chakra* sacral et les organes reproducteurs. Particulièrement utile pour laisser aller la tension sexuelle provoquée par une émotion, ainsi que pour traiter et intégrer les émotions nouvellement relâchées.

L'opale bleue est un calmant émotionnel qui réaligne avec l'objectif spirituel. Résonne avec le chakra du cœur et accroît la communication, surtout celle refoulée par méfiance. Utile lorsque les expériences ou les blessures des vies antérieures affectent la vie présente – celles-ci peuvent être guéries grâce au schéma éthérique*.

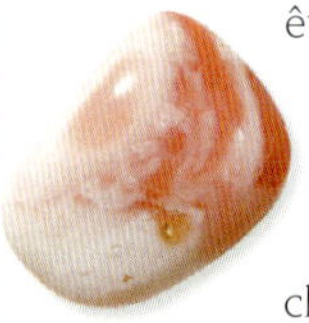

Opale cerise

L'opale cerise aide à purifier et à activer les chakras racine et sacral. Favorise un sentiment de centrage. Sur le plan spirituel, active la clairvoyance* et la clairsensibilité*. Salutaire pour la guérison des maux de tête provoqués par le blocage et la fermeture du troisième œil. Favorise la régénération des tissus. Soigne les troubles du sang, la tension musculaire, les problèmes de la colonne, et atténue les symptômes de la ménopause.

La chrysopale (bleu-vert) ouvre à de nouvelles impressions et encourage l'ouverture aux autres. Aide à voir le monde d'un regard frais.

Fortifiant l'état d'esprit, allège les fardeaux émotionnels et libère les sentiments, souvent à travers les larmes. Détoxifie et régénère le foie, soulage l'impression de compression du cœur et de la poitrine.

Opale
de feu

L'opale de feu (rouge-orangé) fortifie le pouvoir personnel, éveillant le feu intérieur, et protège du danger. Symbole d'espoir, excellent pour les affaires, intensifie l'énergie, facilite le changement et le progrès. Utilisée dans des situations d'injustice et de mauvais traitement, soutient à travers les troubles émotionnels résultants. Censée magnifier les pensées et les sentiments, les triplant. Laisse aller les sentiments intenses de chagrin, même ceux émergés d'autres vies. Merveilleuse pour se libérer du passé, quoique son action risque d'être explosive lorsque les émotions contenues sont brusquement relâchées.

L'opale de feu résonne avec l'abdomen, le bas du dos et le méridien du Triple réchauffeur. Soigne les intestins et les reins, équilibre les glandes surrénales, prévient l'épuisement, stimule les organes sexuels. Excellente pour recharger en énergie et réchauffer.

L'opale verte purifiante et rajeunissante favorise le rétablissement émotionnel et raffermit les relations. Grâce à sa capacité de filtrer l'information et de réorienter le mental, confère sens et perspective spirituelle à la vie quotidienne. Fortifie le système immunitaire, adoucit les refroidissements et la grippe.

Hyalite
verte

La hyalite (l'opale hydrophane, axinite) permet d'interroger l'avenir. Ses profondeurs fluides stimulent la connexion avec les domaines spirituels. Stabilise l'état d'esprit, connecte le chakra racine au chakra couronne, intensifiant la méditation. Aide la transition extra-corporelle. Enseigne que le corps est le véhicule temporaire de l'âme.

PÉRIDOT

APPELÉ AUSSI CHRYSOLITE, OLIVINE

Facetté

Brut

Poli

COULEUR	Vert-olive, vert-jaunâtre, miel, rouge, brunâtre
ASPECT	Opaque. Cristal clair quand il est facetté et poli. D'habitude assez petit
DISPONIBILITÉ	Facile à trouver, mais les cristaux parfaits sont rares
SOURCE	États-Unis, Brésil, Égypte, Irlande, Russie, Sri Lanka, Îles Canaries

CARACTÉRISTIQUES. Jadis, le péridot était censé éloigner les mauvais esprits. C'est une pierre protectrice pour l'aura*.

Puissant nettoyant, élimine les toxines et les neutralise sur tous les plans, purifie les corps subtils et le corps physique, ainsi que le mental. Ouvre, purifie et active les chakras* du cœur et du plexus solaire et bannit l'attirail obsolète. Les fardeaux, la culpabilité ou les obsessions sont éliminés. Enseigne qu'il est contre-productif de s'accrocher aux gens, au passé. Montre comment se détacher des influences extérieures et suivre les indications de ses propres énergies supérieures.

Écarte les modèles négatifs et les vibrations anciennes, pour accéder à une fréquence fraîche. Si le travail psychologique a été accompli, le péridot permet d'avancer rapidement. Ce cristal visionnaire aide à comprendre son destin et son but spirituel. Particulièrement utile pour les thérapeutes.

Sur le plan psychologique, le péridot atténue la jalousie, le ressentiment, l'envie, la colère et diminue le stress. Accroît la confiance et l'assurance, sans agressivité. Motivant la croissance, suscite le changement nécessaire. Permet de remonter dans le passé pour découvrir la leçon contenue dans ses propres expériences, et montre comment pardonner à soi-même. Favorise la clarté et le bien-être psychologique. Le péridot est accordé à la conquête de la vérité spirituelle. Régit les cycles de la vie.

Sur le plan mental, le péridot affûte l'intellect, l'ouvrant aux plans de conscience inédits. Bannit l'apathie, orientant l'attention sur toutes les choses négligées, consciemment ou non. Grâce à son aide, l'individu peut admettre ses erreurs et continuer. Aide à assumer la responsabilité pour sa propre vie, spécialement si on est persuadé que "tout est de la faute des autres". L'influence du péridot améliorera beaucoup les relations difficiles.

GUÉRISON. Le péridot a un effet tonique. Soigne et régénère les tissus, fortifie le métabolisme et bénéficie à la peau. Aide le cœur, le thymus, les poumons, la vésicule biliaire, la rate, le trajet intestinal, les ulcères, fortifie la vision. Placé sur l'abdomen, facilite l'accouchement en renforçant les contractions musculaires et en atténuant la douleur. Son énergie équilibre les troubles bipolaires et surmonte l'hypochondrie.

POSITION. À porter sur la gorge. À placer selon les besoins, spécialement sur le foie, en contact avec la peau.

PETALITE

Brute

COULEUR	Clair, blanc, rose, gris, blanc rougeâtre, blanc verdâtre
ASPECT	Pareil au quartz, strié, légèrement irisé, d'habitude petit
DISPONIBILITÉ	Rare et cher
SOURCE	Brésil, Madagascar

CARACTÉRISTIQUES. Pierre New Age, parfois appelée Pierre de l'Ange, car elle rend plus intense la connexion angélique. Grâce à sa vibration pure et élevée, la pétalite donne accès à la conscience cosmique et favorise la purification spirituelle. Pierre protectrice qui accroît la méditation et l'accord, la petalite conduit l'individu dans une dimension spirituelle très calme et claire, à partir de laquelle les causes des problèmes peuvent être établies et transformées. Particulièrement utile pour la guérison de la lignée ancestrale, car elle remonte le temps jusqu'à la période précédant l'apparition du dysfonctionnement. Pierre chamanique, offre une ambiance sûre pour le contact spirituel ou pour la quête d'une vision*. Active et charge en énergie ce processus, tout en ancrant durant l'activité spirituelle.

Apaise l'aura* et ouvre les chakras* de la gorge et transpersonnel, mettant ainsi en contact avec les vibrations spirituelles supérieures. Conduit au-delà des capacités métaphysiques actuelles, liant l'individu aux plans supérieurs du savoir spirituel et facilitant l'expression de ce qu'il a vu pendant ses visions.

En élixir, même un petit cristal de petalite est extrêmement puissant. L'élixir est utilisé pour laisser aller le karma négatif et détacher les entités de l'aura ou du corps mental. Très utile lorsqu'on rompt une relation, en faisant intervenir dans le processus le moi supérieur de chaque personne et en contrecarrant la manipulation, où qu'elle soit. Portée sur le corps, la pétalite recharge constamment et active les centres énergétiques du corps, sur tous les plans. Intensifie et charge en énergie le milieu où elle se trouve.

GUÉRISON. Harmonise le système endocrinien, active le méridien du Triple réchauffeur. Utile dans le traitement du sida et du cancer. Bénéficie aux cellules, aux yeux, aux poumons, aux spasmes musculaires et aux intestins.

POSITION. À porter en pendentif ou en boucles d'oreilles ou à placer selon les besoins, spécialement sur le troisième œil.

COULEURS SPÉCIFIQUES

En plus des caractéristiques génériques, les couleurs suivantes ont des propriétés supplémentaires :

La petalite rose purifie le méridien du cœur et laisse aller les émotions obsolètes. Fortifie le corps émotionnel, élimine la peur et l'inquiétude. Favorise la souplesse tout en maintenant une force modérée.

La petalite claire neutralise les énergies négatives. Élimine les implants, les miasmes* et le karma négatif sur tous les plans.

PHÉNACITE

Brute

COULEUR	Incolore, peut être teinté en jaune, rouge jaunâtre, rouge, rose, brun
ASPECT	Vitreux, pareil au quartz, avec de petits cristaux
DISPONIBILITÉ	Assez rare et généralement cher
SOURCE	Madagascar, Russie, Zimbabwe, Colorado, Brésil

CARACTÉRISTIQUES. Possède l'une des vibrations cristallines les plus élevées découvertes à ce jour. Connecte la conscience personnelle à un plan supérieur, permettant le transfert de l'information de cet espace sur terre. Entre en contact avec les royaumes angéliques* et les maîtres élevés*.

La phénacite résonne avec le corps éthérique, active le corps de lumière* et aide le processus d'ascension. Guérit l'âme et purifie les corps subtils* ainsi que le corps physique, pour leur fournir un véhicule approprié. Ses énergies ne sont accessibles qu'aux gens qui s'y sont préparés en faisant passer leur vibration personnelle sur un plan supérieur.

La phénacite est très liée à tous les chakras* et confère le savoir permettant de les guérir et les activer. Stimule le troisième œil* et active le chakra transpersonnel, approfondissant les connaissances.

Selon son lieu d'origine, ce cristal semble avoir des propriétés différentes. La phénacite de Madagascar connecte entre elles les dimensions et a été perçue comme étant intergalactique. La phénacite du Brésil possède souvent son propre "gardien cristallin".

GUÉRISON. Agit sur le plan subtil, purifiant le corps et nettoyant les voies énergétiques. Charge les informations des archives akashiques* via le schéma éthérique*, si bien que le mal-être* peut être identifié et relâché, quelle que soit sa source. Active le rétablissement à partir du corps éthérique* vers le corps physique, la guérison du premier étant la condition préalablement nécessaire à la guérison du second. Amplifie l'énergie des autres cristaux curatifs.

POSITION. Porter en bijou ou placer selon les besoins, spécialement au-dessus de la tête.

COULEURS SPÉCIFIQUES

En plus des caractéristiques génériques, les couleurs suivantes ont des propriétés supplémentaires :

La phénacite claire aide le voyage interdimensionnel, facilite le déplacement dans les états vibratoires spirituels normalement impossibles à atteindre à partir de la Terre. Active les souvenirs des précédentes initiations spirituelles et enseigne que "les semblables s'attirent", incitant à élever ses propres vibrations, en purifiant les pensées et en émettant une énergie positive.

La phénacite jaune jouit d'une aptitude particulière pour le contact extraterrestre. Pierre de manifestation, fait s'incarner sur le plan physique ce qui est désiré. Agit pour le plus grand bien de tous.

PIÉTERSITE

APPELÉE AUSSI PIERRE DE TEMPÊTE

Roulée

COULEUR	Brun doré à gris-bleu
ASPECT	Tacheté, irisé, souvent petit, roulé
DISPONIBILITÉ	Facile à trouver
SOURCE	Namibie

CARACTÉRISTIQUES. Appelé Pierre de tempête en raison de son lien avec ce phénomène climatique, la piétersite a été découverte très récemment. Censée garder "les clés du royaume des cieux", elle joint la conscience quotidienne au spirituel, rappelant à l'individu qu'il est un être incorporel ayant entrepris un voyage humain. Se centrant dans l'être spirituel, la piétersite ancre non pas dans la terre, mais dans le corps éthérique*. Facilite les voyages spirituels, surtout pour consulter les archives akashiques* et les comptes rendus de ses incarnations notés là-bas.

Pierre révélatrice, peut servir à la quête de vision* ou le voyage chamanique. Influence fortement le corps pendant les méditations en mouvement, accédant rapidement à un état très élevé de conscience modifiée. Stimule le troisième œil* et l'épiphyse, accède à intuition et favorise les visions spirituelles subtiles et la préconnaissance. Rattache à un plan de direction très affectueux.

La piétersite est censée dissiper l'illusion de la séparation. Connecte l'individu avec la source de sa direction intérieure et l'aide à reconnaître la vérité ou la fausseté des propos d'autrui. Dissipe les blocages dus à l'entêtement et éclaircit la confusion. Utilisée pour la guérison des vies antérieures, la piétersite élimine le mal-être* causé par le fait de ne pas respecter sa propre vérité. Élimine le conditionnement mental et verbal – les convictions imposées précédemment par des figures d'autorité (parents, gouvernements) – et dissipe les illusions spirituelles. Annule les engagements et les promesses des vies antérieures amenés dans cette vie-ci et raffermit la volonté propre de l'individu.

Sur le plan psychologique, la piétersite favorise la fidélité à ses principes. Pierre extrêmement positive et fortifiante, qui aide à parler à voix haute et à explorer tout ce qui bloque l'accès à la vérité. Aide le traitement des conflits anciens et des sentiments refoulés.

GUÉRISON. Stimule l'hypophyse, équilibrant le système endocrinien et la production des hormones régissant le métabolisme, la pression du sang, la croissance, la sexualité et la température. Aide les poumons, le foie, les intestins, les pieds et les jambes et favorise l'absorption des substances nutritives des aliments. Sur le plan subtil, purifie et charge en énergie les méridiens* du corps. Élimine le mal-être* provoqué par l'épuisement chez ceux qui ne prennent pas le temps pour se reposer.

POSITION. À placer ou à tenir selon les besoins.

PRÉHNITE

Brute

COULEUR	Vert, jaune, blanc, brun
ASPECT	Boursouflures sur matrice, cristaux petits à moyens
DISPONIBILITÉ	Facile à trouver dans les magasins spécialisés
SOURCE	Afrique du Sud

CARACTÉRISTIQUES. Pierre sereine d'amour inconditionnel, soigne le thérapeute. Intensifie le processus de visualisation et induit une méditation profonde pendant laquelle le moi supérieur est atteint. En méditant sur ce cristal, on entre en contact avec le réseau énergétique de l'univers. Censée mettre en liaison avec l'archange Raphaël, d'autres êtres spirituels et des extraterrestres. La préhnite accroît la préconnaissance et le savoir intérieur. Permet d'être toujours prêt, quoi qu'il arrive. Grâce à sa faculté de mettre en accord avec les énergies divines, la préhnite valorise le don de prophétie et montre la voie vers la croissance spirituelle.

Ce cristal enferme le champ aurique dans un bouclier protecteur d'énergie divine. Utile pour former des réseaux* de par sa capacité de pacifier l'environnement et d'offrir paix et protection. Convient parfaitement dans le jardin. Aide à transformer la maison en un sanctuaire de guérison pour soi-même. Enseigne comment être en harmonie avec la nature et les forces élémentales, en revitalisant et en renouvelant ce qui est autour de soi.

Bonne pierre Feng shui, la préhnite contribue à "éliminer le fouillis", à se débarrasser des choses inutiles, à bien ranger. Utile pour les personnes qui thésaurisent les objets ou l'amour poussés par un sentiment de manque, parfois susceptible de venir des expériences de privation, de pauvreté ou d'absence d'amour des vies antérieures. Avec l'assistance de la préhnite, la confiance en l'univers est rétablie et l'âme se fie de nouveau à la manifestation divine.

Sur le plan psychologique, la préhnite apaise les cauchemars, les phobies et les peurs profondes, identifiant et guérissant le mal-être* qui les engendre. Bénéfique pour les enfants hyperactifs et les causes karmiques* sous-jacentes à leur état.

GUÉRISON. Utile pour le diagnostic. Traite les reins, la vessie, le thymus, les épaules, la poitrine et les poumons. Soigne la goutte et les troubles hématologiques, répare le tissu conjonctif et stabilise la malignité.

POSITION. À placer ou à tenir selon les besoins. Pour la prophétie, la visualisation et la direction, placer le cristal sur le troisième œil*.

PYROLUSITE

Naturelle

COULEUR	Argent, noir, bleu, gris foncé
ASPECT	Grand, luisant, en éventail sur matrice, brut ou masse granulaire
DISPONIBILITÉ	Facile à trouver dans les magasins spécialisés
SOURCE	États-Unis, Grande-Bretagne, Brésil, Inde

CARACTÉRISTIQUES. Possède la capacité de transformer et restructurer les énergies. Consciemment dirigée, cette pierre est capable de réorganiser la vie, s'avérant très bénéfique. Guérit les perturbations énergétiques et convertit le mal-être* des corps physique, émotionnel et mental.

Pierre très utile lorsqu'elle est placée dans l'environnement immédiat ou dans l'espace de méditation de l'individu. Repousse l'énergie négative et dissipe l'interférence psychique, quelle qu'en soit la source, fortifiant l'aura* dans le processus. Préserve de l'influence mentale indésirable d'une forte tête, écarte la manipulation émotionnelle et érige une barrière contre les attentions des habitants des mondes astraux inférieurs.

Quand on est obligé de rester en la compagnie d'une figure d'autorité dont on désapprouve le programme, un cristal de pyrolusite placé à proximité permettra de rester sur ses positions. Certains types de pyrolusite ne doivent pas être portés ou gardés sur soi en raison de leur structure délicate. On peut cependant les tenir lorsque leurs énergies protectrices sont nécessaires.

Sur le plan psychologique, favorise la confiance, l'optimisme et la détermination. Cette pierre tenace va jusqu'au fond des choses et offre des moyens de transformation. Soutient pendant la profonde guérison émotionnelle, y compris celle des vies antérieures, ou durant le travail corporel destiné à laisser aller le mal-être* émotionnel et les blocages du corps émotionnel.

Sur le plan émotionnel, change et stabilise les relations. Contribue à la transformation des attentes négatives en d'autres, positives.

GUÉRISON. Soigne la bronchite, régularise le métabolisme, fortifie les vaisseaux sanguins et stimule la sexualité. Utile pour aiguiser la vue.

POSITION. À placer ou à tenir selon les besoins. Étant assez délicate et trop lourde pour placer sur le corps, peut servir à préparer un élixir par la méthode indirecte. Celui-ci sera appliqué localement ou pris par voie interne.

QUARTZ

Groupe avec pointe

Pilier (façonné)

COULEUR	Clair
ASPECT	Longs cristaux pointus, transparents, laiteux ou striés, souvent en groupe, toutes tailles
DISPONIBILITÉ	La plupart des types de quartz sont faciles à trouver
SOURCE	Monde entier

CARACTÉRISTIQUES. De par sa forme cristalline particulière de spirale hélicoïdale, le quartz est l'amplificateur curatif et énergétique le plus puissant de la planète. Les gisements du monde entier absorbent, emmagasinent, libèrent et régularisent l'énergie. Débloque parfaitement l'énergie. Lorsque les aiguilles d'acupuncture sont serties dans du quartz, les effets sont accrus de 10 %. Les photographies Kirlian* ont démontré que le champ biomagnétique de l'individu est doublé s'il tient dans les mains un cristal de quartz. Améliore les tests musculaires et protège contre la radiation. Génère de l'électromagnétisme et dissipe l'électricité statique.

Agit sur un plan vibrationnel en accord avec les exigences énergétiques spécifiques de la personne en quête de guérison ou en train d'effectuer un travail spirituel. Le quartz conduit l'énergie à son état le plus parfait possible, remontant jusqu'au moment précédant l'apparition du mal-être. Purifie et fortifie les organes, de même que les corps subtils. C'est un purificateur subtil de l'âme, connectant les dimensions physique et mentale.

Sur le plan spirituel, conduit l'énergie au plan le plus élevé. Englobant l'ensemble du spectre des couleurs, le quartz clair agit sur tous les plans de l'être. Emmagasinant l'information comme un ordinateur naturel, constitue en lui-même une bibliothèque spirituelle d'accès libre. Possède la capacité de dissoudre les graines karmiques*. Met en valeur les dons psychiques et accorde l'individu à son but spirituel. Lors de la méditation, filtre les distractions. Ce cristal est le récepteur le plus efficace de la programmation.

Sur le plan mental, favorise la concentration et débloque la mémoire.

Le quartz économise l'énergie. Attachée au conduit d'essence de la voiture, une pointe de quartz réduit la consommation d'essence.

Les troncatures des pointes de quartz ont des formes différentes, selon la rapidité de leur formation. Ces formes sont très importantes (voir la section sur les *Formes des cristaux* commençant en page 324.)

GUÉRISON. Maître guérisseur, utilisable pour toutes les affections. Stimule le système immunitaire et équilibre le corps. Excellent pour soulager les brûlures. Harmonise tous les chakras* et aligne les corps subtils*.

POSITION. Selon les besoins.

COULEURS ET TYPES DE QUARTZ SPÉCIFIQUES

En plus des caractéristiques génériques les couleurs et les types de quartz suivants ont des propriétés supplémentaires :

Quartz bleu

Le quartz bleu permet d'atteindre les autres et apaise la peur. Calmant le mental, aide l'individu à comprendre sa nature spirituelle et instille l'espoir. Bénéfique pour les organes de la partie supérieure du corps. Purifie le sang et fortifie le système immunitaire.

Guérisseur doré (à double pointe)

Le guérisseur doré (naturellement efflorescent, jaune transparent) facilite la communication spirituelle à longue distance, y compris entre des mondes, et charge en énergie la guérison sur tous les plans.

Le quartz vert ouvre et stabilise le chakra du cœur. Transforme l'énergie négative, inspire la créativité et équilibre le système endocrinien.

Le quartz bigarré (arlequin) montre des tourbillons de chapelets de points rouges. Lie le chakra racine et le chakra du cœur au chakra couronne, attirant la vitalité physique et spirituelle dans le corps. Équilibrant les polarités et les méridiens du corps, ce cristal les ancre dans le corps éthérique, harmonisant les systèmes nerveux subtil et physique. Favorise l'expression de l'amour universel et agit comme un pont entre le monde spirituel et le monde physique. Consolide les veines, la mémoire et la thyroïde, surmonte les carences thyroïdiennes. Active la volonté de se rétablir d'une maladie et du mal-être*, diminue la dépendance.

Le quartz au lithium (naturellement efflorescent, avec des taches lilas rouge-violacé) est un antidépresseur naturel. Ses puissantes énergies curatives mettent doucement en évidence les états inhérents à la dépression, neutralisant la colère et le chagrin de longue date. Permet de remonter dans les vies antérieures pour détruire les causes du mal-être émotionnel envahissant la vie présente. Excellent purificateur pour les chakras, de même que pour l'eau. Très utile pour soigner les plantes et les animaux.

Quartz au lithium

Le titane naturel "mouchète" les cristaux de quartz qui possèdent les mêmes pouvoirs que le quartz arc-en-ciel pour l'aura (voir page 230). Souvent inclus dans des quartz comme le quartz à inclusions de rutiles (voir page 237).

Quartz au titane

L'irisation naturelle présente dans beaucoup de cristaux de quartz stimule la conscience de l'amour universel, extrait la négativité et diffuse l'énergie curative au corps et à l'environnement.

Arc-en-ciel naturel dans une pointe de quartz

Quartz tibétain avec des occlusions* "point noir"

Le quartz de Tanger (naturellement efflorescent, orange transparent) convient après un choc ou un traumatisme, spécialement sur le plan de l'âme. Peut servir à la récupération de l'âme* et à son intégration dans le corps, ainsi que pour soigner après l'attaque psychique. Ce quartz est bénéfique pour la guérison des vies antérieures et lorsque l'âme a l'impression d'avoir fait une erreur pour laquelle elle doit payer. L'âme apprend à découvrir l'enseignement de l'expérience. Ce quartz active et harmonise le chakra sacral*, stimulant le courant d'énergie créative. Conduit au-delà des croyances limitées de l'individu, dans une vibration plus positive. Démontre que les semblables attirent les semblables.

Le quartz tibétain présente soit une pointe unique, soit de doubles pointes avec des "points noirs". Véhicule la résonance du Tibet et le savoir ésotérique qui existe là depuis très longtemps, auquel on peut s'accorder en méditant sur ce cristal. Ce savoir sera alors utilisé instinctivement dans les pratiques curatives et spirituelles. Donne accès aux archives akashiques*. Son énergie extrêmement centrée passe dans le corps et le moi, suscitant une guérison profonde et chargeant en énergie les corps subtils*.Utilisé sur le corps physique, purifie et charge en énergie tous les méridiens.

Quartz naturel sibérien avec fantôme

(*Voir aussi* pages 229 à 243 pour d'autres types de quartz, et pages 336 et 337 pour le quartz cathédrale.)

QUARTZ : AQUA AURA ET QUARTZ SPÉCIAUX FABRIQUÉS EN LABORATOIRE

Aqua Aura

COULEUR	Bleu (sibérien), rouge (aura rose ou rubis), jaune (aura ensoleillé), arc-en-ciel
ASPECT	Les cristaux artificiellement combinés avec l'or ont une couleur vive, de petites pointes ou des agrégats
DISPONIBILITÉ	Facile à trouver
SOURCE	Recouvrement artificiel sur cristal de quartz

PROPRIÉTÉS ADDITIONNELLES. Bien qu'artificiellement créé, possède une intense énergie reflétant le processus alchimique qui amalgame l'or au quartz pur. Libère de ses limitations et génère un espace pour quelque chose de nouveau. Soigne, purifie et calme l'aura*, relâchant tout stress et rebouchant les "trous", puis active les chakras, spécialement celui de la gorge, où il encourage la communication sincère. Élimine la négativité présente dans les corps subtils énergétiques* et les connexions du corps spirituel avec les énergies universelles. Ce processus active l'expression de l'énergie de l'âme correspondant au potentiel le plus élevé de l'individu.

Stimule le channeling* et l'expression personnelle, tout en rendant plus intense l'accord spirituel et la communication. Préserve de l'attaque* psychique ou psychologique. Confère une paix profonde durant la méditation. Utilisé en conjonction avec d'autres cristaux, renforce leurs propriétés curatives.

GUÉRISON. Fortifie le thymus et le système immunitaire.

POSITION. À tenir, à porter ou à placer selon les besoins.

QUARTZ SPÉCIFIQUES POUR L'AURA

Chaque quartz conçu pour l'aura a des propriétés spécifiques liées à sa couleur. En raison de l'or qui y est amalgamé, nombre de ces propriétés sont communes.

Le quartz arc-en-ciel pour l'aura est formé grâce à l'amalgame de l'or et du titane dans un quartz pur. Activant tous les centres énergétiques du corps, ce cristal ouvre un chemin pour la force vitale, lui permettant de se manifester à travers les divers corps. Confère énergie vibrante et enthousiasme pour la vie. Mettant en évidence les projections et contribuant à la libération des émotions négatives comme le ressentiment ou le chagrin du passé, offrant des aperçus relationnels subtils sur tous les plans, est bénéfique aux relations qui fonctionnent mal. Aide à dénouer les attaches karmiques* qui mettent en danger les relations actuelles. La relation transformée est vive et harmonieuse.

Le quartz opale pour l'aura a une couleur arc-en-ciel plus pâle que celle produite par le platine. De même que l'apparition d'un arc-en-ciel suscite l'espoir et l'optimisme, ce cristal apporte la joie. Purifie et équilibre tous les chakras, intègre le corps de lumière dans la dimension physique. Permet d'accéder à un profond état de conscience méditative, ancrant l'information reçue dans le corps physique. Induit un état d'union totale avec le divin à travers la conscience cosmique.

Le quartz rose pour l'aura est formé grâce à l'amalgame du quartz et du platine, générant une énergie dynamique qui agit sur l'épiphyse et le chakra du cœur, transmutant les doutes invétérés sur la valeur personnelle. Confère le don de l'amour inconditionnel de soi et de la connexion avec l'amour universel. Cette forme de quartz imprègne l'ensemble du corps d'amour, équilibrant parfaitement ses cellules.

Le quartz rubis pour l'aura est aussi formé de quartz et de platine, mais a une couleur plus foncée. Purifie le chakra* racine des questions anciennes de survie et de mauvais traitements, conférant passion et vitalité et activant la sagesse du cœur. Spirituellement édifiant, ouvre à la conscience christique*. Cristal protecteur, préserve de l'agressivité et de la violence. Bénéficie au système endocrinien. Antibiotique naturel pour les infections fongiques et les parasites.

Quartz rubis pour l'aura

Le quartz ensoleillé pour l'aura est un cristal d'un jaune éclatant à base d'or et de platine. Ses énergies sont puissantes et très vives. Active et purifie le plexus solaire, laissant aller les blessures et les traumatismes émotionnels anciens. Sur le plan spirituel, est expansif et protecteur. Soulage la constipation sur tous les plans et élimine les toxines.

Le quartz bleu sibérien est un cristal bleu brillant fabriqué en laboratoire à partir de quartz et de cobalt. Puissant antidépresseur, élève le moral et amène une paix profonde. Active le chakra* de la gorge et le chakra du troisième œil, stimulant la vision psychique et la télépathie et intensifiant la communication. Suscite d'intenses expériences visionnaires et ouvre à la conscience cosmique. Aide à affirmer sa propre vérité et à être entendu. En élixir, soigne les infections de la gorge, les ulcères gastriques et le stress. Appliqué sur la peau, atténue les inflammations, les coups de soleil et les raideurs du cou ou des muscles.

QUARTZ : QUARTZ FANTÔME

Améthyste

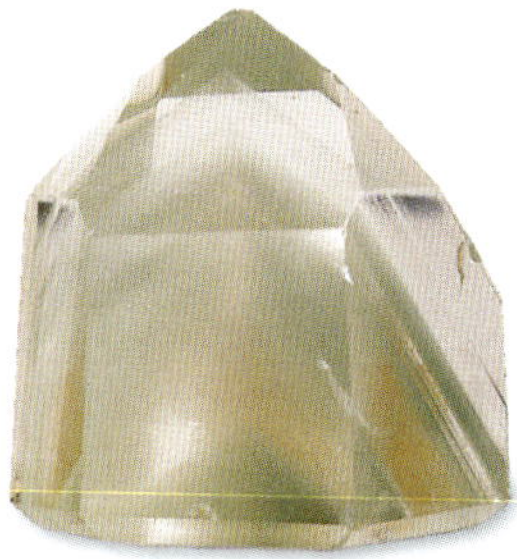

Chlorite

COULEUR	Varie en fonction du minéral
ASPECT	Cristal fantomatique à l'intérieur du cristal principal
DISPONIBILITÉ	Facile à trouver
SOURCE	Monde entier

ASPECT. Cristal "fantôme" blanc ou coloré, assez petit, visible dans le cristal principal de quartz clair.

PROPRIÉTÉS ADDITIONNELLES. Symbolise la conscience universelle. Stimule la guérison de la planète et active les facultés curatives personnelles en mettant en rapport avec un guide spirituel* et en intensifiant la méditation. Facilite l'accès aux archives akashiques*, en vue d'étudier les vies antérieures et de redécouvrir les souvenirs refoulés permettant de placer le passé dans son contexte. Peut aussi conduire aux états intermédiaires*. Soigne les troubles auditifs et active la clairaudience*.

L'améthyste fantôme donne accès à l'état précédant la naissance* et au schéma de la vie présente. Aide à évaluer le progrès réalisé au cours de l'incarnation actuelle grâce aux leçons spirituelles.

La chlorite fantôme (verte) contribue à l'épanouissement personnel et l'élimination des implants énergétiques. Pour ce faire, doit être utilisé sous la direction d'un thérapeute expérimenté. (*Voir aussi* Chlorite, page 108.)

Le quartz fantôme fumé fait remonter l'individu à l'époque précédant le départ du groupe d'âmes* et le connecte avec l'objectif de son groupe d'incarnation. Aide aussi à identifier les membres de son groupe âme et à les attirer vers soi. Si des énergies négatives ont interféré avec l'objectif commun, ce cristal les écartera et fera revenir le groupe à la pureté originelle de son intention.

QUARTZ : QUARTZ ROSE

Brut

Poli

COULEUR	Rose
ASPECT	D'ordinaire translucide, peut être transparent. Toutes tailles, parfois roulé
DISPONIBILITÉ	Facile à trouver
SOURCE	Afrique du Sud, États-Unis, Brésil, Japon, Inde, Madagascar

PROPRIÉTÉS ADDITIONNELLES. Pierre de l'amour inconditionnel et de la paix infinie, c'est le cristal le plus important pour le cœur et le chakra* du cœur, qui enseigne la véritable essence de l'amour. Purifie et ouvre le cœur sur tous les plans, apporte une profonde guérison intérieure et l'amour de soi. Calmant, rassurant, ce cristal est excellent en cas de traumatisme ou de crise.

Si on veut attirer l'amour, ce quartz romantique placé près du lit ou dans le coin des relations de la maison est tellement efficace qu'il a souvent besoin d'être ralenti par une améthyste. Rétablit la confiance et l'harmonie dans les relations existantes et encourage l'amour inconditionnel.

Absorbe en douceur l'énergie négative et la remplace par des vibrations affectueuses. Intensifie l'empathie et la sensibilité, favorisant l'acceptation du changement nécessaire. Pierre parfaite pour la crise de la quarantaine. Tenir un quartz rose souligne les affirmations positives. Cette belle pierre met en valeur l'intention et favorise la réceptivité à la beauté, quelle qu'elle soit.

Guérisseur raffiné, relâche les émotions inexprimées et le chagrin et transforme le conditionnement émotionnel obsolète. Apaise la douleur intériorisée et soigne la carence affective. Si on n'a jamais reçu de l'amour, ce cristal rend le cœur réceptif. Si on a aimé et perdu cet amour-là, le quartz rose atténue le chagrin. Enseigne comment s'aimer soi-même, processus capital si on s'est cru indigne de ce sentiment. On ne peut pas accepter l'amour d'autrui, ni l'aimer, sans s'aimer soi-même. Favorise le pardon de soi et l'acceptation, appelle la confiance en soi et la conscience de sa propre valeur.

GUÉRISON. Fortifie le cœur et le système circulatoire, élimine les impuretés des fluides corporels. Placé sur le thymus, soigne les affections de la poitrine et des poumons. Traite les reins, les surrénales, atténue le vertige et est censé accroître la fertilité. Le cristal ou l'élixir soulage les brûlures et les cloques, lisse le teint. Utile pour la maladie d'Alzheimer, la maladie de Parkinson et la démence sénile.

POSITION. À porter surtout sur le cœur. À placer sur le cœur, le thymus ou dans le coin des relations de la pièce.

QUARTZ : QUARTZ À INCLUSIONS DE RUTILES

APPELÉ AUSSI CHEVEUX DE VÉNUS

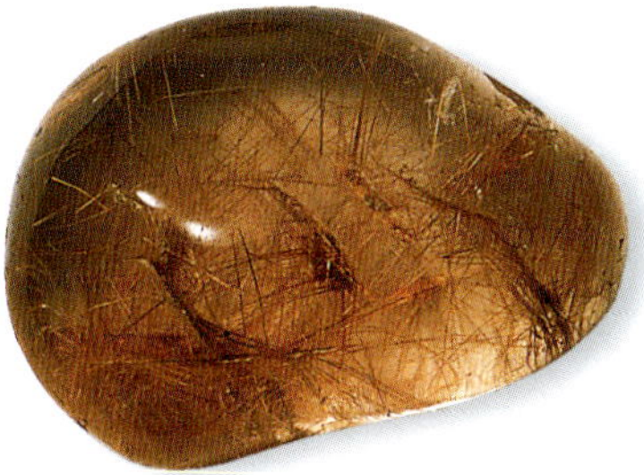

Roulé

COULEUR	Incolore ou fumé avec des filaments brun-doré, rougeâtres ou noirs
ASPECT	Longs "fils" minces dans un cristal clair, toutes tailles
DISPONIBILITÉ	Facile à trouver
SOURCE	Monde entier

PROPRIÉTÉS ADDITIONNELLES. Intègre efficacement l'énergie sur tous les plans. Intensifie l'impulsion énergétique du quartz et soigne parfaitement les vibrations.

Équilibre la lumière cosmique et illumine l'âme, favorisant la croissance spirituelle. Purifie et charge en énergie l'aura*. Facilite le voyage astral*, la lecture de l'avenir*, le channeling*, le contact avec la direction spirituelle supérieure. Absorbe l'énergie négative et détruit les barrières s'opposant à la progression spirituelle. Laisse aller le passé.

Filtrant l'énergie négative du patient, tout en soutenant son champ énergétique durant la libération émotionnelle et la confrontation des aspects obscurs de la psyché, il est utile aux thérapeutes et aux psychologues. Protège contre l'attaque psychique*.

Sert à la guérison des vies antérieures, extirpant le mal-être du passé et permettant de voir les événements anciens qui affectent le présent, leurs causes et leurs conséquences. Connecte aux leçons de l'âme et au schéma de la vie présente.

Sur le plan psychologique, va jusqu'à la racine des problèmes et facilite les transitions et le changement de direction. Sur le plan émotionnel, atténue les humeurs noires et est antidépresseur. Apaise les peurs, les phobies et l'anxiété, éliminant les limitations et neutralisant la haine de soi. Favorise le pardon sur tous les plans.

Ouvre l'aura afin de permettre la guérison. Sur le plan physique, absorbe le mercure empoisonnant les nerfs, les muscles, le sang et le trajet intestinal.

GUÉRISON. Possède une vitalité salutaire pour les affections chroniques, l'impuissance et la stérilité. Excellent pour l'épuisement, énergétique et physique. Ce cristal soigne le trajet respiratoire et la bronchite, stimule et équilibre la thyroïde, repousse les parasites. Stimule la croissance et la régénération cellulaire et répare les tissus déchirés. Censé faciliter la posture verticale.

POSITION. Sur le cou pour la thyroïde, sur le cœur pour le thymus, sur le plexus solaire pour l'énergie, sur les oreilles pour l'équilibre et l'alignement. Passer sur l'aura pour en extraire la négativité.

QUARTZ : QUARTZ FUMÉ

Appelé aussi Quartz enfumé

Roulé

Pointe naturelle

COULEUR	Teinte brunâtre à noirâtre, parfois jaunâtre
ASPECT	Cristaux translucides, longs, pointus, aux bouts plus sombres. Toutes tailles. (Note : le quartz très sombre est parfois irradié artificiellement ; devient opaque.)
DISPONIBILITÉ	Facile à trouver, mais assurez-vous qu'il est naturel.
SOURCE	Monde entier

PROPRIÉTÉS ADDITIONNELLES. Cristal d'ancrage très efficace, qui élève en même temps les vibrations pendant la méditation. En rapport étroit avec le chakra* racine et le chakra de la Terre, favorise l'intérêt pour l'environnement et les solutions écologiques. Parfait antidote pour le stress, aide à supporter les moments difficiles avec fermeté, raffermissant la détermination.

Ancrant l'énergie spirituelle et neutralisant en douceur les vibrations négatives, bloque le stress géopathique*, absorbe le brouillard électromagnétique* et contribue à l'élimination et à la détoxication sur tous les plans. Remplit l'espace d'une vibration positive. Enseigne comment laisser derrière soi ce qui est devenu obsolète. Peut être utilisé pour protéger le chakra de la Terre et sa corde d'ancrage* lorsqu'on se trouve dans une zone d'énergie terrestre perturbée.

Sur le plan psychologique, atténue la peur, lève la dépression et apporte le calme émotionnel. Diminue les tendances suicidaires et l'ambivalence concernant l'incarnation. Aide à accepter le corps physique et sa nature sexuelle, fortifiant la virilité et purifiant le chakra racine pour que la passion puisse circuler naturellement. Soulage les cauchemars et induit les rêves. Dissipe en douceur les émotions négatives qu'il rencontre.

Sur le plan mental, favorise la pensée pragmatique positive et est utilisable pour interroger l'avenir en vue d'obtenir un aperçu clair et de neutraliser la peur de l'échec. Écarte les contradictions, encourage la concentration, atténue les difficultés de communication. Facilite le déplacement entre les états d'esprit alpha et bêta et aide à purifier le mental pour le préparer à la méditation.

Souvent naturellement radioactif, convient parfaitement au traitement des maladies suscitées par les radiations, ainsi qu'à la chimiothérapie. Toutefois, préférer les cristaux naturels émettant des doses infinitésimales de radiations à ceux artificiellement irradiés (d'habitude très noirs et opaques). Améliore grandement la tolérance du stress. Soulage la douleur. Un arrangement de quartz fumé à diffusion lente, les pointes dirigées vers l'extérieur du corps, empêche les crises de guérison.

GUÉRISON. Particulièrement efficace pour les affections de l'abdomen, des hanches et des jambes. Soulage la douleur, y compris les maux de tête, et bénéficie au système reproducteur, aux muscles, aux tissus nerveux et au cœur. Calme les crampes, redresse le dos et fortifie les nerfs. Contribue à l'assimilation des substances minérales et régularise les liquides corporels.

POSITION. Partout, surtout sur le chakra racine. Sous l'oreiller, près du téléphone, sur les lignes de stress géopathique. Porter en pendentif pour de longues périodes. Tenir une pierre dans chaque main en restant tranquillement assis quelques instants dissipe le stress. Placer sur l'endroit douloureux pour éliminer la douleur. Placer avec la pointe dirigée vers l'extérieur pour extraire les énergies négatives du corps, la pointe vers le corps pour charger celui-ci en énergie.

Quartz fumé : celui de gauche a été artificiellement irradié

QUARTZ : QUARTZ LAITEUX

APPELÉ AUSSI QUARTZ NEIGE, QUARTZITE

Roulé

COULEUR	Blanc
ASPECT	Solidement compacté, laiteux, souvent caillou usé par l'eau ou gros galet
DISPONIBILITÉ	Facile à trouver
SOURCE	Monde entier

PROPRIÉTÉS ADDITIONNELLES. Soutient lorsqu'on assimile des leçons d'un événement et aide à laisser aller les responsabilités accablantes, ainsi que les limitations. Parfait pour les gens persuadés qu'on abuse d'eux, tout en créant en fait cette situation parce qu'ils ont besoin d'être nécessaires. Défend de se poser en martyr et en victime.

Sur le plan mental, accroît le tact et la coopération, incitant à réfléchir avant de parler. Utilisé pour la méditation, connecte avec la sagesse intérieure subtile précédemment niée devant soi-même et la société.

GUÉRISON. Approprié partout où le quartz clair est utilisé. Son effet est plus lent et plus modéré, mais néanmoins efficace.

POSITION. Partout, selon les besoins.

QUARTZ : QUARTZ À INCLUSIONS DE TOURMALINE

Roulé

COULEUR	Clair avec des filets sombres
ASPECT	Longs "fils" épais, sombres, dans le cristal clair. Toute taille
DISPONIBILITÉ	Facile à trouver
SOURCE	Monde entier

PROPRIÉTÉS ADDITIONNELLES. Réunit les propriétés du quartz et celles de la tourmaline. Pierre d'ancrage efficace, fortifie le champ énergétique du corps contre l'invasion extérieure et repousse les influences environnementales nuisibles. Dissipe les modèles invétérés et relâche les tensions sur tous les plans. Harmonise les éléments et les polarités disparates et contraires, transforme les pensées et les énergies négatives en positives. Sur le plan psychologique, aide à intégrer et à guérir les énergies sombres, neutralisant l'auto-sabotage. Résout efficacement les problèmes.

GUÉRISON. Harmonise les méridiens*, les corps subtils* et les chakras*.

POSITION. À placer selon les besoins.

RHODOCHROSITE

Polie

Brute

Roulée

COULEUR	Rose à orange
ASPECT	À bandes, toutes tailles, souvent poli ou roulé
DISPONIBILITÉ	Facile à trouver
SOURCE	États-Unis, Afrique du Sud, Russie, Argentine, Uruguay

CARACTÉRISTIQUES. Représente l'amour et la compassion altruistes. Élargit la conscience et intègre le spirituel aux énergies matérielles. Confère une attitude dynamique et positive.

Excellente pierre pour le cœur et les relations, spécialement pour les gens qui ne se sentent pas aimés. C'est la pierre *par excellence* pour la guérison de l'abus sexuel. Attire une âme sœur, mais il se peut que ce ne soit pas l'expérience extatique espérée. Les âmes sœurs sont des gens qui aident l'individu à retenir les leçons de la vie. Bien que parfois désagréable, le processus est réalisé pour le plus grand bien de celui-ci. Enseigne au cœur à assimiler les sentiments douloureux sans se fermer, et dissipe le déni.

Purifie le chakra* racine et le chakra du plexus solaire. Fait remonter en douceur les sentiments douloureux et refoulés, leur permettant d'être reconnus puis dissipés à travers une libération émotionnelle. Aide ensuite à identifier les modèles en cours et indique la visée de l'expérience. Insiste auprès de l'individu pour qu'il fasse face à la vérité à propos de lui-même et des autres, sans excuses ou dérobades, avec une prise de conscience affectueuse.

Utile pour le diagnostic au niveau psychologique. Les gens ayant une aversion pour cette pierre refoulent quelque chose qu'ils ne sont pas disposés à affronter. Ce cristal les pousse à confronter leurs peurs irrationnelles et leur paranoïa, et révèle que les émotions tenues pour inacceptables sont naturelles. Ils auront par la suite une opinion moins négative des choses. Sur le plan psychologique, améliore la conscience de la valeur personnelle et atténue le stress émotionnel.

Mentalement vivifiante, la rhodochrosite encourage une attitude positive, consolide les états de rêve et la créativité. Cette pierre connecte avec le mental supérieur et aide à intégrer les nouvelles informations.

Sur le plan émotionnel, encourage l'expression spontanée des sentiments, y compris des désirs passionnés et érotiques. Lève la dépression et confère légèreté à la vie.

GUÉRISON. Absorbe les substances irritantes, soulageant l'asthme et les problèmes respiratoires. Purifie le système circulatoire et les reins, améliore la mauvaise vision, normalise la pression sanguine, stabilise le rythme cardiaque et revigore les organes sexuels. Dilatant les vaisseaux sanguins, soulage les migraines. L'élixir atténue les infections, améliore la peau et équilibre la thyroïde.

POSITION. À porter au poignet ou à placer sur le cœur ou le plexus solaire. Pour les migraines, à placer sur le sommet de la colonne vertébrale.

RHODONITE

Roulée *Brute*

COULEUR	Rose ou rouge
ASPECT	Tacheté, parfois moucheté de noir, souvent petit et roulé
DISPONIBILITÉ	Facile à trouver
SOURCE	Espagne, Russie, Suède, Allemagne, Mexique, Brésil

CARACTÉRISTIQUES. La rhodonite équilibre émotionnellement, soutenant l'amour et encourageant la fraternité humaine. Expose les deux aspects d'un problème. Stimule, purifie et active le cœur et le chakra* du cœur. Ancre l'énergie, équilibre le yin et le yang, aide l'individu à parvenir à son potentiel le plus élevé. Censée intensifier la méditation basée sur les mantras, rapprochant l'âme de la vibration spirituelle.

Pierre de "soins d'urgence" utile, soigne le choc émotionnel et la panique, conférant une énergie positive à l'âme durant ce processus. Très bénéfique dans les cas d'autodestruction émotionnelle, de co-dépendance et de mauvais traitement. Élimine les blessures et les cicatrices émotionnelles du passé – quelles qu'elles soient – et met en évidence des émotions toujours vivaces, comme le ressentiment et la colère, pour les transformer. Contribue à la réconciliation après un mauvais traitement ayant duré longtemps ou une souffrance profonde. Favorise la guérison des vies antérieures, en gérant la trahison et l'abandon. Grâce à sa faculté de favoriser l'amour de soi altruiste et le pardon, permet de retirer les projections blâmant le partenaire pour ce qui est réellement en soi.

La rhodonite renvoie les insultes et prévient les représailles, admettant que la vengeance est autodestructrice et incitant à rester calme dans des situations dangereuses et troublantes. Équilibre et intègre les énergies physique et mentale, étayant la confiance et atténuant la désorientation.

GUÉRISON. Soigne les plaies, soulage les piqûres d'insectes, rend moins visibles les cicatrices. Bénéfique pour la croissance osseuse, les organes auditifs – règle avec précision les vibrations sonores. Stimule la fertilité. Traite l'emphysème, l'inflammation articulaire et l'arthrite, les maladies auto-immunes, les ulcères gastriques et la sclérose en plaques. En élixir, c'est un remède de secours pour les chocs ou les traumatismes.

POSITION. Selon les besoins. Placer sur le cœur pour les blessures émotionnelles, sur la peau pour les blessures externes ou internes.

La rhodonite de qualité gemme active l'épiphyse et confère direction intuitive. Aligne les chakras et élimine les blocages pour purifier la circulation de leur énergie. Son rayonnement rosé délicat est particulièrement approprié pour assister la guérison émotionnelle.

RHYOLITE

Brute

Polie et façonnée

COULEUR	Blanc, vert, gris pâle, rouge
ASPECT	À bandes ou tachetée d'inclusions cristallines, toutes tailles, souvent roulé
DISPONIBILITÉ	Dans les magasins spécialisés, souvent façonné et poli
SOURCE	Australie, Mexique, États-Unis

CARACTÉRISTIQUES. La rhyolite exalte le potentiel et la créativité de l'âme, facilitant le changement sans l'imposer, aidant à accomplir les quêtes et à voir les choses à partir du plan spirituel. Permet d'accéder à la sagesse karmique*. Fortifiant l'âme, le corps et le mental, la rhyolite est extrêmement utile lorsqu'on explore toute l'étendue du moi.

Favorise un état de méditation profonde, où peut être effectué le voyage intérieur et le voyage extérieur.

Utile pour la guérison des vies antérieures, traite le passé et l'intègre au présent. Conduit les choses à la résolution, quelle qu'ait pu être la source des difficultés, et encourage activement à progresser. Excellente pour garder ancré dans le moment présent au lieu de revenir sur le passé.

Sur le plan psychologique, la rhyolite fortifie l'amour propre et le sentiment de sa propre valeur. Confère respect de soi et acceptation de son véritable moi.

Sur le plan mental, communique la force de gérer calmement les circonstances de la vie qui posent des problèmes et fait prendre conscience de sa propre force. Émotionnellement, la rhyolite a un effet équilibrant, facilitant en douceur la libération émotionnelle au moment approprié.

GUÉRISON. Fortifie la résistance naturelle du corps. Traite les veines, les urticaires, les problèmes dermiques, les infections. Améliore l'assimilation du complexe vitaminé B. Dissout les calculs rénaux et les tissus durcis. En élixir, la rhyolite confère force et améliore le tonus musculaire.

POSITION. Porter ou positionner selon les besoins. Placer sur le front pour la régression dans les vies antérieures (sous la direction d'un thérapeute expérimenté) et sur le plexus solaire pour la libération émotionnelle.

RUBIS

Brut

Poli

COULEUR	Rouge
ASPECT	Brillant, transparent si poli, opaque à l'état brut. Petit cristal facetté ou cristal nuageux plus grand
DISPONIBILITÉ	Le rubis brut est facile à trouver, les pierres taillées sont chères
SOURCE	Inde, Madagascar, Russie, Sri Lanka, Cambodge, Kenya, Mexique

CARACTÉRISTIQUES. Bonne pierre énergétique. Confère vigueur, énergise et équilibre – stimule parfois trop les personnes fragiles ou irritables. Encourage la passion pour la vie, mais jamais de façon destructrice. Accroît la motivation et permet d'établir des objectifs réalistes.

Stimule le chakra* du cœur et équilibre le cœur. Encourage la poursuite du "bonheur extrême". Puissant bouclier contre l'attaque psychique* et le vampirisme de l'énergie du cœur. Favorise les rêves positifs, éclaire la visualisation, stimule l'épiphyse. Pierre d'abondance, aide à garder la richesse et la passion.

Sur le plan psychologique, le rubis fait ressortir la colère ou l'énergie négative pour les convertir. Encourage l'élimination de tout obstacle, quel qu'il soit. Favorise une direction dynamique.

Sur le plan mental, le rubis suscite un état d'esprit positif et courageux. Sous son influence, le mental dispose d'une prise de conscience accrue et une excellente concentration. Grâce à ses effets protecteurs, raffermit durant des disputes ou des controverses.

Émotionnellement parlant, le rubis est dynamique, accroît la passion et déclenche l'enthousiasme. Pierre sociable, attire les rapports sexuels.

Sur le plan physique, le rubis vainc l'épuisement et l'apathie et confère puissance et vigueur. À l'inverse, calme l'hyperactivité.

GUÉRISON. Détoxifie le corps, le sang et la lymphe, traite les fièvres, les maladies infectieuses et la circulation sanguine restreinte. Très bénéfique pour le cœur et le système circulatoire. Stimule les surrénales, les reins, les organes reproducteurs et la rate.

POSITION. Sur le cœur, au doigt, sur la cheville.

PIERRE COMBINÉE

Le rubis sur zoïsite (anyolite) active le chakra couronne, génère un état modifié de conscience et facilite l'accès à la mémoire de l'âme et à l'apprentissage spirituel. Très utile pour la guérison de l'âme et des vies antérieures. Favorise l'individualité, tout en maintenant l'interconnectivité avec le reste de l'humanité, propriété assez inhabituelle. Amplifie le champ biomagnétique* entourant le corps.

Rubis sur zoïsite

SAPHIR

Noir, poli

Noir, brut

COULEUR	Bleu, jaune, vert, noir, pourpre
ASPECT	Brillant, transparent si poli, souvent petit ou cristal plus grand nuageux
DISPONIBILITÉ	Certaines couleurs sont rares, mais la plupart sont faciles à trouver en tant que pierres brutes
SOURCE	Myanmar, République tchèque, Brésil, Kenya, Inde Australie, Sri Lanka

CARACTÉRISTIQUES. Le saphir est une pierre de sagesse, chaque couleur en possédant une particulière. Focalise et apaise le mental, laisse aller les pensées indésirables et la tension intellectuelle. Conférant paix de l'esprit et sérénité, le saphir aligne les plans physique, mental et spirituel et rétablit l'équilibre dans le corps.

Cette pierre élimine la dépression et la désorientation spirituelle, stimule la concentration, apporte la prospérité et attire toutes sortes de dons. Placé sur la gorge, le saphir laisse aller la frustration et facilite l'expression personnelle.

GUÉRISON. Apaise les systèmes corporels hyperactifs et régularise les glandes. Soigne les yeux, écartant les impuretés et éliminant le stress. Traite les troubles hématologiques, atténue les hémorragies excessives, fortifie les veines et améliore leur élasticité.

POSITION. En contact avec le corps. Porter au doigt ou placer selon les besoins.

COULEURS SPÉCIFIQUES

Chaque couleur possède ses propriétés particulières, en plus des caractéristiques génériques :

Le saphir noir est protecteur et centrant. Suscite la confiance en sa propre intuition. Cette pierre accroît les perspectives d'embauche et aide à garder un travail.

Saphir bleu

Le saphir bleu cherche la vérité spirituelle, traditionnellement associée à l'amour et à la pureté. Très efficace pour la guérison de la Terre et des chakras*. Cette pierre tranquille aide à rester sur la voie spirituelle et est utilisée lors des cérémonies chamaniques pour

Saphir vert

transformer les énergies négatives. Ouvre et guérit le chakra de la gorge et la thyroïde, facilite l'expression personnelle et l'affirmation de sa propre vérité.

Le saphir vert améliore la vision, tant intérieure qu'extérieure, ainsi que le souvenir des rêves. Stimule le chakra du cœur, apportant loyauté, fidélité et intégrité. Accroît la compassion et la compréhension des faiblesses et des qualités exceptionnelles d'autrui. Honore la foi et incite au respect des croyances de ses semblables.

Le saphir rose agit comme un aimant pour attirer dans la vie de l'individu tout ce dont il a besoin pour évoluer. Agit rapidement, enseignant comment maîtriser les émotions, éliminant les blocages émotionnels et intégrant les énergies transformées.

Le saphir violacé éveille. Utile pour la méditation, stimule la montée de la kundalini* et le chakra couronne et ouvre la spiritualité. Active l'épiphyse grâce à son rapport avec les dons psychiques et stimule les facultés visionnaires. Très apaisant pour les personnes émotionnellement instables.

Le saphir royal élimine les énergies négatives des chakras et stimule le troisième œil* pour accéder aux informations nécessaires à la croissance. Enseigne la responsabilité pour ses propres pensées et sentiments. Traite les troubles cérébraux, y compris la dyslexie.

Le saphir étoilé renferme dans ses profondeurs une formation en étoile à cinq pointes. Cette pierre rare plonge l'individu dans son tréfonds et ouvre l'intuition. Favorise le centrage des pensées et aide à anticiper les intentions des gens. Censé entrer en contact avec les extraterrestres.

Le saphir blanc possède une énergie extrêmement pure. Ouvrant le chakra couronne, conduit la conscience spirituelle sur un plan supérieur, débouchant sur la conscience cosmique*. Très protecteur, écarte les obstacles de la voie spirituelle. Permet à l'individu d'accéder à son potentiel et à son objectif.

Saphir jaune

Le saphir jaune (saphir jonquille) attire la richesse dans la maison. Il faut le placer dans la caisse pour accroître la prospérité et les gains. En bijou, doit être en contact avec la peau. Stimule l'intellect et améliore la concentration de sorte à avoir une image globale. En élixir, élimine les toxines du corps.

SARDONYX

Noire, roulée

Noire et brun rougeâtre, roulée

COULEUR	Noir, rouge, brun, clair
ASPECT	Agate à bandes parallèles blanc ou rouge-orangé, opaque, grande ou petite, souvent roulée
DISPONIBILITÉ	Facile à trouver dans les magasins spécialisés
SOURCE	Brésil, Inde, Russie, Asie Mineure

CARACTÉRISTIQUES. Pierre de force et de protection. Évoque la quête d'une existence qui a un sens, favorise l'intégrité et la conduite vertueuse.

Apporte un bonheur durable, confère stabilité au mariage et au partenariat, attire les amis et la chance. Peut servir à former des réseaux autour de la maison et du jardin afin de prévenir les délits. (Un cristal doit être placé dans tous les coins, aux portes et aux fenêtres. La radiesthésie indiquera efficacement l'endroit approprié [voir page 374].)

Sur le plan psychologique, accroît la volonté et fortifie le caractère. Augmente la vigueur, la robustesse et le sang froid. Lève la dépression et surmonte l'hésitation. Sur le plan mental, améliore la perception aide le processus d'osmose et le traitement de l'information.

GUÉRISON. Soigne les poumons et les os, rétablit la sensibilité des organes sensoriels. Régularise le métabolisme des fluides et des cellules, fortifie le système immunitaire, contribue à l'absorption des substances nutritives ainsi que l'élimination des déchets.

POSITION. Partout, surtout sur l'estomac.

COULEURS SPÉCIFIQUES

En plus des caractéristiques génétiques, les couleurs spécifiques ont des propriétés supplémentaires :

La sardonyx noire absorbe la négativité.

La sardonyx brune ancre l'énergie.

La sardonyx claire purifie.

La sardonyx rouge stimule.

Sardonyx rouge

SÉLÉNITE

APPELÉE AUSSI SPATH SATINÉ, ROSE DES SABLES

Œuf

Spath satiné blanc

Pilier avec portail

Brun-orangé

COULEUR	Blanc pur, orange, bleu, brun, vert
ASPECT	Translucide avec des nervures fines (spath satiné) ou plus grossières, en queue de poisson ou en pétale (rose des sables). Toutes tailles
DISPONIBILITÉ	Facile à trouver
SOURCE	États-Unis, Mexique, Russie, Autriche, Grèce, Pologne, Allemagne, France, Grande-Bretagne

CARACTÉRISTIQUES. La sélénite translucide possède une vibration très fine. Confère clarté d'esprit, ouvre les chakras* couronne et transpersonnel, accède à la conscience angélique et à la direction supérieure. La sélénite pure rattache au corps de lumière*, l'aidant à s'ancrer dans la vibration terrestre.

Pierre calme, instille une paix profonde. Excellente pour la méditation ou le travail spirituel. La télépathie est accrue si toutes les personnes tiennent un cristal de sélénite à vibration pure. La sélénite blanche diaphane la plus pure a une qualité éthérique et est censée demeurer dans un lieu situé entre la lumière et la matière. Pierre ancienne, c'est néanmoins l'un de cristaux les plus puissants pour la nouvelle vibration terrestre.

Peut servir à former un réseau* protecteur autour d'une maison, créant un espace sûr et tranquille interdisant les interférences extérieures – pour une protection intérieure, placer les cristaux dans les coins de la maison. Un grand cristal de sélénite disposé dans la maison assure une ambiance sereine. Les baguettes de sélénite détachent les entités de l'aura* et empêchent toute influence extérieure sur le mental.

Portant la marque de tout ce qui s'est passé dans le monde, la sélénite aboutit aux vies antérieures. Très utile pour vérifier le progrès accompli et pour accéder depuis les états intermédiaires* au schéma de la vie présente. Met nettement en évidence les leçons et les sujets encore en cours d'étude, montrant comment les transformer au mieux. Peut servir à interroger l'avenir* ou à apprendre avec certitude ce qui s'est passé jadis.

Sur le plan psychologique, la sélénite aide le jugement et l'intuition. Sur le plan mental, dissipe la désorientation et permet de saisir l'image plus subtile. Suscite une compréhension consciente de ce qui s'est produit au niveau subconscient. Disperse et stabilise les émotions erratiques.

Sélénite bleue

GUÉRISON. Aligne la colonne vertébrale et favorise la flexibilité. Préserve des crises d'épilepsie, neutralise l'intoxication au mercure engendrée par les amalgames dentaires et inverse les effets des "radicaux libres". Excellent cristal pour l'allaitement et le soin des enfants. Son effet le plus subtil est visible sur les plans énergétiques.

POSITION. Tenir ou placer dans la maison ou autour de celle-ci (Note : la sélénite se dissout si elle est humide.)

COULEURS ET FORMES SPÉCIFIQUES

En plus des caractéristiques génériques, les couleurs suivantes ont des propriétés spécifiques :

La sélénite brun-orangé ancre les énergies angéliques et contribue à la guérison de la Terre.

La sélénite bleue placée sur le troisième œil apaise l'intellect, permet d'ignorer le bavardage mental durant la méditation et révèle rapidement l'essence d'un problème.

Sélénite verte

Sélénite queue de poisson

La sélénite verte aide à agir pour le plus grand bien. Suscite un sentiment de contentement à son propre égard et permet de surmonter les effets du vieillissement de la peau et du squelette.

La sélénite queue de poisson traite les nerfs. Très apaisante, stabilise les émotions et désamorce la tension. Cette forme de sélénite est souvent appelée aile d'ange, car elle facilite le contact angélique.

Rose des sables

La rose des sables aide à laisser aller les programmes auto-imposés qui durent trop longtemps. Aide à trouver une remise en place appropriée. Renforce les affirmations quant à l'objectif.

SÉRAPHINITE

APPELÉE AUSSI SERAFINA

Tranche polie

COULEUR	Vert
ASPECT	Plumetis argentés dans une pierre plus sombre, souvent petite et polie
DISPONIBILITÉ	Dans les magasins spécialisés
SOURCE	Sibérie

CARACTÉRISTIQUES. Placée sur le troisième œil* ou utilisée pour la méditation, c'est une pierre d'illumination spirituelle, excellente pour accéder à l'auto-guérison. Permet la connexion angélique et ouvre le chakra* couronne et le chakra transpersonnel. Favorise la vie à partir du cœur et a un effet purifiant modéré sur le chakra du cœur, ouvrant à l'amour.

Ses ailes duveteuses font monter l'individu jusqu'à une vibration spirituelle élevée. Excellente pour les voyages extra-corporels, protège le corps physique pendant l'absence de son propriétaire. Contribue à passer en revue les étapes successives de la vie et à identifier les changements nécessaires pour suivre la voie de la paix et de la réalisation.

GUÉRISON. Agit mieux sur le plan subtil. Active la moelle épinière et ses liens avec le corps éthérique*. Laisse aller la tension musculaire montant jusqu'au cou. Utile pour soigner les refroidissements. Favorise la perte de poids.

POSITION. À placer sur le troisième œil, sur le cœur, sous l'oreiller ou à porter autour du cou.

(*Voir aussi* Chlorite, page 108.)

SERPENTINE

APPELÉE AUSSI OPHITE OU OPHIOLITE

Brute

COULEUR	Rouge, vert, rouge brunâtre, jaune brunâtre, vert noir, blanc
ASPECT	Tacheté, aspect double, peut être usé par l'eau et souvent poli. Toutes tailles
DISPONIBILITÉ	Facile à trouver dans les magasins spécialisés
SOURCE	Grande-Bretagne (Cornouailles), Norvège, Russie, Zimbabwe, Italie, États-Unis

CARACTÉRISTIQUES. Pierre d'enracinement utile pour la méditation et l'exploration spirituelle. Purifiant les chakras* et stimulant en particulier le chakra couronne, donne accès aux dons psychiques et permet de comprendre les bases spirituelles de la vie. Ouvre de nouvelles voies pour la montée de la kundalini*. Contribue à la recherche de la sagesse et récupère les souvenirs des vies antérieures. Sur le plan psychologique, permet de se sentir davantage maître de sa vie. Corrige les déséquilibres mentaux et émotionnels et aide à diriger consciemment l'énergie curative vers la zone à problèmes. Sur le plan physique, la serpentine purifie parfaitement et détoxifie le corps et le sang. Censée conférer la longévité.

GUÉRISON. Élimine les parasites, favorise l'absorption du calcium et du magnésium, soigne l'hypoglycémie et les diabètes.

POSITION. À maintenir ou à placer sur l'endroit approprié.

La pierre de l'infini (**serpentine vert clair**) est un cristal modéré, affectueux, qui met en contact avec la direction angélique. Donne accès au passé, au présent et à l'avenir et les intègre. Favorisant la compassion et le pardon, pour soi-même et pour ce qu'on a subi, convient à l'exploration des vies antérieures. Tenue dans les mains, cette pierre conduit aux mondes curatifs des états intermédiaires*, afin que soit achevée la guérison qui n'a pas été entreprise après la fin d'une vie passée.

Pierre de l'infini

Guérit les déséquilibres des vies antérieures et élimine les fardeaux émotionnels des relations précédentes. Placée sur la gorge, permet de parler du passé et résout les questions amenées dans le présent. Si on veut affronter une personne de son passé, il faut se servir de ce cristal, qui confère à la rencontre une touche modérée.

Excellente pour soulager la douleur, surtout menstruelle et musculaire.

SHATTUCKITE

Roulé

COULEUR	Bleu foncé et clair, turquoise
ASPECT	Tacheté, souvent petit et roulé
DISPONIBILITÉ	Dans les magasins spécialisés
SOURCE	États-Unis

CARACTÉRISTIQUES. Pierre hautement spirituelle qui accroît la vibration. Stimule le chakra du troisième œil* et le chakra* de la gorge, les harmonisant et les alignant. Confère une vision psychique claire, aide à comprendre les images vues et à communiquer avec elles. Particulièrement utile lorsque les expériences des vies antérieures ont bloqué les facultés métaphysiques. Annule les ordres hypnotiques empêchant de se servir de la vision psychique. Lève les malédictions et les secrets des vies antérieures

Favorise le channeling*, car ses facultés très protectrices empêchent l'entité de s'emparer du corps physique. La vibration s'élève lorsque ce cristal entre en contact avec la source la plus subtile. Contribue au développement des facultés psychiques comme l'écriture automatique* et la télépathie, et facilite la communication claire avec les extraterrestres.

GUÉRISON. Bénéfique pour toutes les affections mineures, rétablissant en douceur l'équilibre du corps L'élixir est utile comme tonique général, surtout au printemps. Soigne l'amygdalite, accroît la vitesse de coagulation du sang et détruit les blocages des structures intercellulaires.

POSITION. Selon les besoins.

SMITHSONITE

Bleu-vert

Rose

COULEUR	Rose, lavande, vert, bleu-vert, pourpre, brun, jaune, blanc-gris, bleu
ASPECT	Nacré, lustré, comme des couches de bulles soyeuses, toutes tailles
DISPONIBILITÉ	Facile à trouver
SOURCE	États-Unis, Australie, Grèce, Italie, Mexique, Namibie

CARACTÉRISTIQUES. Pierre de tranquillité, charme, gentillesse et résultats favorables. Sa présence très douce amortit les problèmes de la vie. Parfaite pour laisser aller le stress sur le point d'éclater et pour atténuer la dépression mentale.

Pierre idéale pour les personnes qui ont eu une enfance difficile et qui ne se sentent pas aimées ou désirées. Guérit l'enfant intérieur* et adoucit les effets du mauvais traitement et des abus émotionnels. Modérée, dissipe subtilement les blessures émotionnelles. Ses effets sont plus visibles dans le sentiment de bien-être que dans la libération émotionnelle traumatisante. Peut avoir besoin de l'aide d'autres cristaux pour inciter à prendre connaissance des choses. Excellent cristal pour la naissance et la renaissance, traite la stérilité.

Aligne les chakras* et accroît les dons psychiques. Un cristal de smithsonite tenu pendant la communication psychique aide à se rendre compte intuitivement de la validité ou de l'invalidité de celle-ci. Placée sur le chakra couronne, connecte avec le royaume angélique*.

Sur le plan psychologique, encourage les qualités de dirigeant, surtout lorsque le tact est exigé. Émotionnellement parlant, aide les relations difficiles. Pierre parfaite pour une vie sûre et équilibrée, confère harmonie et diplomatie, en corrigeant les situations désagréables. Grâce à ses qualités bénéfiques pour le système immunitaire, peut servir à former un réseau aux quatre coins du lit, avec un autre cristal sous l'oreiller ou sur la table de chevet. Particulièrement efficace associée à la pierre de sang ou à la tourmaline verte collée sur le thymus.

GUÉRISON. Soigne le système immunitaire qui fonctionne mal, le sinus, les troubles digestifs, l'ostéoporose, l'alcoolisme. Restaure l'élasticité des veines et des muscles.

POSITION. Placer selon les besoins ou porter toujours sur soi. Placer au sommet de la tête pour aligner les chakras. Placer une smithsonite rose sur le cœur ou le thymus. Disposer en réseau* autour du lit ou du corps.

COULEURS SPÉCIFIQUES

En plus des caractéristiques génériques, les couleurs spécifiques de smithsonite ont des propriétés supplémentaires :

La smithsonite bleu-vert guérit les blessures émotionnelles en offrant l'amour universel. Laissant aller en douceur la colère, la peur et la douleur, équilibre le champ énergétique entre le corps éthérique et le corps émotionnel, atténue les crises de panique, aide à satisfaire les désirs du cœur, favorise l'amitié. Propice aux sages-femmes et au soin des bébés.

La smithsonite violet lavande a une vibration très douce. Purifie l'énergie négative et encourage le service spirituel enjoué et les états supérieurs de conscience, offrant direction et protection. Pierre parfaite pour la méditation et la récupération de l'âme*, facilite la remontée dans les vies antérieures en vue de récupérer l'énergie de l'âme qui n'a pas réalisé la transition dans une autre vie à la fin de son existence. Sur ce plan, guérit le traumatisme de la mort dans une vie antérieure et montre la voie pour la guérison de l'âme. Sur le plan physique, soigne la névralgie et l'inflammation.

La smithsonite rose lavande a une vibration très affectueuse. Soigne le cœur, ainsi que l'abandon et le mauvais traitement, bâtissant une fois de plus la confiance et la sécurité. Permet de se sentir aimé et soutenu par l'univers. Utile pour la convalescence. Allège la douleur. Aide à atténuer les problèmes de drogues et d'alcool et les émotions qu'ils masquent.

La smithsonite jaune équilibre le chakra* du plexus solaire et le corps mental. Laisse aller les blessures anciennes et les émotions obsolètes. Aide la digestion et l'assimilation des substances nutritives, apaise les troubles dermiques.

SODALITE

Brute

Roulée

COULEUR	Bleu
ASPECT	Tacheté de blanc bleuté clair et foncé, souvent roulé. Toutes tailles
DISPONIBILITÉ	Facile à trouver
SOURCE	Amérique du Nord, France, Brésil, Groenland, Russie, Myanmar, Roumanie

CARACTÉRISTIQUES. Joint la logique à l'intuition et ouvre la perception spirituelle, faisant descendre les informations depuis le mental supérieur sur le plan physique. Stimule l'épiphyse et le troisième œil, tout en approfondissant la méditation. Plongé dans une méditation intensifiée par la sodalite, le mental permet de comprendre les états dans lesquels on se trouve. Instille l'envie de vérité et incite à l'idéalisme, permettant de rester fidèle à soi-même et à ses convictions.

Élimine la pollution électromagnétique et, placée sur les ordinateurs, bloque leurs émissions. Utile pour les gens sensibles au "syndrome de l'air conditionné"* ou au brouillard électromagnétique*.

Particulièrement utile pour le travail de groupe, suscite l'harmonie et la solidarité quant à l'objectif. Stimule la confiance et la camaraderie entre les membres du groupe, encourageant la dépendance mutuelle.

Élimine la désorientation mentale et les attaches intellectuelles. Favorise la pensée rationnelle, l'objectivité, la vérité et la perception intuitive, ainsi que l'expression verbale des sentiments. Apaisant le mental, permet de recevoir les informations inédites. Incite à laisser aller les conditionnements mentaux obsolètes et les tournures d'esprit rigides, créant un espace où mettre en pratique de nouveaux aperçus.

Sur le plan psychologique, apporte l'équilibre émotionnel et calme les crises de panique. Transforme la personnalité défensive ou excessivement sensible, permettant au cœur de relâcher les peurs, les phobies, la culpabilité et les mécanismes de contrôle qui empêchent d'être soi-même. Accroît le respect de soi, l'acceptation et la confiance en soi. Met en lumière les aspects obscurs, pour qu'ils soient acceptés sans être jugés.

GUÉRISON. Équilibre le métabolisme, atténue les carences en calcium, purifie le système lymphatique et les organes, activant le système immunitaire. Combat les dommages provoqués par les radiations. Soigne la gorge, les cordes vocales, le larynx. Utile pour l'enrouement et les troubles digestifs. Abaisse les fièvres et la pression sanguine. Stimule l'absorption des fluides dans le corps.

POSITION À placer selon les besoins ou à porter pendant de longues périodes.

SPINELLE

Spinelle rouge sur matrice

COULEUR	Incolore, blanc, rouge, bleu, violet, noir, vert, jaune, orange, brun
ASPECT	Petit, cristallin avec des pointes ou cailloux roulés
DISPONIBILITÉ	Facile à trouver
SOURCE	Inde, Canada, Sri Lanka, Myanmar

CARACTÉRISTIQUES. Beau cristal lié au renouvellement de l'énergie, au soutien lors des circonstances difficiles et au rajeunissement. Ouvre les chakras* et facilite la montée de la kundalini* le long de la colonne vertébrale. Les différentes couleurs du spinelle se rapportent à toute la gamme des chakras. Sur le plan psychologique, accroît les aspects positifs de la personnalité. Aide à achever la réussite et l'accepter avec modestie.

POSITION. À disposer sur les chakras ou à porter selon les besoins.

COULEURS SPÉCIFIQUES

En plus des caractéristiques génériques, les couleurs spécifiques ont des propriétés supplémentaires :

Le spinelle noir montre des aperçus des problèmes matériels et confère la vigueur nécessaire pour continuer. Couleur protectrice, ancre l'énergie pour équilibrer la montée de la kundalini.

Le spinelle bleu stimule la communication et le channeling. Apaise le désir sexuel, ouvre et aligne le chakra* de la gorge.

Le spinelle brun purifie l'aura* et établit des connexions avec le corps physique. Ouvre le chakra de la Terre et ancre l'individu.

Le spinelle incolore stimule le mysticisme et la communication supérieure. Liant les chakras du corps physique au chakra couronne du corps éthérique, facilite les visions et l'illumination.

Le spinelle vert stimule l'amour, la compassion et la gentillesse. Ouvre et aligne le chakra du cœur.

Le spinelle orange stimule la créativité et l'intuition, équilibre les émotions et traite la stérilité. Ouvre et aligne le chakra du nombril.

Le spinelle rouge stimule la vitalité et la force physiques. Éveille la kundalini*, ouvre et aligne le chakra racine.

Le spinelle violet stimule le développement spirituel et le voyage astral. Ouvre et aligne le chakra couronne.

Le spinelle jaune stimule l'intellect et le pouvoir personnel. Ouvre et aligne le chakra du plexus solaire.

STAUROLITE

APPELÉE AUSSI STAUROTIDE

Croix naturelle détachée de la matrice

COULEUR	Brun, jaune brunâtre, brun rougeâtre
ASPECT	Ressemble à la chiastolite, peut avoir une structure cruciforme ou montrer une croix
DISPONIBILITÉ	Dans les magasins spécialisés
SOURCE	États-Unis, Russie, Moyen-Orient

CARACTÉRISTIQUES. Appelée aussi staurotide ou Croix des fées, car soi-disant formée par les larmes versées par les fées à l'annonce de la mort du Christ. Selon la tradition, c'est un talisman pour la chance.

Met en valeur les rituels et les accentue, sert aux cérémonies de magie blanche. Censée accéder à la sagesse ancienne du Moyen-Orient. Cette pierre connecte les plans physique, éthérique et spirituel, favorisant la communication entre eux.

Sur le plan psychologique, la staurolite est exceptionnellement utile pour alléger le stress. Atténue la dépression et les dépendances, et repousse la tendance à travailler trop et à faire un usage excessif de l'énergie.

Sur le plan physique, la staurolite est parfaite pour les personnes désirant abandonner le tabagisme, adoucir et soigner ses effets. Permet de comprendre les raisons cachées de la dépendance à la nicotine et fournit une énergie d'ancrage aux personnes désinvoltes qui se sont servies de cette substance pour s'enraciner.

GUÉRISON. Traite les troubles cellulaires et les tumeurs, accroît l'assimilation des hydrates de carbone et diminue la dépression. Traditionnellement utilisée pour la fièvre.

POSITION. À tenir ou à placer selon les besoins.

STILBITE

Plaques

COULEUR	Blanc, jaune, rose, orange, rouge, brun
ASPECT	Petites plaques ou pyramides cristallines en groupe
DISPONIBILITÉ	Facile à trouver dans les magasins spécialisés
SOURCE	États-Unis

CARACTÉRISTIQUES. Pierre hautement créative, qui active l'intuition et véhicule une vibration affectueuse et positive en toute situation. Très utile lors du travail métaphysique sur tous les plans. Ancre l'énergie spirituelle et aide la pensée intuitive à se manifester dans l'action sur le plan physique.

Favorise le voyage spirituel, protégeant et maintenant le contact physique pendant ce temps. Le dirige d'un bout à l'autre, quelle que soit sa destination. Utilisée à sa vibration la plus élevée, aide le déplacement dans les mondes spirituels supérieurs, ainsi que le retour sur Terre, préservant la mémoire consciente des expériences vécues là-bas. Les cristaux de stilbite groupés sont un bon outil d'interrogation de l'avenir*.

GUÉRISON. Traite les troubles cérébraux, fortifie les ligaments, soigne la laryngite et la perte du goût. Accroît la pigmentation de la peau. Détoxifiant très efficace, neutralisait le poison selon la tradition.

POSITION. Tenir ou positionner selon les besoins. Placer sur le troisième œil* pour faciliter le voyage ou l'intuition.

Forme pyramidale

SUGILITE

APPELÉE AUSSI LUVULITE

Poli

Roulée

COULEUR	Pourpre, violet-rose
ASPECT	Opaque, légèrement strié ou, rarement, translucide, toutes tailles, souvent roulé
DISPONIBILITÉ	Dans les magasins spécialisés
SOURCE	Japon, Afrique du Sud

CARACTÉRISTIQUES. "Pierre d'amour" des plus importantes, amène sur Terre l'énergie du rayonnement pourpre. Représente l'amour spirituel et la sagesse. Ouvre tous les chakras* au courant de cet amour, les alignant ainsi. La sugilite inspire la prise de conscience spirituelle et stimule la faculté de channeling*.

Enseigne comment vivre à partir de sa propre vérité et rappelle à l'âme ses raisons de s'incarner. Accompagne le retour dans les vies antérieures ou à l'état intermédiaire* pour trouver la cause du mal-être*. Trouve des réponses à toutes les grandes questions de la vie comme "Pourquoi suis-je là ?", "D'où est-ce que je viens ?", "Qui suis-je ?". Compagnon utile des quêtes spirituelles en tout genre. Protège l'âme des chocs, des traumatismes, des déceptions et atténue la tension spirituelle. Aide les gens sensibles et les thérapeutes qui utilisent la lumière à s'adapter à la vibration terrestre sans s'embourber ou être accablés. Confère lumière et amour aux situations les plus sombres.

Favorisant le pardon et éliminant l'hostilité, la sugilite est utile lors du travail de groupe. Résout les difficultés collectives et encourage la communication affectueuse.

Sur le plan psychologique, est bénéfique pour les personnes inadaptées en tous genres, celles qui n'ont pas l'impression que la Terre est leur foyer, les paranoïaques et les schizophrènes. Excellente pour l'autisme, aide à ancrer davantage l'âme dans la réalité présente et surmonte les difficultés d'apprentissage. Incite à comprendre l'effet du mental sur le corps et sa place dans le mal-être*. Émotionnellement, communique la capacité de faire face aux questions désagréables. Allège le chagrin, la tristesse et la peur, tout en favorisant le pardon de soi.

Sur le plan mental, encourage les pensées positives et réorganise les modèles cérébraux inhérents aux difficultés d'apprentissage comme la dyslexie. Aide à surmonter le conflit sans compromis.

Physiquement, bénéficie aux cancéreux en laissant aller en douceur le trouble émotionnel et en atténuant le désespoir. Absorbe l'énergie négative et offre un soutien affectueux, canalisant l'énergie curative dans le corps, le mental et l'esprit.

GUÉRISON. Soulage particulièrement bien la douleur. Le manganèse contenu dans la sugilite élimine les maux de tête et les malaises sur tous les plans. Soigne l'épilepsie et les troubles moteurs, aligne les nerfs et le cerveau. La sugilite de couleur claire purifie la lymphe et le sang.

POSITION. Selon les besoins, surtout sur le cœur et les glandes lymphatiques. Tenir sur le front pour les maux de tête. Placer sur le troisième œil* pour adoucir le désespoir.

SOUFRE NATIF

Forme cristalline naturelle

COULEUR	Jaune
ASPECT	Cristaux poudreux ou légèrement translucides sur matrice
DISPONIBILITÉ	Dans les magasins spécialisés
SOURCE	Italie, Grèce, Amérique du Sud, régions volcaniques

CARACTÉRISTIQUES. Sa charge électrique négative lui permet d'absorber les énergies, les émanations et les émotions nuisibles. Placé dans l'environnement, extirpe la négativité de tout type et détruit les barrières empêchant de progresser.

Engendrée par les volcans, c'est une excellente pierre pour tout ce qui fait irruption, la violence, les éruptions dermiques et les fièvres. Utile aussi pour faire ressortir les dons psychiques latents.

Sur le plan psychologique, le soufre réduit l'obstination et aide à identifier les traits négatifs de la personnalité. Aboutit à la partie rebelle, entêtée ou turbulente de la personnalité, qui désobéit délibérément aux instructions et tend automatiquement à faire le contraire de ce qui est suggéré, spécialement quand les suggestions sont faites “pour son bien”. Le soufre modère cette position et contribue à reconnaître cet effet, ouvrant la voie au changement conscient.

Sur le plan mental, le soufre bloque les modèles de pensée répétitifs et gênants pour la concentration. Inspirant l’imagination, favorise le raisonnement et ancre les processus de pensée dans la réalité.

Sur le plan physique, le soufre permet de se recharger en énergie après un épuisement ou une grave maladie. Accroît la créativité.

Le soufre est toxique et ne doit pas être pris par voie interne. L’élixir convient mieux s’il est préparé par la méthode indirecte à partir de la forme cristalline et s’il est appliqué uniquement sur la peau.

GUÉRISON. Très utile pour les affections qui s’enflamment brusquement, comme les infections et les fièvres. Placé sur l’endroit enflé, diminue les tumeurs fibreuses et tissulaires. Placé dans l’eau du bain ou en essence, le soufre allège les gonflements douloureux et les problèmes articulaires. Peut être appliqué sur la peau pour soigner les affections dermiques. En poudre, c’est un insecticide naturel s’il est brûlé, quoique toxique pour les êtres humains. Porter un masque pour éviter d’inhaler les vapeurs. Ventiler soigneusement la zone.

POSITION. À placer ou à tenir selon les besoins (la forme cristalline est meilleure à cet effet, la poudre convient mieux pour le bain et pour une utilisation dans l’environnement.) Traditionnellement, le soufre placé sur les tumeurs était ensuite enterré. Sinon, il doit être soigneusement nettoyé après utilisation. Pour fumiger, on brûle du soufre en poudre (porter un masque.) L’élixir est préparé par la méthode indirecte (voir page 371) et utilisé uniquement par voie externe.

PIERRE DE SOLEIL

Brute

Polie

COULEUR	Jaune, orange, rouge-brun
ASPECT	Cristal clair transparent ou opaque, avec des reflets irisés, souvent petit, roulé
DISPONIBILITÉ	Facile à trouver dans les magasins spécialisés
SOURCE	Canada, États-Unis, Norvège, Grèce, Inde

CARACTÉRISTIQUES. Pierre joyeuse, apportant la lumière, instaure la *joie de vivre* et la bonté de cœur, aiguise l'intuition. Si la vie a perdu sa douceur, la pierre de soleil la rétablira et aidera à prendre soin de soi-même. Purifiant tous les chakras* et offrant lumière et énergie, cette pierre permet au véritable moi de se montrer avec bonheur. La tradition l'associait aux dieux bienveillants, à la chance et à la bonne fortune. Pierre alchimique, génère une connexion subtile avec la lumière et le pouvoir régénérateur du soleil durant la méditation et la vie quotidienne.

Extrêmement utile pour retirer les "crochets" des autres, qu'ils soient plantés dans les chakras ou l'aura*, qu'ils se trouvent sur le plan mental ou émotionnel, qu'ils proviennent des parents, des enfants ou des partenaires possessifs. Ces crochets épuisent l'énergie, mais la pierre de soleil les renvoie avec affection à leur propriétaire. Très bénéfique pour couper les attaches. Si on a du mal à dire "non" et si on se sacrifie sans cesse pour les autres, il faut garder en permanence sur soi une pierre de soleil. Éliminant la co-dépendance, elle facilite l'autochargement en énergie, l'indépendance et la vitalité. Si on a tendance à tout remettre au lendemain, la pierre de soleil neutralisera ce penchant.

Sur le plan émotionnel, la pierre de soleil agit comme antidépresseur et élimine les humeurs noires. Particulièrement efficace pour les troubles affectifs saisonniers, éclairant l'obscurité de l'hiver. Détache du sentiment d'être critiqué, désavantagé et abandonné. Écartant les inhibitions et les complexes, la pierre de soleil élimine les sentiments d'échec, accroît la conscience de sa propre valeur et la confiance en soi. Encourageant l'optimisme et l'enthousiasme, induit une approche positive des événements. Même le pessimiste le plus incorrigible réagit à une pierre de soleil placée sur le plexus solaire, qui élimine les émotions refoulées et les transforme.

GUÉRISON. Stimule les pouvoirs d'auto-guérison, régit le système nerveux autonome et harmonise tous les organes. Soigne les maux de gorge chroniques, soulage les ulcères gastriques. Très bonne pour les troubles affectifs saisonniers, lève la dépression. Soulage des problèmes des cartilages, le rhumatisme et les douleurs générales.

POSITION Placer, porter ou tenir selon les besoins. Particulièrement bénéfique utilisée au soleil. Peut former un réseau autour du corps. (*Voir aussi* Labradorite jaune, page 171.)

TECTITE

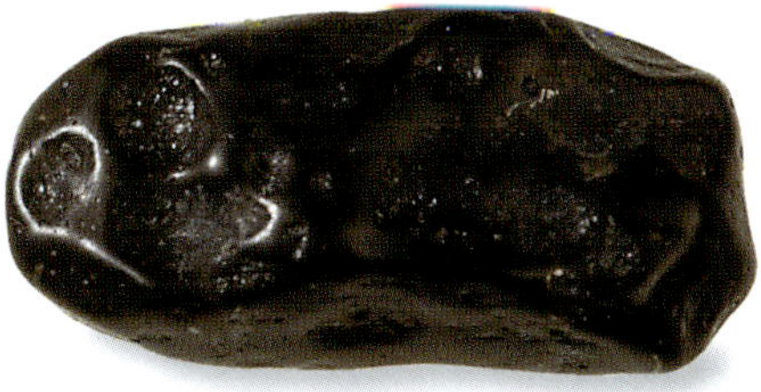

Brute

COULEUR	Noir ou brun foncé, vert (moldavite)
ASPECT	Petit, vitreux, translucide à forte densité
DISPONIBILITÉ	Météorite assez rare. Dans les magasins spécialisés
SOURCE	Moyen-Orient et Extrême-Orient, Philippines, Polynésie. Peut tomber dans le monde entier

CARACTÉRISTIQUES. En raison de son origine extraterrestre, la tectite est censée étayer la communication avec les autres mondes et favoriser la croissance spirituelle grâce à l'assimilation et la rétention du savoir supérieur. Forme un lien entre l'énergie créative et la matière. Aide à laisser aller les expériences indésirables, rappelant les leçons apprises et permettant de se concentrer sur ce qui contribue à la croissance spirituelle. Va au cœur du sujet, offrant un aperçu de sa véritable cause et de l'action nécessaire.

Placée sur les chakras*, équilibre le flux énergétique. Capable de corriger le chakra qui tourne dans un sens erroné. Utile pour la télépathie et la clairvoyance*. Placée sur le troisième œil*, donne accès à la communication avec les autres dimensions. Fortifie l'enveloppe biomagnétique* entourant le corps.

Traditionnellement, servait de talisman pour la fertilité sur tous les plans. Équilibre l'énergie masculine et l'énergie féminine englobées dans la personnalité.

GUÉRISON. Apaise les fièvres, aide les capillaires et la circulation. Prévient la transmission des maladies. Certains types de tectite ont été utilisés pour la chirurgie psychique.

POSITION. À placer ou à tenir selon les besoins.

(*Voir aussi* Moldavite, page 187.)

THULITE

APPELÉE AUSSI THULITE ROSE

Brute

COULEUR	Rose, blanc, rouge, gris
ASPECT	Masse granuleuse, souvent grande
DISPONIBILITÉ	Dans les magasins spécialisés
SOURCE	Norvège

CARACTÉRISTIQUES. Pierre spectaculaire très attachée à la force vitale, stimulant la guérison et la régénération, la thulite est utile dès qu'il y a une résistance à surmonter. Aide à mettre en évidence une personne extravertie, favorisant l'éloquence et le sens de la mise en scène. Sur le plan mental, encourage la curiosité et l'inventivité lors de la résolution des problèmes et explore les dualités de la condition humaine, combinant l'amour à la logique. Sur le plan émotionnel, encourage l'expression de la passion et des sentiments sexuels. Enseigne que la luxure, la sensualité et la sexualité sont des parties normales de la vie et encourage leur expression constructive et positive.

GUÉRISON. Soigne les carences en calcium et les troubles gastriques. Accroît la fertilité, traite la maladie des organes reproducteurs. Fortifiante et régénérante, sert en cas de faiblesse extrême et d'épuisement nerveux.

POSITION. À placer sur la peau ou sur le pubis, selon les besoins.

ŒIL-DE-TIGRE

Brut

Roulé

COULEUR	Jaune-brunâtre, rose, bleu, rouge
ASPECT	À bandes, légèrement luisant, souvent petit et roulé
DISPONIBILITÉ	Facile à trouver
SOURCE	États-Unis, Mexique, Inde, Australie, Afrique du Sud

CARACTÉRISTIQUES. Associe l'énergie terrestre à l'énergie solaire pour générer un état vibrationnel élevé, mais ancré, qui attire les énergies spirituelles vers la Terre. Placé sur le troisième œil*, renforce les dons psychiques et équilibre les chakras* inférieurs, stimulant la montée de la kundalini*.

Pierre protectrice, traditionnellement portée comme talisman contre les malédictions. Montre l'utilisation correcte du pouvoir et met en valeur l'intégrité. Aide à atteindre ses objectifs, reconnaissant les ressources intérieures et favorisant la clarté d'intention. Placé sur le chakra du nombril, l'œil-de-tigre est excellent pour les rêveurs ou les gens non engagés. Enracine et facilite la manifestation de la volonté. L'œil-de-tigre ancre le changement dans le corps physique.

Permet d'admettre ses propres besoins, ainsi que ceux des autres et de distinguer entre les désirs et les besoins réels.

Sur le plan mental, l'œil-de-tigre intègre les hémisphères cérébraux et accroît la perception pratique. Aide à rassembler les informations éparpillées pour former un tout cohérent. Utile pour résoudre les dilemmes et les conflits intérieurs, spécialement ceux provoqués par la fierté et l'obstination. Particulièrement utile pour la guérison du mal-être* mental et des troubles de la personnalité.

Sur le plan psychologique, l'œil-de-tigre guérit les problèmes concernant la conscience de sa propre valeur, l'autocritique et la créativité bloquée. Favorise la reconnaissance des talents et des facultés de l'individu, ainsi que des défauts qui doivent être surmontés. Soutien les changements de la personnalité dépendante.

Équilibre le yin et le yang et charge en énergie le corps émotionnel. Atténue la dépression et élève l'état d'esprit.

GUÉRISON. Soigne les yeux et favorise la vision nocturne, traite la gorge et les organes de reproduction, dissipe les constrictions. Utile pour réparer les os fracturés.

POSITION. À porter sur le bras droit ou en pendentif pour de brèves périodes. À positionner sur le corps selon les besoins. À placer sur le chakra du nombril pour un ancrage spirituel.

COULEURS SPÉCIFIQUES

En plus des caractéristiques génériques, les différentes couleurs de l'œil-de-tigre ont des propriétés particulières :

Œil-de-tigre bleu

L'œil-de-tigre bleu est calmant et laisse aller le stress. Aide les hyperanxieux, les personnes soupe au lait et les phobiques. Ralentit le métabolisme, apaise le comportement sexuel suractif et dissipe les frustrations sexuelles.

L'œil-de-tigre doré permet de faire attention aux détails, mettant en garde contre la complaisance. Favorise l'action réfléchie de préférence à celle suscitée par l'émotion. Excellent compagnon pour des tests et des rencontres importantes.

Œil-de-tigre rouge

L'œil-de-tigre rouge est une pierre stimulante qui vainc l'apathie et offre une motivation. Accélère le métabolisme lent et accroît la libido.

Œil-de-faucon

FORME SPÉCIFIQUE

En plus des caractéristiques génériques, un certain type d'œil-de-tigre a les propriétés suivantes.

Œil-de-faucon

PROPRIÉTÉS ADDITIONNELLES. Type d'œil-de-tigre à bandes, l'œil-de-faucon est une excellente pierre pour la guérison de l'énergie terrestre et pour son enracinement. Stimule et revigore le corps physique. S'élevant au-dessus du monde, l'œil-de-faucon favorise la vision et l'intuition et accroît les dons psychiques comme la clairvoyance*. Purifie et charge en énergie le chakra* racine.

Placé dans le coin de richesse d'une pièce, attire l'abondance.

Très bon pour éliminer les modèles de pensée oppressants et négatifs, ainsi que le comportement incorrigible. Met les problèmes en perspective, atténue le pessimisme et le désir de blâmer les autres pour ses propres problèmes. Cette pierre met aussi en lumière les émotions cachées et le mal-être des vies antérieures et de la vie présente. Placé sur le troisième œil*, l'œil-de-faucon favorise le retour à la source d'un blocage émotionnel, quel qu'il soit.

GUÉRISON. Améliore le système circulatoire, les intestins et les jambes. fait ressortir les causes psychosomatiques d'une épaule bloquée ou d'un cou raide.

POSITION. À maintenir ou à placer sur le point approprié.

TOPAZE

Topaze bleue (polie)

Topaze jaune doré (brute)

COULEUR	Jaune doré, brun, bleu, clair, rose rougeâtre, vert
ASPECT	Cristaux transparents, à pointes, souvent petits et facetté ou grandes pierres
DISPONIBILITÉ	Facile à trouver dans les magasins spécialisés, le rose rougeâtre est rare
SOURCE	États-Unis, Mexique, Inde, Australie, Afrique du Sud, Sri Lanka, Pakistan

CARACTÉRISTIQUES. Pierre veloutée, empathique, qui dirige l'énergie là où elle est la plus nécessaire. Apaise, guérit, stimule, recharge, rémotive et aligne les méridiens du corps. Favorise la vérité et le pardon. Aide à mettre en lumière la voie, met en évidence les objectifs et puise dans les ressources intérieures. Ce cristal suscite la foi en l'univers qui permet "d'être" au lieu de simplement "exister". Pourfend le doute et l'incertitude.

L'énergie vibrante de la topaze apporte joie, générosité, abondance et santé. Pour la tradition, c'est une pierre d'amour et de chance, aidant à accomplir ses objectifs. Extrêmement positive pour les affirmations et les manifestations, ainsi que pour la visualisation. On dit que les facettes et les pointes d'un cristal de topaze possèdent des énergies tant positives que négatives, à travers lesquelles une requête à l'univers peut être focalisée puis manifestée sur le plan terrestre.

Excellente pour purifier l'aura* et induire la relaxation, la topaze laisse aller la tension sur tous les plans et accélère le développement spirituel laborieux.

Sur le plan psychologique, la topaze aide à découvrir ses propres richesses intérieures. Rend confiant et philanthrope, prêt à partager sa chance et à faire rayonner le soleil autour de soi. La négativité ne survit pas près de la topaze enjouée. Favorise l'ouverture et l'honnêteté, l'épanouissement personnel, la maîtrise de soi et le désir de développer la sagesse intérieure.

Sur le plan mental, la topaze aide à résoudre les problèmes et est très utile aux personnes engagées dans les arts. Contribue à prendre conscience de l'influence qu'on a et du savoir acquis grâce au travail assidu et aux expériences de la vie. Cette pierre a la capacité de voir tant l'image globale que les détails intimes, ainsi que la façon dont ils sont étroitement liés entre eux. La topaze aide à exprimer les idées et confère la sagacité.

Parfait soutien émotionnel – stabilise les émotions et rend réceptif à l'amour, quelle qu'en soit la source.

GUÉRISON. Met en valeur la santé. Aide la digestion et combat l'anorexie, rétablit le sens du goût, fortifie les nerfs, stimule le métabolisme. Sainte Hildegarde de Bingen recommandait un élixir de topaze pour corriger la faiblesse visuelle.

POSITION. Sur l'annulaire, le plexus solaire et le chakra* des sourcils. Positionner ou placer selon les besoins. L'élixir peut être appliqué sur la peau.

COULEURS SPÉCIFIQUES

En plus des caractéristiques génériques, certaines couleurs possèdent des propriétés supplémentaires :

La topaze bleue, placée sur le chakra de la gorge ou sur le chakra du troisième œil*, aide ceux-ci, ainsi que l'expression verbale. Excellente couleur pour la méditation et l'accord avec le moi supérieur. Favorise la vie conforme à ses propres aspirations et opinions. Met en accord avec les anges de la vérité et de la sagesse. Permet de voir les scénarios de sa vie et de se rendre compte où on s'est écarté de sa propre vérité.

Topaze claire

La topaze claire aide à devenir conscient des pensées et des actions, ainsi que de leur effet karmique*. Favorise la purification des émotions et des actions, activant la prise de conscience cosmique. Élimine l'énergie stagnante ou bloquée.

Topaze impériale

La topaze dorée (topaze impériale) agit comme une pile, qui recharge spirituellement et physiquement, fortifiant la foi et l'optimisme. Pierre parfaite pour l'accord conscient avec les forces supérieures de l'univers. Peut emmagasiner les informations reçues de cette source. Rappelle les origines divines de l'individu.

Permet de se rendre compte de ses propres facultés, instille une envie d'être reconnu et attire les gens utiles. Conférant charisme et confiance

Topaze jaune

fière en ses capacités, tout en restant généreux et sincère, convient aux gens en quête de célébrité. Permet de dépasser les limitations et mettre sur pied de grands plans. Régénère les structures cellulaires et fortifie le plexus solaire. Bénéfique pour l'épuisement nerveux et l'assimilation insuffisante des substances nutritives. Soigne le foie, la vésicule biliaire et les glandes endocrines.

La topaze rose est une pierre d'espoir. Elle élimine en douceur les anciens modèles de mal-être* et dissipe l'opposition, ouvrant la voie à une santé rayonnante. Cette pierre montre le visage du divin.

PIERRE COMBINÉE

La topaze à inclusions de rutiles est rare, mais extrêmement efficace pour la visualisation et la manifestation. Pierre parfaite pour interroger l'avenir*, apporte des intuitions subtiles lorsqu'elle est bien programmée. Attire l'amour et la lumière dans la vie de l'individu.

TOURMALINE

Tourmaline bleue

Tourmaline bleu clair

Baguette de tourmaline bleue

COULEUR	Noir, brun, vert, rose, rouge, jaune, bleu, melon d'eau, bleu-vert
ASPECT	Luisant, opaque ou transparent, structure longue striée ou hexagonale. Toutes tailles
DISPONIBILITÉ	Facile à trouver dans les magasins spécialisés
SOURCE	Sri Lanka, Brésil, Afrique, États-Unis, Australie occidentale, Afghanistan, Italie

CARACTÉRISTIQUES. Nettoie, purifie et transforme l'énergie dense en une vibration plus légère. Ancre l'énergie spirituelle, purifie et équilibre tous les chakras*, et forme un bouclier protecteur autour du corps.

Pierre chamanique, offre protection durant les rituels. Peut servir pour l'interrogation de l'avenir*. Jadis, on l'utilisait pour désigner le coupable ou la cause d'un problème à des époques de troubles, ainsi que pour indiquer la "bonne" direction à suivre.

Les baguettes de tourmaline naturelle sont d'efficaces outils de guérison. Purifient l'aura, écartent les blocages, dispersent l'énergie négative et mettent en évidence des solutions pour des problèmes spécifiques. Excellentes pour équilibrer et connecter les chakras. Sur le plan physique, rééquilibrent les méridiens*

La tourmaline a une forte affinité avec les énergies déviques* et est particulièrement bénéfique pour les jardins et les plantes. Agit comme un insecticide naturel, gardant les insectes nuisibles à distance. Enfouie dans le sol, encourage la croissance saine de toutes les cultures.

Sur le plan psychologique, aide à se comprendre soi-même et les autres, conduisant au tréfonds du moi, favorisant la confiance en soi et atténuant la peur. Bannit tout sentiment d'être une victime et attire l'inspiration, la compassion, la tolérance et la prospérité.

Puissant guérisseur mental, équilibrant les hémisphères cérébraux droit et gauche et transformant les modèles de pensée négatifs en positifs. Aligne les processus mentaux, les chakras et l'enveloppe biomagnétique*. Soigne la paranoïa et vainc la dyslexie, en améliorant la coordination mouvement-vision ainsi que l'assimilation et l'interprétation de l'information codée. Sur le plan émotionnel, les tourmalines rouge, jaune, et brune sont bénéfiques à la sexualité. Soignent le dysfonctionnement émotionnel ayant probablement suscité la perte de libido. Physiquement, laisse aller la tension, ce qui la rend utile pour les corrections spinales. Équilibre l'énergie masculine et l'énergie féminine dans le corps.

GUÉRISON. Les striations de la tourmaline accroissent le courant énergétique, ce qui en fait une pierre parfaite pour la guérison, la fortification de l'énergie et l'élimination des blocages. Chaque couleur possède ses facultés curatives spécifiques.

POSITION. À placer ou à porter selon les besoins. Pour stimuler les méridiens*, placer avec la pointe dans la même direction que le courant. Excellente pour les essences qui agissent rapidement et efficacement.

COULEURS ET FORMES SPÉCIFIQUES

En plus des caractéristiques génériques, les tourmalines colorées ont des propriétés supplémentaires spécifiques :

Tourmaline noire

La tourmaline noire (schorl) protège contre les téléphones portables, le brouillard électromagnétique*, les radiations, l'attaque psychique*, les charmes, les malédictions et les énergies négatives de toutes sortes. Connectant avec le chakra* racine, elle l'énergie et accroît la vitalité physique, dispersant la tension et le stress. Écartant les pensées négatives, favorise l'attitude décontractée et la neutralité objective, avec des processus logiques clairs et rationnels. Encourage l'attitude positive en toute

circonstance, stimule l'altruisme et la créativité pratique.
Placés la pointe vers l'extérieur du corps, ces cristaux absorbent l'énergie négative. Protègent des maladies handicapantes, fortifient le système immunitaire, traitent la dyslexie et l'arthrite, soulagent la douleur et réalignent la colonne vertébrale. Porter autour du cou ou placer entre soi et la source des rayons électromagnétiques.

La tourmaline bleue (indicolite) active les chakras* de la gorge et du troisième œil, stimule l'envie de liberté spirituelle et de clarté de l'expression personnelle. Contribue à la prise de conscience psychique, favorise les visions et ouvre la voie pour rendre service aux autres en encourageant la fidélité, la moralité, la tolérance et l'amour de la vérité. Véhicule le rayonnement de la paix, dissipe la tristesse et les sentiments bloqués, les faisant remonter en douceur pour être guéris et éliminés. Permet de développer un sentiment intérieur de responsabilité. Favorise la vie en harmonie avec l'environnement. Empêchant la négativité de s'accrocher, cette pierre est excellente pour les thérapeutes.

La tourmaline bleu vif est un outil de diagnostic efficace, qui permet d'identifier les causes sous-jacentes du mal-être*. Bénéficie aux systèmes immunitaire et pulmonaire, au cerveau, corrige les déséquilibres des fluides, traite les reins, la vessie, le thymus, la thyroïde, le mal de gorge chronique. Utile pour l'insomnie, les sueurs nocturnes, la sinusite et les infections bactériennes. La tradition l'utilisait pour la gorge, le larynx, les poumons, l'œsophage et les yeux. Apaise les brûlures et diminue les cicatrices. La tourmaline bleu foncé est particulièrement utile pour la vision et le cerveau. Peut servir à la préparation de l'élixir. Placer sur tout point présentant un mal-être ou une congestion. Permet de surmonter les défauts d'élocution.

Tourmaline brune

La tourmaline brune (dravide) est une très bonne pierre d'ancrage, purifiant et activant le chakra de la Terre et la corde d'ancrage* maintenant le corps physique dans l'incarnation. Purifie l'aura, aligne le corps éthérique et le protège. Encourageant l'esprit d'appartenance à une communauté et l'engagement social, la tourmaline brune rend à l'aise dans un grand groupe. Soigne les mauvaises relations familiales et accroît l'empathie. Pragmatique, favorise la créativité.

Soigne les troubles intestinaux et les affections dermiques. Stimule la régénération du corps.

Tourmaline incolore

La tourmaline incolore (achroïte) fait la synthèse de toutes les autres couleurs et ouvre le chakra* couronne. Aligne les méridiens* du corps physique* et du corps éthérique*.

La tourmaline verte (verdelite) est excellente pour la visualisation. Ouvre le chakra du cœur, favorise la compassion, la tendresse, la patience et le sentiment d'appartenance. Confère équilibre et *joie de vivre*. Transformant l'énergie négative en positive et dissipant les peurs, encourage l'ouverture et la patience. Rajeunit et inspire la créativité. Permet de voir toutes les solutions possibles et de choisir la plus constructive. La personne qui la porte devient un aimant pour la prospérité et l'abondance. Aide à dépasser les problèmes posés par l'image du père. Facilite l'étude de la phytothérapie, intensifie les effets des remèdes et a le pouvoir de guérir les plantes.

Tourmaline verte

Comme toutes les pierres vertes, favorise le sommeil et apaise le mental. Fortifie le système nerveux et le prépare pour un changement de vibration. Traite les yeux, le cœur, le thymus, le cerveau et le système immunitaire, facilite la perte de poids, soulage la SFC et l'épuisement. Permet de réaligner la colonne vertébrale et est bénéfique aux muscles froissés. Détoxifiant utile, soigne la constipation et la diarrhée. Atténue la claustrophobie et les crises de panique. Convient aux enfants hyperactifs.

La tourmaline multicolore (elbaïte) comprend toutes les couleurs et unit donc le mental, le corps et l'esprit. Excellente pierre pour l'imagerie et les rêves, inspirant créativité et plus d'imagination. C'est un portail vers le moi et les domaines spirituels supérieurs.

Stimule le système immunitaire et le métabolisme.

La tourmaline rose est un aphrodisiaque qui attire l'amour dans le monde matériel et spirituel. Assurant qu'aimer ne présente aucun danger, inspire foi dans l'amour et confirme qu'il est nécessaire de s'aimer d'abord soi-même avant d'espérer être aimé par autrui. Favorise le partage du plaisir physique. Dissipe la douleur émotionnelle et les vieux sentiments destructeurs à travers le chakra du cœur qu'elle purifie, et fait la synthèse de l'amour avec la spiritualité. Prônant la paix et la relaxation, la tourmaline rose connecte l'individu à la sagesse et à la compassion, tout en stimulant la réceptivité aux énergies curatives.

Équilibre le système endocrinien qui fonctionne mal, soigne le cœur, les poumons et la peau. À placer sur le cœur.

La tourmaline violet pourpre stimule la guérison du cœur et suscite une conscience affectueuse.

Tourmaline pourpre

Connecte le chakra* racine et le chakra du cœur, accroissant l'attachement et l'aspiration tendre. Stimule la créativité et l'intuition. Débloque le chakra du troisième œil*, stimule l'épiphyse et écarte les illusions. Utile pour la guérison des vies antérieures, conduisant au cœur du problème, puis l'éliminant.

Atténue la dépression et écarte les idées obsessionnelles. Soigne la sensibilité aux polluants, la maladie d'Alzheimer, l'épilepsie et le SFC*.

La tourmaline rouge (rubellite) accroît la capacité de comprendre l'amour, favorise le tact et la flexibilité, la sociabilité et l'extraversion, équilibrant l'excès d'agressivité ou de passivité. Guérit et charge en énergie le chakra sacral et intensifie la créativité sur tous les plans. Offre vigueur et endurance. Confère vitalité au corps physique et le détoxifie. Soigne le cœur, le système digestif, les vaisseaux sanguins et le système reproducteur. Stimule la circulation du sang, le fonctionnement de la rate et du foie, répare les veines. Utile pour les spasmes musculaires et les refroidissements.

Tourmaline rouge sur matrce

La tourmaline melon d'eau (rose enveloppé de vert) est le "super-activateur" du chakra du cœur, qu'elle lie au moi supérieur. Offre amour, tendresse et amitié. Instille la patience et enseigne le tact et la diplomatie. Atténuant la dépression et la peur, favorise la sécurité intérieure. Permet de comprendre les situations et d'exprimer clairement les intentions. Traite le mauvais fonctionnement émotionnel, laisse aller les douleurs anciennes. Bénéfique pour les relations, aide à trouver la joie dans toute situation.

Tourmaline melon d'eau

Dissipe l'opposition à l'idée de redevenir entier. Encourage la régénération des nerfs, spécialement en cas de paralysie ou de sclérose en plaques. Traite le stress.

Tourmaline jaune

La tourmaline jaune stimule le plexus solaire et accroît le pouvoir personnel. Ouvre la voie spirituelle, profite aux poursuites intellectuelles et aux affaires.

Traite l'estomac, le foie, la rate, les reins et la vésicule biliaire.

PIERRES COMBINÉES

La tourmaline noire avec mica renvoie les malédictions à leur source, pour donner une leçon à celui qui les a perpétrées. Cette combinaison est très efficace pour neutraliser le brouillard électromagnétique*.

Une barre de tourmaline noire dans du quartz est excellente pour neutraliser l'attaque psychique* ou physique, fortifiant la personne visée et améliorant son bien-être. Peut être utilisée pour se protéger

Tourmaline noire avec mica

des attaques terroristes ou pour soigner les conséquences de ce genre d'attaques. Dépasse les dualités et intègre l'ombre dans la personnalité globale.

La tourmaline avec lépidolite sur matrice favorise l'abandon des dépendances de toutes sortes, la compréhension de leurs raisons et l'admission de l'existence du rejet. Aide à vivre sans le faux soutien des substances ou des comportements suscitant la dépendance, qu'elle remplace par l'amour et la protection des énergies universelles et du potentiel d'auto-guérison.

Barre de tourmaline dans du quartz

(*Voir aussi* Quartz avec des inclusions de tourmaline, page 243.)

Tourmaline avec lépidolite

TURQUOISE

Polie

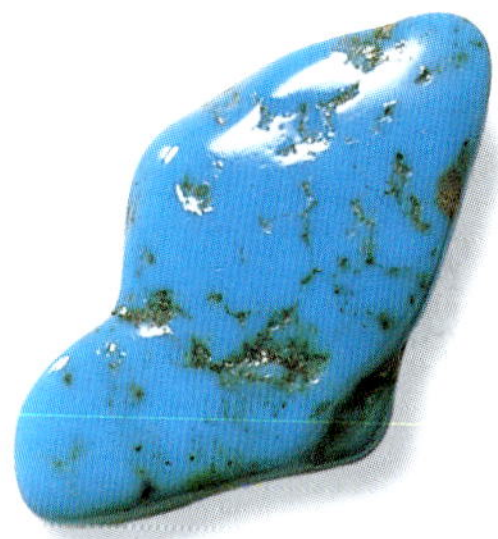

Roulée

COULEUR	Turquoise, vert ou bleu
ASPECT	Opaque, souvent veiné, toutes tailles, souvent poli
DISPONIBILITÉ	Facile à trouver
SOURCE	États-Unis, Égypte, Mexique, Chine, Iran, Pérou, Pologne, Russie, France, Tibet, Afghanistan, Arabie

CARACTÉRISTIQUES. Très efficace, offre réconfort à l'esprit et bien-être au corps. Pierre protectrice, elle a été utilisée pour des amulettes depuis la nuit des temps. Censée changer de couleur pour avertir de l'infidélité. Favorise l'accord spirituel et accroît la communication avec le monde physique et les mondes spirituels. Placée sur le troisième œil*, accroît l'intuition et rend la méditation plus profonde. Sur le chakra* de la gorge, laisse aller les anciens engagements, inhibitions et prohibitions et permet à l'âme de s'exprimer une fois de plus elle-même. Explore les vies antérieures et montre comment la création du "destin" est permanente et dépend de ce qu'on fait moment après moment.

La turquoise est une pierre de purification, qui dissipe l'énergie négative et élimine le brouillard électromagnétique*, offrant protection contre les polluants environnementaux. Équilibre et aligne tous les chakras avec les corps subtils, met en accord le plan physique avec celui spirituel. Dans la pensée traditionnelle, la turquoise unit la terre et le ciel, réunissant les énergies masculine et féminine. Pierre compréhensive et équilibrée, favorisant l'épanouissement personnel, elle aide à régler les problèmes de manière créative et atténue la nervosité lorsqu'on parle en public.

Sur le plan psychologique, la turquoise fortifie. Élimine l'attitude de martyr. Sur le plan mental, instille le calme intérieur tout en permettant de rester alerte, et aide l'expression inventive. Sur le plan émotionnel, stabilise les changements d'humeur et confère la sérénité. Stimule l'amour romantique.

Sur le plan physique, la turquoise est excellente pour l'épuisement ou les crises de panique. Entre autres, protège des influences extérieures ou des polluants atmosphériques.

GUÉRISON. Fortifie les méridiens du corps et les champs énergétiques subtils. Renforce les systèmes immunitaires physique et psychique et régénère les tissus, favorise l'assimilation des substances nutritives, allège la pollution et les infections virales, soigne l'ensemble du corps, et particulièrement les yeux (dont la cataracte). Diminue l'acidité excessive. Bénéfique pour la goutte, le rhumatisme et l'estomac. Cette pierre est anti-inflammatoire et détoxifiante. Atténue les crampes et les douleurs.

POSITION. Partout, et spécialement sur la gorge, le troisième œil et le plexus solaire. Excellent élixir.

TYPE SPÉCIFIQUE

En plus des caractéristiques génériques, le type suivant a des propriétés supplémentaires :

La turquoise tibétaine est verte. Sa vibration est légèrement différente de celle de la turquoise bleu vif. Particulièrement utile pour guérir les blocages du chakra de la gorge, ainsi que l'expression personnelle refoulée, en remontant la lignée ancestrale jusqu'à la découverte de la source.

Turquoise tibétaine (brute)

ULEXITE

Appelée aussi Pierre télévision

Façonnée

COULEUR	Transparent
ASPECT	Cristal clair, soyeux, assez rectangulaire, parfois légèrement strié. Propriétés grossissantes
DISPONIBILITÉ	Facile à trouver
SOURCE	États-Unis

CARACTÉRISTIQUES. Grossit tout objet au-dessus duquel elle est placée. Pierre extrêmement claire, met en convergence les choses sur les plans intérieur et spirituel, suscitant l'objectivité et la clarté tellement nécessaires. Excellente pour comprendre le sens des rêves et des visions, montre la voie à suivre sur le plan spirituel et conduit au tréfonds de soi-même.

Sur un plan plus pragmatique, l'ulexite permet de se plonger au cœur du problème, signalant le chemin de la résolution et mettant en branle des solutions. Pierre de révélation dans le monde physique, confère la faculté de lire dans le cœur d'autrui, de savoir ce qu'il pense et ressent, si bien que les décisions puissent être basées sur une connaissance globale.

L'énergie modérée de l'ulexite est bénéfique pour la méditation et la relaxation. Placée sur le troisième œil*, fortifie la visualisation et dissipe l'énergie mentale négative. Équilibre les énergies yin et yang, aligne les corps subtils*.

Sur le plan mental, renforce l'imagination et stimule la créativité, surtout dans les affaires. En cas d'exagération, aide à voir les choses clairement.

GUÉRISON. L'ulexite confère clarté à la vision. Excellente en élixir pour lisser les rides. Ne doit pas être laissée dans l'eau pendant trop longtemps, car elle risque de se dissoudre.

POSITION. Porter ou placer selon les besoins, surtout sur les yeux et le troisième œil. Pierre parfaite pour la méditation, si on plonge le regard dans ses profondeurs.

UNAKITE

Brute

Roulée

COULEUR	Vert-rose
ASPECT	Tacheté, souvent petite pierre roulée
DISPONIBILITÉ	Facile à trouver
SOURCE	États-Unis, Afrique du Sud

CARACTÉRISTIQUES. L'unakite est une pierre de vision, qui équilibre les émotions avec la spiritualité. Placée sur le troisième œil*, elle l'ouvre et favorise la visualisation et la vision psychique. Fournit aussi un ancrage en cas de besoin. Utile après la méditation ou le travail psychique.

L'unakite peut être utilisée comme une pierre à lancer pour interroger l'avenir, indiquant où le compromis et l'intégration sont nécessaires. Mieux utilisée en compagnie de dix ou douze autres pierres appropriées (voir pages 375 et 376). Les pierres roulées sont gardées dans un sachet, dont on tire une pierre pour répondre à une question. On peut en tirer aussi une poignée de pierres qui seront jetées sur la roue permettant d'interroger l'avenir.

L'énergie modérée d'un grand morceau d'unakite ou de plusieurs pierres roulées placées dans un bol sur un appareil de télévision ou près de celui-ci neutralise la pollution électromagnétique suscitée.

Facilite la renaissance, mettant en lumière et intégrant des aperçus du passé concernant les causes des blocages, et laissant aller doucement des états qui inhibent la croissance spirituelle et psychologique. Tenue ou placée sur le troisième œil, l'unakite guérit les vies antérieures – remonte à la source d'un problème et remanie celui-ci.

Que le mal-être* vienne du passé lointain ou récent, l'unakite atteint ses racines sur le plan où il s'est produit, le mettant en lumière pour qu'il soit transformé.

GUÉRISON. Aide la convalescence et le rétablissement après des maladies graves. Traite le système reproducteur, stimule la prise de poids si nécessaire, favorise une grossesse normale et la croissance des tissus dermiques et des cheveux.

POSITION. Placer selon les besoins ou appliquer comme élixir.

VANADINITE

Cristaux sur matrice

COULEUR	Orange-brun, rouge-brun, jaune-brun, rouge, orange, jaune
ASPECT	Cristaux très petits, très transparents, sur matrice
DISPONIBILITÉ	Dans les magasins spécialisés
SOURCE	États-Unis

CARACTÉRISTIQUES. Pierre parfaite pour les personnes qui ont du mal à accepter leur existence physique. Forte connexion avec le chakra* de la Terre en dessous des pieds. Ancrant l'âme dans le corps physique et l'aidant à se sentir à l'aise dans l'environnement terrestre, la vanadinite préserve l'énergie du gaspillage et enseigne à la conserver sur le plan physique.

Favorise la méditation. En faisant taire le bourdonnement incessant du cerveau, facilite un état de "non-mental". Utilisée pour diriger la conscience lors de la vision psychique et le voyage extra-corporel. Capable d'ouvrir un canal dans le corps en vue de recevoir l'énergie universelle qui aligne les chakras et conduit le moi supérieur dans le corps physique, suscitant une profonde paix intérieure.

Sur le plan mental, la vanadinite comble le vide entre pensée et intellect. Permet de définir les objectifs et de les poursuivre, élimine le bavardage mental, permettant à l'intuition et à la pensée rationnelle de se combiner dans une voix-guide intérieure.

Cette pierre peut maîtriser les dépenses excessives. Placez-la dans le coin de richesse de la maison ou mettez un petit morceau dans le porte-monnaie pour retenir l'argent.

La vanadinite est toxique. L'élixir doit être préparé uniquement par la méthode indirecte (voir page 371).

GUÉRISON. Utile pour les difficultés respiratoires comme l'asthme et les poumons congestionnés. Facilite la pratique de la respiration circulaire. Traite l'épuisement chronique et les troubles vésicaux. Seul l'élixir préparé par la méthode indirecte peut être pris par voie interne.

POSITION. À placer selon les besoins ou frotter l'élixir sur la poitrine. Pour aider l'acceptation de l'existence physique, l'élixir préparé selon la méthode indirecte doit être pris pendant plusieurs semaines.

VARISCITE

Roulée

COULEUR	Vert, gris et blanc
ASPECT	Opaque, parfois veiné, masse large ou petites incrustations sur matrice
DISPONIBILITÉ	Dans les magasins spécialisés
SOURCE	États-Unis, Allemagne, Autriche, République tchèque, Bolivie

CARACTÉRISTIQUES. Pierre d'encouragement, conférant espoir et courage, est extrêmement utile pour les maladies et les malades. Soutient et encourage à continuer malgré la maladie. Aide les soignants à gérer le mal-être* suscité par la maladie. Ouvrant le chakra du cœur, la variscite fait entrer l'amour inconditionnel dans la situation donnée.

Extrêmement utile pour l'exploration des vies antérieures. À mesure qu'on se plonge de plus en plus dans les sentiments d'une vie antérieure, facilite la montée des images visuelles des expériences vécues. Stimule l'intuition quant à la cause du mal-être ou des modèles amenés avec soi, et aide à remanier les situations pour les guérir.

Sur le plan psychologique, la variscite permet de sortir plus facilement du désespoir profond, pour déboucher sur une attitude d'espoir et de confiance dans l'univers. Cette pierre écarte les illusions, permettant de se montrer au monde tel qu'on est. Calme la nervosité et rend le cœur serein. La variscite soutient la modération, tout en faisant montre d'une énergie animée qui empêche de devenir trop sérieux. Placée sous l'oreiller, confère un sommeil paisible et un esprit calme.

Sur le plan mental, la variscite favorise la réflexion claire et accroît la perception. Aide l'expression personnelle et la transmission des idées.

Physiquement, la variscite charge en énergie, participant ainsi au rétablissement des réserves énergétiques épuisées.

GUÉRISON. Soigne le système nerveux, traite la distension abdominale et la circulation sanguine étranglée, régénère l'élasticité des veines et de la peau. Neutralise d'acidité excessive. Bénéfique pour la goutte, la gastrite, les ulcères, le rhumatisme et les affections de même nature. Utile pour l'impuissance. Atténue les crampes.

POSITION. À placer selon les besoins et utiliser pendant de longues périodes. Pour le souvenir des vies antérieures, positionner sur le troisième œil*. Porter en pendentif ou tenir dans la main gauche.

WULFÉNITE

Cristaux sur matrice

COULEUR	Jaune, doré, orange, vert, gris, jaune-gris, brun, blanc, incolore
ASPECT	Petits cristaux ou lames sur matrice, ou un cristal transparent plus grand, plutôt carré
DISPONIBILITÉ	Dans les magasins spécialisés
SOURCE	États-Unis, Mexique

CARACTÉRISTIQUES. Permet d'accepter les aspects moins positifs de la vie et prévient le découragement ou l'inertie lorsqu'on est confronté à des situations ou des sentiments négatifs. Très utile pour les personnes qui ont fini par être déséquilibrées en se concentrant uniquement sur les aspects positifs, réprimant les expériences et les aspects négatifs. Devenues "tout sucre tout miel", elles sont gentilles au point d'être fausses et manquer d'ancrage. La wulfénite les aide à accepter et à intégrer les énergies obscures et à aller au-delà de la dualité du "positif" et du "négatif", qu'elles doivent accepter comme des forces complémentaires et équilibrantes.

Sur le plan spirituel, facilite le déplacement rapide et sans entraves du plan physique aux plans psychique, intuitif ou spirituel. Réputée accéder au passé, au présent et à l'avenir et aider la communication avec ces époques. Permet le contact et la communication avec le monde spirituel, ouvrant un canal pour faire descendre sur Terre ses vibrations.

Si on a conclu un accord avec une autre âme en vue de se rencontrer dans cette vie-ci, la wulfénite aide à la reconnaître et à s'accorder aux raisons qui ont conduit en premier lieu à arranger cette rencontre. Rattache les âmes pendant que l'objectif est mené à bonne fin, puis les relâche au moment approprié.

La wulfénite peut servir à la magie blanche – elle soutiendra et fortifiera l'œuvre rituelle et le voyage, récupérant le savoir magique que l'individu détenait dans les vies antérieures pour le mettre en pratique dans le présent. Ce savoir peut venir des temples de l'Égypte ancienne, de la Grèce antique ou d'un passé plus récent. Si on a été persécuté par l'Église chrétienne pour des convictions liées à la magie, la wulfénite aidera à guérir cette blessure, permettant ainsi de pratiquer de nouveau en sécurité.

GUÉRISON. La wulfénite a le pouvoir de rajeunir et de préserver l'énergie. N'a pas de propriétés curatives spécifiques.

POSITION. Tenir ou placer selon les besoins. Un morceau de wulfénite peut être programmé pour mettre en contact avec le groupe d'âmes*, puis placé dans le coin des relations de la maison.

ZÉOLITE

Agrégat contenant stilbite, apophyllite, préhnite et okénite

COULEUR	Incolore, blanc, bleu, pêche
ASPECT	Varié, toutes tailles, souvent en agrégat
DISPONIBILITÉ	Dans les magasins spécialisés
SOURCE	Grande-Bretagne, Australie, Inde, Brésil, République tchèque, Italie, États-Unis

CARACTÉRISTIQUES. Nom générique d'un groupe de cristaux souvent trouvés en agrégat, dont l'apophyllite, l'okénite, la pectolite, la préhnite et la stilbite (voir pages 64, 204, 220, 277). La combinaison est très belle et fortifie parfaitement l'environnement quand on l'utilise pour la décoration. La zéolite absorbe les toxines et les odeurs. Enfouie dans le sol ou placée près des cultures, elle est bénéfique à l'agriculture et au jardinage.

Pierre Reiki*, aide à s'accorder aux énergies et intensifie la réaction à la guérison.

GUÉRISON. Traite le goitre, diminue les boursouflures, élimine les toxines du corps physique. Effet positif sur les dépendances, surtout à l'alcool. Pour ce faire, peut être préparée en élixir, en se servant de vinaigre de cidre comme conservateur, à la place du cognac ou de la vodka.

POSITION. Placer selon les besoins ou utiliser en élixir.

ZINCITE

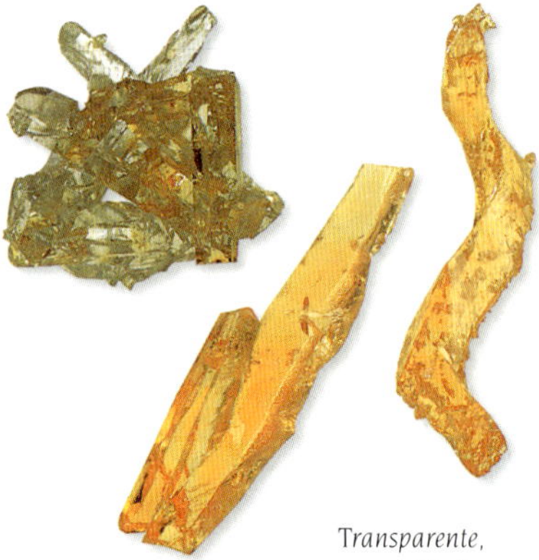

Transparente, reconstituée

COULEUR	Rouge, orange-jaune, vert, incolore
ASPECT	Masse granuleuse. Des cristaux étonnamment transparents viennent de Pologne, formés au cours du processus de fusion dans une mine
DISPONIBILITÉ	Dans les magasins spécialisés
SOURCE	Pologne, Italie, États-Unis

CARACTÉRISTIQUES. Pierre puissante, qui fait la synthèse entre l'énergie physique, le pouvoir personnel et la créativité. Aide le processus de manifestation et recharge les systèmes énergétiques épuisés. Élimine les blocages énergétiques du corps et permet à la force vitale de circuler sans entraves. Cette pierre attire l'abondance sur les plans physique et spirituel. Ancre solidement le corps de lumière dans le monde physique.

La zincite résonne avec les chakras* inférieurs, rechargeant en énergie l'ensemble du corps, stimulant la créativité et la fertilité. Aide la montée de la kundalini* et rend plus fortes les réactions instinctives et l'intuition.

Instille la confiance et la capacité de trouver sa propre force. Sur le plan psychologique, guérit le choc et le traumatisme, en conférant le courage de gérer les situations difficiles à supporter. Atténue la dépression et laisse aller les souvenirs douloureux, pour qu'ils puissent trouver le repos. Si on souffre d'apathie ou si on a tendance à tout remettre au lendemain, la zincite incite à mettre en œuvre son potentiel plénier. Aide à admettre les changements nécessaires.

Utile pour les phobies, permet de trouver la cause première et de la laisser aller en douceur, puis de reprogrammer le mental dans un mode plus positif. Désamorce les ordres hypnotiques et les empreintes mentales.

Chez les femmes confrontées aux symptômes de la ménopause ou au départ des enfants de la maison, la zincite aide à accepter progressivement les changements de la vie.

Favorise les activités de groupe, réunissant les personnes ayant des intérêts communs. Bénéfique pour les relations physiques. Si une purification est nécessaire, la zincite stimule la crise de guérison débouchant sur la catharsis, puis recharge l'organisme en énergie.

GUÉRISON. Améliore la peau et les cheveux. Bénéfique pour la prostate et les symptômes de la ménopause, active le système immunitaire et les méridiens* énergétiques du corps. Traite le SFC, le sida et les maladies auto-immunes, atténue le muguet et la bronchite, prévient l'épilepsie. Stimule les organes d'élimination et d'assimilation. A été utilisée pour traiter les problèmes de stérilité.

POSITION. À placer ou à tenir selon les besoins.

ZOÏSITE

Brute

COULEUR	Incolore, blanc, jaune, brun, bleu, vert, rouge, rose (thulite), bleu lavande
ASPECT	Masse solide, pléochroïque*, toutes tailles
DISPONIBILITÉ	Dans les magasins spécialisés, souvent associé au rubis
SOURCE	Autriche, Tanzanie, Inde, Madagascar, Russie, Sri Lanka, Cambodge, Kenya

CARACTÉRISTIQUES. La zoïsite transforme les énergies négatives en énergies positives et connecte aux domaines spirituels.

Sur le plan psychologique, aide à manifester son propre moi au lieu de se laisser influencer par d'autres ou de tenter à se conformer à la norme. Permet de réaliser ses propres idées et transforme positivement les désirs destructeurs. Dissipe l'apathie et fait remonter les émotions et les sentiments refoulés en vue de les exprimer.

Pierre créative, ramène le mental à ses objectifs après une interruption. Encourage le rétablissement après une maladie grave ou un stress.

GUÉRISON. Détoxifiante, neutralise l'acidité excessive et diminue l'inflammation. Fortifie le système immunitaire, régénère les cellules, soigne le cœur, la rate, le pancréas et les poumons. Stimule la fertilité et soigne les affections des ovaires et des testicules. Combinée avec le rubis, accroît l'efficacité.

POSITION. Porter ou placer sur le corps en contact avec la peau, selon les besoins. Porter pendant de longues périodes, car elle agit lentement.

COULEUR SUPPLÉMENTAIRE

En plus des caractéristiques génériques, la couleur suivante a des propriétés supplémentaires.

La tanzanite (zoïsite bleu lavande) est une pierre modifiée par la chaleur, possédant une vibration élevée. Facilite les états modifiés de conscience et l'état méditatif très profond. Change de couleur en fonction de l'angle de visualisation. Ce chatoiement permet d'élever davantage la conscience. Met en contact avec les royaumes angéliques*, les guides spirituels* et les maîtres élevés*. La tanzanite charge les informations des archives akashiques* et facilite les voyages intérieur et extérieur. Active le lien entre les chakras*, depuis le chakra racine au chakra transpersonnel, établissant un contact entre le mental supérieur et le monde physique. Stimulant le chakra de la gorge, facilite la communication des images reçues des plans supérieurs. Agit sur la tête, la gorge et la poitrine. Combinée avec des cristaux comme l'aigue-marine et la moldavite, constitue un bon élixir. Ajoutée à l'iolite et à la danburite et appliquée durant la guérison des vies antérieures, détruit les modèles obsolètes de mal-être* karmique* et crée l'espace permettant d'en intégrer de nouveaux.

Tanzanite

(*Voir aussi* Thulite, page 287, et Rubis sur zoïsite, page 251.)

FORMES DES CRISTAUX

Les cristaux présentent d'innombrables formes et tailles. Certains ont des facettes et des pointes naturelles, d'autres sont arrondis et lisses. Certains forment des groupes, d'autres sont isolés. Certains montrent des strates, d'autres des bulles. Certains sont naturels, d'autres sont taillés pour obtenir une forme précise avec des caractéristiques et des applications particulières. Connaître ces formes ouvre la voie à de prodigieuses possibilités. Par exemple, le quartz stocke l'information un peu comme un ordinateur. Certaines formes ouvrent une fenêtre dans un autre monde – passé, présent ou avenir, terrestre ou extraterrestre. D'autres attirent une âme sœur ou l'abondance.

Une géode, avec son centre creux pareil à une grotte, rassemble et garde l'énergie, la libérant lentement, alors qu'un groupe la fait rayonner rapidement dans toutes les directions. Les propriétés spécifiques de chaque forme cristalline sont importantes lors du choix d'un cristal. Un groupe de citrine attirera l'abondance, qui pourra cependant s'envoler à sa guise, alors qu'une géode de citrine permettra de la garder et qu'une pointe unique la dirigera vers une direction spécifique.

FORMES DES CRISTAUX

Agrégat d'apophyllite

Connaître les propriétés des différentes formes de cristaux, comme les géodes et les pointes, ainsi que le potentiel des formes facettées particulières, permet de maîtriser leur pouvoir unique, spécialement celui des innombrables types de quartz. Certaines formes sont naturelles, d'autres non. Nombre de ces formes artificielles imitent celles naturelles – par exemple, beaucoup de grands cristaux de quartz clairs ou fumés sont taillés en colonne, pour la décoration et pour en faire des outils thérapeutiques. On récrée ainsi des cristaux de quartz facettés très rares à l'état naturel. Les cristaux sont rarement parfaitement ronds, mais depuis des siècles le quartz, l'obsidienne et le béryl sont façonnés à la main pour devenir des outils d'interrogation de l'avenir*. Plongeant le regard dans la profondeur de leur boule, les voyants lisaient l'avenir. Par ailleurs, les boules de cristal émettent l'énergie de manière égale dans toutes les directions, propriété importante.

Les cristaux de quartz se terminent souvent par des troncatures naturelles, généralement six, assimilées aux six chakras*, depuis le chakra racine au chakra du troisième œil*, la pointe représentant le chakra couronne et son lien avec l'infini.

Pour la tradition ésotérique, la façon dont un cristal se forme est importante. Les cristaux de quartz nuageux plus clairs vers la pointe représentent le potentiel de croissance spirituelle. Un pilier de cristal ou une grande pointe avec des défauts ou des occlusions* est susceptible d'indiquer une période traumatisante. Les scories doivent être écartées pour que la conscience puisse évoluer. Les cristaux de quartz parfaitement clairs sont des symboles de l'accord avec l'harmonie cosmique. Un cristal de ce genre harmonise les énergies de l'individu avec le monde spirituel.

Alors que les troncatures spécifiques sont plus visibles sur les grands cristaux, même la plus petite pointe de quartz peut présenter une "fenêtre" de ce genre. Une fenêtre en forme de parallélogramme penché vers la gauche ramènera dans le passé. La même penchée vers la droite conduira dans l'avenir. Une fenêtre au contour différent aidera à canaliser ou à transmettre l'énergie curative sur de longues distances. Des cristaux archivistes gardent l'empreinte de la sagesse immémoriale. Méditer sur ces pierres vénérables donne accès au savoir universel. À son tour, un cristal âme sœur attire et entretient l'amour véritable.

Si le cristal renferme un arc-en-ciel causé par des fractures intérieures, c'est un signe de joie et de bonheur. Ce genre de cristal allège la dépression. Les cristaux enhydres renferment des boules de liquide vieilles de millions d'années. Ils sont un symbole de l'inconscient collectif inhérent à tout et qui unit tout.

Chaque forme de cristal a une utilisation spécifique pour la guérison. Les baguettes focalisent l'énergie, stimulent des points du corps ou aspirent la négativité. Les cristaux à double pointe aident à briser les modèles obsolètes et à intégrer l'esprit et la matière. Un œuf de cristal détecte et corrige les déséquilibres énergétiques. Une pointe unique concentre l'énergie en un faisceau, un carré consolide celle-ci, une sphère émet de l'énergie dans toutes les directions. Les pages suivantes montrent l'utilisation des différents cristaux en tant qu'outils de guérison.

Pointe naturelle

POINTE UNIQUE

Beaucoup de cristaux présentent des pointes, certaines grandes, d'autres si petites qu'on peut à peine les apercevoir. Les pointes peuvent être naturelles ou artificielles. Un cristal à pointe unique présente une extrémité à facettes nettes et une extremité déchiqueté là où il a été séparé de sa roche-mère. Ce genre de cristal est souvent utilisé pour la guérison. La pointe dirigée vers l'extérieur du corps absorbe l'énergie. Dirigée vers le corps, elle charge celui-ci en énergie.

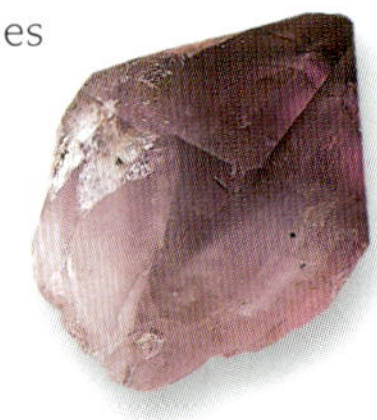

Pointe naturelle

DOUBLE POINTE

Ces cristaux présentent des pointes aux deux extrémités. Certains sont naturels, d'autres artificiels. Ils émettent ou absorbent l'énergie en même temps aux deux extrémités, la canalisant vers deux directions à la fois. Pierre d'équilibre, ce cristal intègre l'esprit et la matière et forme un pont entre les deux points d'énergie. Utile pour la guérison – il absorbe l'énergie négative, brisant les modèles obsolètes, ce qui permet de vaincre les dépendances ou d'intégrer des parties de soi précédemment bloquées. Placé sur le troisième œil*, ce cristal intensifie la télépathie.

Double pointe artificiellement façonnée
(voir en page 350 une double pointe naturelle)

AGRÉGAT

Comprend plusieurs pointes, mais pas forcément fixées sur sa base. Les cristaux peuvent être petits ou grands. Émettent de l'énergie vers le milieu ambiant dont ils absorbent en même temps l'énergie nuisible. On peut les programmer et les placer à l'endroit où ils sont censés agir. Spécialement utiles pour purifier une pièce ou d'autres cristaux. Pour cette dernière utilisation, le cristal à traiter doit passer la nuit sur l'agrégat.

Agrégat

GÉODE

Une géode est une cavité pareille à une petite grotte, cachée dans un bloc de roche. Lorsqu'elle est ouverte, on y voit de nombreux cristaux. Les géodes gardent et amplifient l'énergie. En raison de leur forme arrondie et de leurs nombreuses pointes, elles diffusent l'énergie amplifiée, la modérant sans la neutraliser, lui permettant si nécessaire de rayonner lentement. Utiles pour la protection, favorisent la croissance spirituelle. Les géodes aident à briser les asservissements et sont bénéfiques pour les personnalités dépendantes ou trop gâtées.

Géode

POINTE LONGUE NATURELLE

Ce cristal concentre l'énergie en ligne droite. Les baguettes de cristal l'imitent souvent. Très utilisé pour la guérison ou les rituels. Dirigé vers le corps, transmet rapidement l'énergie ; dirigé vers l'extérieur du corps, l'absorbe. (Voir baguettes aux pages 354 à 359.)

FANTÔME

Un cristal fantôme est vaguement visible dans le corps d'un cristal plus grand. De par sa formation, il a absorbé pendant des temps immémoriaux diverses leçons. Mettant le passé en perspective, indique la voie vers la croissance et l'évolution. Utile pour dépasser la stagnation. Chacun a une signification spécifique, selon le type du cristal principal (Voir page 233.)

Pointe longue

Fantôme

BOULE

Les boules sont généralement façonnées à partir d'un morceau de cristal plus grand et peuvent renfermer des défauts. Émettent l'énergie en égale mesure dans toutes les directions. Fenêtres vers le passé ou l'avenir, déplacent l'énergie à travers le temps et l'espace et offrent un aperçu de ce qui viendra ou de ce qui a été, pratique appelée l'interrogation de l'avenir*.

Boule

CARRÉ

Consolide l'énergie comprise dans sa forme. Utile pour enraciner l'intention et pour l'ancrage. Les cristaux carrés naturels, comme la fluorite, peuvent extraire l'énergie négative et la transformer en positive.

Carré

PYRAMIDE

Un cristal de forme pyramidale présente quatre facettes sur une base, qui peut être équarrie si le cristal est naturel. Les cristaux naturels de ce genre, comme l'apophyllite, amplifient puis concentrent l'énergie en un faisceau étroit à travers leur sommet. Appropriés pour garder les programmes de manifestation.

Les pyramides éliminent les énergies négatives et les blocages des chakras, réapprovisionnant ceux-ci en énergie vibrante. Les pyramides artificielles sont façonnées en une diversité de matériaux. Fortifient et concentrent les propriétés inhérentes du cristal.

Pyramide

ŒUF

Ces cristaux confinent l'énergie et sont utilisables pour détecter et rééquilibrer les blocages du corps. L'extrémité la moins arrrondie est un outil efficace de réflexologie ou d'acupression. Excellents "réconfortants manuels" pour les périodes de stress.

Œuf

AMORPHE

Les cristaux amorphes, comme l'obsidienne, n'ont pas de forme particulière. L'énergie circule rapidement à travers ce genre de cristal dépourvu de structure interne rigide. Puissant, à effet instantané.

Amorphe

CRISTAL STRATIFIÉ

Lépidolite en strates

Les cristaux de ce type, comme la lépidolite, permettent de travailler sur plusieurs plans à la fois, car ils émettent l'énergie en strates. Leur énergie permet d'aller au fond des choses.

TABULAIRE

Doté de deux grandes facettes, c'est un cristal plat, parfois à double pointe. Beaucoup de cristaux tabulaires présentent des encoches – en les frottant, on active l'information qu'ils contiennent. L'énergie circule librement à travers ce genre de cristal, qui oppose peu de résistance. Écarte la confusion, l'interprétation erronée et les méprises. Excellente aide pour la communication sur tous les plans, tant intérieurs qu'extérieurs. Réputé être l'outil le plus subtil pour la communication avec les autres mondes.

Lors de la guérison, le cristal tabulaire induit un équilibre parfait. Fortifie la télépathie. Active d'autres cristaux.

Tabulaire

DRUSE

Druse

Cristal à strates multiples présentant plusieurs extrémités et plissements naturels. Son énergie modérée élimine les blocages et la peur, équilibrant les polarités et ouvrant la voie au changement nécessaire. Positif et réconfortant, permet de surmonter les fardeaux émotionnels et connecte au moi éternel. Conduit dans d'autres vies pour comprendre son karma ou au tréfonds de soi-même pour un aperçu du processus spirituel en action.

OCCLUSION*

Dépôt d'un minéral quelconque dans un cristal de quartz (voir chlorite, page 108), en forme de tache ou de point trouble. Ces minéraux peuvent aussi se déposer sur une face externe – on peut les voir quand on regarde à travers le cristal son autre côté. Rayonne l'énergie du minéral, focalisée et amplifiée par le quartz qui l'entoure.

Quartz tibétain avec occlusions

ABONDANCE

Long cristal de quartz dont la base es entourée de nombreux petits cristaux agrégés autour de sa base. Attire la richesse et l'abondance dans la vie. Il faut le positionner dans le coin de richesse de la maison ou du bureau – le point de gauche le plus éloigné de la porte d'entrée.

Abondance

Grande pointe génératrice

GÉNÉRATEUR

Ce cristal a six facettes à peu près égales s'unissant dans une pointe. Petit ou grand, ce cristal puissant a la forme optimale pour la génération de l'énergie. Améliore l'énergie curative autant que possible. Contribue à la concentration et à la clarté de l'intention.

Un très grand agrégat générateur comporte plusieurs pointes, chacune pouvant être programmée dans un but précis. Il réunit un groupe en harmonie sereine – chaque pointe peut être programmée spécifiquement pour une personne. Extrêmement utile pour générer une énergie curative, il est souvent placé au centre d'un groupe de guérison.

Agrégat générateur

MANIFESTATION

Les cristaux de manifestation sont rares et précieux. Un ou plusieurs petits cristaux sont totalement enchassés dans un cristal plus grand. Quand on est parfaitement clair à propos de ce qu'on veut faire se manifester, ce cristal sera d'un grand secours, surtout s'il est bien programmé. Si on est quelque peu ambivalent ou confus à propos de ses désirs, ou si ses raisons sont purement égoïstes, le cristal n'agira pas. Sert aussi à stimuler la créativité et la pensée originale, à favoriser la visualisation et à évoquer la guérison planétaire. Excellent pour le travail de groupe ; lorsqu'il est programmé pour le bien de tous, il fonctionne à son potentiel plénier.

Manifestation

Grand quartz cathédrale

QUARTZ CATHÉDRALE

Le quartz cathédrale est un ordinateur cosmique renfermant la sagesse immémoriale. C'est une bibliothèque de lumière*, qui garde les archives de tout ce qui s'est passé sur Terre. Beaucoup des quartz cathédrale sont très grands – celui montré ici dépasse l'avant-bras. Même un petit cristal pourra toutefois apporter l'information nécessaire. Certaines parties de ce livre ont été rédigées avec l'aide d'un quartz cathédrale de la taille d'une main, générateur naturel parsemé de cristaux ponts.

Le quartz cathédrale peut donner l'impression d'être composé de plusieurs morceaux convolutés ou distincts, mais ceux-ci font partie intégrante du cristal principal à extrémités multiples, dont au moins une pointe au sommet.

On peut accéder à la bibliothèque de lumière en méditant sur un quartz cathédrale. Celui-ci aide à s'accorder au mental universel et agit comme récepteur et transmetteur pour la pensée collective, qui est élevée à une vibration supérieure à travers le contact avec les énergies pures du cristal. Offre aussi accès aux archives akashiques*.

Le quartz cathédrale est censé se manifester tous les 2 000 ans pour contribuer à l'évolution de la conscience grâce à l'lélévation de la pensée à une vibration supérieure. Peut être programmé pour faire naître un monde meilleur.

Placé sur un endroit douloureux, le quartz cathédrale soulage efficacement le mal.

ARCHIVISTE

Le cristal archiviste a des formes nettement pyramidales sur les côtés. Parfois, ces formes sont séparées, de sorte qu'une facette est recouverte de plusieurs triangles alors que d'autres en montrent un seul. Certaines facettes sont cannelées l'une autour de l'autre, selon un motif de chevron. Il s'agit souvent de quartz clair, mais pas forcément. Symbolisent la parfaite harmonie du mental, du corps, des émotions et de l'esprit, ainsi que le regard qui voit tout.

Les archivistes gardent l'empreinte de tout ce qui s'est passé. Ils sont des portails pour la sagesse spirituelle. Lorsqu'on travaille avec un cristal archiviste, le discernement et l'intégrité sont de rigueur. On peut méditer sur ce cristal placé avec une face présentant un triangle sur le troisième œil*, afin d'accéder au passé personnel ou collectif, de se réaccorder à sa propre sagesse et de trouver plus facilement des idées pour l'évolution. Tenu dans les mains, un doigt carressant doucement sa forme pyramidale, ce cristal "ouvrira son savoir".

Excellente façon d'explorer son moi. Ces cristaux agissent comme catalyseurs pour la croissance et aident à écarter les obstacles s'opposant au progrès. Rechargeant en énergie l'ensemble de l'être, préviennent l'épuisement.

(*Voir aussi* Cérusite archiviste, page 98.)

Quartz archiviste

CRISTAL GRAVÉ

Ce genre de cristal a l'air d'avoir été gravé d'hiéroglyphes ou de lettres cunéiformes. Utilisé pour la méditation, fait remonter aux civilisations anciennes pour accéder à la sagesse et au savoir des vies antérieures. Extrêmement utile pour s'accorder à la formation et aux initiations spirituelles de ces époques-là, éveillant de nouveau les talents inhérents et les facultés curatives.

Cristal personnel, il doit être utilisé uniquement par son propriétaire. Cependant, correctement purifié et reprogrammé avant et après emploi, peut guider une autre âme vers l'accession consciente à son propre savoir du passé. Spécialement utile lors de la thérapie des vies antérieures, lorsqu'on remonte à une époque précédant le mal-être* ou les modèles émotionnels destructeurs, afin que la personne qui régresse puisse se rendre compte à quoi ressemblait la vie exempte de ces fardeaux. Ce processus facilite le rétablissement de l'état de perfection intérieure.

Quartz gravé

QUARTZ SCEPTRE

Grande barre centrale de quartz à l'extrémité de laquelle s'est formé un autre cristal. Parfois, la barre de quartz présente une arrête distinctive et un sommet plus large. D'autres fois, un petit cristal ou une pointe opaque émerge d'une plus large base.

Un grand quartz sceptre est une pierre très spéciale. Utilisé pour la méditation, connecte à la sagesse immémoriale et facilite la canalisation des vibrations élevées. Générant et amplifiant l'énergie, le quartz sceptre est un excellent outil curatif, qui soigne le cœur du problème. Le mal-être* est dissipé et les énergies sont restructurées sur les plans physique, mental, émotionnel ou spirituel de l'être, en fonction des besoins. Très utile quand l'énergie doit être dirigée vers une direction spécifique.

La légende affirme que ces pierres étaient utilisées comme un symbole d'autorité spirituelle en Atlantide et en Lémurie* et qu'elles ont réémergée pour apporter le pouvoir cristallin à l'époque actuelle. Lingams naturels, on peut les utiliser pour soigner les problèmes de fertilité et pour équilibrer les énergies masculine et féminine.

Les quartz sceptres inversés transmettent l'énergie curative, la purifient et la renvoient au thérapeute. Ils libèrent le mental des fausses illusions et le conduisent à la sérénité.

D'autres cristaux en forme de sceptre existent. Les baguettes longues et délicates de sélénite naturelle sont parfois rattachées à un autre cristal, formant ainsi un puissant outil de guérison vibrant à une haute fréquence et conférant une sagesse profonde et un savoir ancien. Un sceptre de sélénite éliminera du schéma éthérique* les parties malades ou endommagées qui portent la marque des blessures physiques ou émotionnelles des vies antérieures ayant affecté le corps actuel.

Grand sceptre

Sceptre inversé

LIEN TEMPOREL (ACTIVATEUR)

Ces cristaux existent sous deux formes, gauche et droit. À partir de la structure atomique hélicoïdale spécifique du quartz, un petit parallélogramme forme une fenêtre penchée soit à droite, soit à gauche. Cette formation enseigne que le temps est une illusion dont on se sert pour organiser ses expériences lorsqu'on se trouve sur Terre. En réalité, le temps tel qu'on le connaît n'existe pas. Un activateur penché vers la gauche conduit dans "le passé" pour explorer les vies précédentes et les dimensions spirituelles anciennes, un activateur penché vers la droite conduit dans un avenir apparent, montrant que le futur sera tel qu'on le bâtit soi-même. Certains cristaux présentent les deux formations. Une paire assortie de ces cristaux permet de faire la synthèse entre les hémisphères droit et gauche. Soignenr les troubles des deux côtés du corps, surtout ceux dus à des dommages cérébraux ou au fonctionnement déréglé du cerveau – le cristal penché vers la gauche traite les problèmes du côté droit, celui penché vers la droite ceux du côté gauche. Alignent les chakras* – ceux penchés vers la droite traitent les chakras de la partie postérieure du corps, ceux penchés vers la gauche, les chakras de la partie antérieure du corps.

Lien temporel (gauche)

Lien temporel (droite)

FENÊTRE DIAMANT

Les facettes plates situées au sommet d'un cristal sont appelées fenêtres. Pareilles à un diamant, certaines grandes, d'autres petites, elles facilitent la clarté mentale et l'organisation de l'information reçue des différents plans de l'existence. Plonger le regard dans une fenêtre diamant conduit au tréfonds de soi ou permet de trouver des informations pour une autre personne.

Une vraie fenêtre diamant est grande et connectée au sommet et à la base. Même les petites fenêtres diamant favorisent l'équilibre entre le monde spirituel et le monde matériel, facilitant la vie dans la réalité quotidienne, tout en maintenant le contact avec la réalité supérieure. Ces fenêtres ouvrent un portail vers les autres plans d'existence et une attache solide avec le moi. Reflètent l'état d'être intérieur et les causes du mal-être. Aident à trouver une personne absente, si une image assez vive de celle-ci est projetée au centre du diamant. (*Voir aussi* pages 352 et 353.)

Fenêtre diamant

Cristal auto-guéri

CRISTAL AUTO-GUÉRI

Présente de nombreuses petites extrémités à l'endroit où il a été cassé au-dessus de sa base et où la fracture a été guérie par des dépôts de nouveaux cristaux. Impartit un impressionnant savoir de l'auto-guérison. Enseigne comment guérir et redevenir entier, si endommagé et blessé qu'on ait pu être.

LIGNÉE TEMPORELLE ANCESTRALE

Présente une bordure plate très nette partant de sa base vers le sommet. Souvent, un défaut montre l'emplacement de la douleur familiale dans la lignée ancestrale. L'accord avec ce cristal met en évidence la source du mal-être* familial pour qu'elle soit guérie. La guérison peut être envoyée à travers les générations jusqu'au point précédant la manifestation du mal-être. Cette guérison transforme l'ensemble de la lignée familiale, ce qui bénéficiera aux générations futures.

Lignée temporelle

PORTAIL (OUVERTURE)

Ce cristal présente un creux en forme de coupe assez grand pour contenir un liquide. Plonger le regard au centre du liquide ouvre un portail vers les autres mondes et permet de voyager à travers le passé, le présent et l'avenir. Excellent cristal pour préparer un élixir favorisant la vision spirituelle et les dons psychiques.

CLÉ (OUVERTURE)

Présente un renfoncement ou une ouverture sur l'un de ses côtés, se rétrécissant à mesure de sa pénétration dans le cristal. Ce renfoncement a trois ou six côtés, mais pas toujours. Ouvre un portail vers des parties du moi normalement cachées ou permet d'accéder à toutes sortes d'informations secrètes. La méditation sur l'un de ces cristaux révèle des choses inconnues à l'individu, cachées principalement par son subconscient, balayant l'illusion. Excellent outil pour se détacher de tout ce qui empêche l'âme d'avancer et pour couper les attaches.

Cristal clé

CHEMIN DE VIE

Quartz clair long, mince, avec un ou plusieurs côtés parfaitement lisses. Ce cristal permet à l'individu de connaître l'objectif de sa vie, d'aller avec le courant, de suivre son extase, pour accomplir son destin spirituel. Enseigne à suivre les désirs de son âme, pas ceux de son ego.

QUARTZ SPIRALÉ

Quartz spiralé présentant une torsion visible le long de son axe. Bénéfique pour garder l'équilibre sur tous les plans. Attire l'énergie universelle dans le corps et l'ancre durant la méditation. Stimule la montée de la kundalini* à travers les chakras*, éliminant tout blocage énergétique entravant cette ascension.

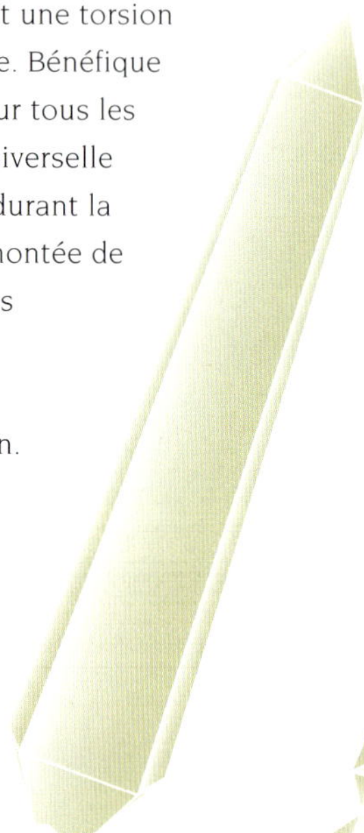

Chemin de vie

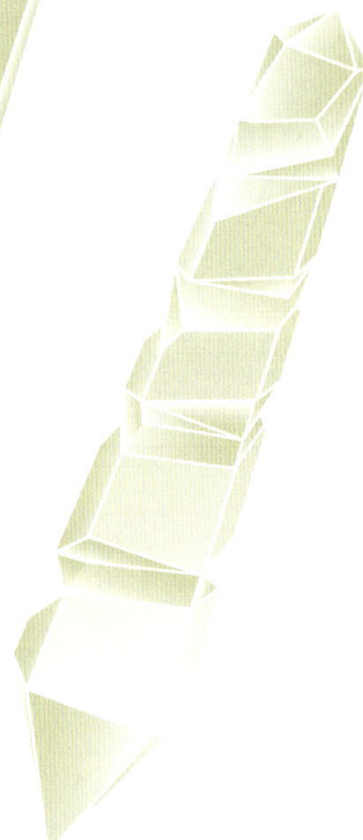

Spiralé

FEUILLE DE QUARTZ

Strate plate, claire, souvent prise entre deux cristaux. Ouvre une fenêtre dans les autres dimensions, facilitant la communication et l'accès aux archives akashiques*. Utilisé pour contacter des vies antérieures importantes et se plonger profondément en soi. Encourage l'usage plénier du potentiel psychique, stimulant le troisième œil*, fortifiant la vision spirituelle et la visualisation. Lors de la méditation, conduit dans un endroit où on peut trouver des réponses.

Feuille de quartz

COMPAGNON

Ce cristal est formé de deux cristaux entremêlés, poussant partiellement l'un sur l'autre, ou d'un petit cristal qui poussé hors du cristal principal. Parfois, un cristal entoure totalement l'autre. Soigne et offre un immense soutien, surtout à des moments difficiles. Aide à mieux comprendre une relation et à se rendre compte de quelle manière un partenaire pourra mieux soutenir l'autre.

Compagnon

Jumeau tantrique

Âme sœur

ÂME SŒUR (JUMEAU TANTRIQUE)

Accomplit exactement ce que suggère son nom – attire une âme sœur – bien que celle-ci puisse ne pas être un partenaire sexuel. Les âmes sœurs (jumeaux tantriques) sont une paire de cristaux pratiquement de la même taille, partant d'une base commune, joints d'un côté, mais avec des extrémités distinctes et séparées. Le terme "tantrique" signifie "union des énergies". Ces cristaux bénéficient aux relations en tous genres. Plus leur taille est semblable, plus le partenariat sera harmonieux.

Transmettant un message fort à propos de l'attachement de deux personnes, enseignent comment être unique et distinct lorsqu'on fait partie d'un partenariat égal. Pour que celui-ci soit heureux, on doit être à l'aise avec soi-même, pour viter de projetter ses problèmes irrésolus sur l'autre. Les jumeaux tantriques aident à se connaître et à s'accepter totalement, ce qui rend possible l'interdépendance et l'intimité dans le couple.

Un cristal jumeau dont les sections ne sont pas égales permet de travailler sur une relation de type mère-fille, père-fils, employeur-employé. Dans cette situation, il suscite plus d'amour inconditionnel et met plus en harmonie les deux personnes.

Un quartz jumelé avec des arcs-en-ciel vifs à travers l'intersection rendra la relation particulièrement harmonieuse. Il faut placer ce cristal dans le coin des relations de la maison ou de la chambre à coucher – le coin de droite le plus éloigné de la porte.

Excellent cristal pour deux individus travaillant ensemble en tant qu'égaux, que ce soit spirituellement ou matériellement. On peut aussi l'utiliser pour harmoniser et intégrer les différents plans du moi. Un jumeau tantrique à double pointe convient parfaitement pour à l'ascension – la vibration élevée qui met le moi supérieur en harmonie avec l'objectif de l'âme.

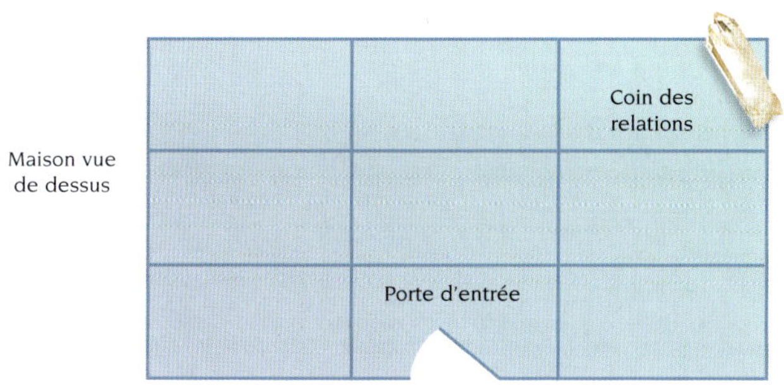

Le coin des relations est le plus éloigné à droite de la porte d'entrée ou de la porte d'une pièce individuelle.

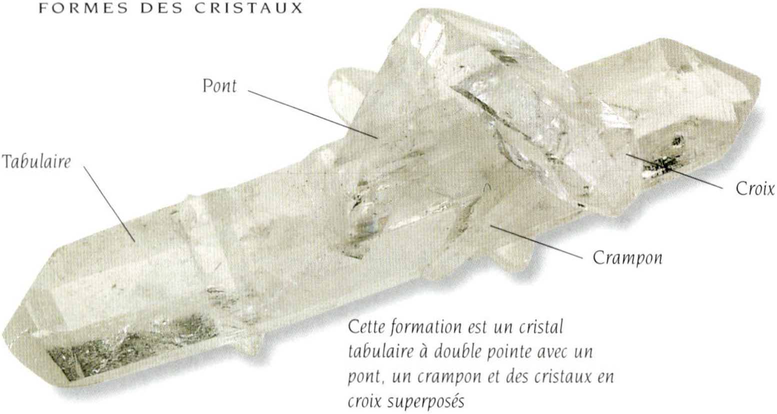

Cette formation est un cristal tabulaire à double pointe avec un pont, un crampon et des cristaux en croix superposés

CRAMPON

Présente de nombreux petits cristaux recouvrant totalement ou partiellement un cristal plus grand. Le grand cristal est censé être "l'âme ancienne" dont la sagesse attire les cristaux plus jeunes. Utile pour méditer sur les problèmes familiaux ou communautaires et pour les gens employés dans le tertiaire. Offre une énergie de groupe cohésive qui renforce le but commun et favorise le travail collectif. Censé être très réconfortant après la perte d'un proche.

CRISTAL PONT

Ce cristal pousse à partir d'un autre cristal, plus grand. Comme son nom le suggère, jette un pont entre les différences et réunit les choses. Utilisé pour rassembler les mondes intérieur et extérieur, le moi supérieur avec l'ego, soi-même avec un autre. Favorise le discours en public, spécialement lorsqu'on essaie de communiquer de nouvelles idées.

CROIX

La croix est formée d'un cristal perpendiculaire par rapport à un autre, généralement plus grand. Stabilisant l'individu en lui-même, ce cristal fait prendre conscience de la multiplicité des mondes et facilite l'étude spirituelle. Élimine les implants* énergétiques, purifie et active les chakras.

BOUDDHA

Le quadrant supérieur du cristal présente une formation ressemblant beaucoup à un Bouddha assis. On trouve celui-ci dans les cristaux clairs comme le quartz et la danburite. Excellent pour l'illumination et pour la méditation profonde, spécialement dans le cadre d'un groupe, qu'il conduit aux plans supérieurs de conscience. Aide à suivre sa voie et agit en tant que guide dans les mondes physique, mental et spirituel. Facilite le transfert de la sagesse ancienne de l'Orient dans l'épiphyse, puis de là dans la conscience.

Bouddha

CHANNELING

Ce cristal présente une face à sept troncatures sur une extrémité et une face triangulaire sur l'extrémité opposée. Comme son nom le suggère, canalise l'énergie curative ou l'information depuis les sources supérieures et aide à exprimer ce qui a été appris. Facilite la transe de channeling. Seules les personnes expérimentées dans ce domaine doivent l'utiliser.

TRANSMETTEUR

Présente deux facettes à sept troncatures, entre lesquelles on trouve deux triangles parfaits. Utilisé pour la guérison à longue distance ou pour la transmission de l'énergie ou de la pensée. Se liant aux vibrations les plus pures possibles, ouvre l'intuition et attire la sagesse et la communication depuis les plans supérieurs.

Transmetteur

TRANS-CHANNELING

Combinaison de cristal channeling et de cristal transmetteur. Formation rare de trois facettes à sept troncatures, entre lesquelles est disposée une face parfaitement triangulaire. Extrêmement créatif, consacré au service de l'humanité, capable d'accéder à la sagesse individuelle et collective la plus élevée, ce cristal fait entrer en jeu la conscience intuitive, quelle que soit la situation.

Trans-channeling

PIERRE DU VOYANT

Pierre naturelle, polie par l'eau, taillée pour révéler un monde intérieur.

Excellente aide pour l'interrogation du destin, elle montre le passé, le présent et l'avenir et conduit au tréfonds du moi. On affirme qu'il est possible de la programmer pour qu'elle conduise à une époque précise du passé en vue d'accéder au savoir de celle-ci.

Pierre du voyant

ISIS (DÉESSE)

Ce cristal présente une facette dominante à cinq troncatures, avec une pointe haute semblable à une pointe de flèche. Extrêmement utile pour soigner tout ce qui est brisé – corps, mental, émotions, esprit. Utile pour intégrer les énergies spirituelles dans le corps émotionnel équilibrant davantage les émotions, qui deviennent ainsi plus joyeuses et atténuant l'identification excessive avec les souffrances des autres. Conduit aux profondeurs de son propre cœur pour la guérison, les intuitions et l'acceptation. Utile pour les hommes qui veulent instaurer un contact plus étroit avec leur nature sensible. Peut aussi aider les enfants sensibles à stabiliser leur nature. Bénéfique pour toute personne confrontée à une transition, spécialement vers le monde suivant.

Isis

Baguette façonnée artificiellement

BAGUETTES

Outils traditionnels des chamanes, des guérisseurs et des métaphysiciens, les baguettes chargées de la magie du mythe et de la légende sont censées avoir servi aux guérisseurs très évolués de l'Atlantide. Nombre de praticiens actuels sont persuadés que les baguettes de cette époque immémoriale refont surface, rendues encore plus puissantes par leur programmation.

Les baguettes focalisent l'énergie dans un faisceau étroit sortant de leur extrémité. Formées naturellement, la plupart sont en outre façonnées artificiellement. Les longs cristaux pointus comme le quartz laser font d'excellents outils curatifs. La faculté curative des baguettes s'accroît grandement lorsqu'elles sont programmées avec intention (voir page 29). En utilisant une baguette, il est important de laisser l'énergie curative universelle descendre consciemment à travers le chakra* couronne jusqu'à la main qui tient l'outil, en passant par le bras. En arrivant dans la main, l'énergie est amplifiée et transmise au patient. Il ne faut surtout pas avoir recours à sa propre énergie, qui sera inefficace. De plus, lorsqu'il faudra se guérir soi-même on se sentira épuisé et faible.

BAGUETTE DE QUARTZ

Une longue baguette de quartz clair, naturelle ou façonnée, émet tant de l'énergie positive que de l'énergie négative. Selon les besoins, amplifie fortement l'énergie et la focalise là où elle est nécessaire, ou l'absorbe et la dissipe. Le quartz sert à trouver la cause sous-jacente du mal-être* et à la transformer. Identifie la zone de blocage ou de faiblesse dans le corps physique ou l'aura*, puis la soigne.

QUARTZ LASER

Long cristal fin, naturellement formé, qui s'effile vers la pointe, et dont les faces sont très étroites. Ses côtés sont souvent légèrement courbés. Extrêmement puissant, à utiliser avec prudence – ne jamais le diriger vers quelqu'un au hasard, s'en servir uniquement avec une intention claire. Si ces conseils sont respectés, il fera un merveilleux outil de guérison.

Le quartz laser focalise, concentre et accélère l'énergie le traversant en un faisceau étroit agissant comme un laser. Approprié pour la chirurgie psychique, stimule les points d'acupuncture, atteint d'infimes structures du corps, comme l'épiphyse ou l'hypophyse, effectue un travail de précision sur le corps physique ou les corps subtils. Cette baguette est capable d'éliminer les entités ou les attaches contraignantes avec d'autres personnes et de trancher la négativité de tous types. Protège l'aura et le corps physique. Sur le plan mental ou émotionnel, écarte les attitudes inappropriées, les modèles de pensée obsolètes et les blocages énergétiques.

Quartz laser

QUARTZ À INCLUSIONS DE TOURMALINE

Baguette de quartz parsemé d'éclats de tourmaline, très efficace pour toute personne "renfermée", de par le stress ou un traumatisme. Crée en douceur une ouverture permettant à l'énergie curative de circuler dans le corps, réalignant et rechargeant en énergie les méridiens* et les organes. Purifie et réapprovisionne les chakras* et l'aura*, offrant une excellente protection. Élimine les modèles et les comportements destructeurs amenés des vies précédentes et atténue la négativité de la vie présente susceptible de s'enraciner et d'être emportée dans la vie suivante. Comble le vide par la confiance en soi et le sentiment de sa valeur personnelle, empêchant ainsi le retour de la négativité.

BAGUETTE DE TOURMALINE

Les baguettes naturelles de tourmaline font de bons outils de guérison. Purifient l'aura, éliminent les blocages, dissipent l'énergie négative et mettant en évidence des solutions à des problèmes spécifiques. Parfaites pour équilibrer et connecter les chakras. Sur le plan physique, rééquilibrent les méridiens énergétiques.

Baguettes naturelles de tourmaline

BAGUETTE DE VOGEL

Baguettes de type Vogel

Possède une signature vibratoire très précise. Les facettes d'une baguette de quartz sont façonnées à des angles spécifiques, pour former un outil curatif efficace, doté d'une vibration très élevée et pure. Les pouvoirs et les propriétés de ces baguettes varient en fonction du nombre de facettes. L'extrémité la plus courte, plus "joufflue", est féminine et attire l'énergie pranique qui sera amplifiée lorsqu'elle spirale à travers les facettes de quartz. L'extrémité plus longue et plus mince est masculine et émet l'énergie dans un faisceau très étroit, pareil à un laser. Ces baguettes sont parfaites pour connecter les chakras, écarter les entités attachées* et la négativité. Détectent et corrigent les blocages énergétiques et attirent les champs énergétiques autour du corps et à l'intérieur de celui-ci.

Doivent être programmées et employées d'une manière très précise, de préférence après avoir suivi une formation appropriée.

BAGUETTE DE FLUORITE

Façonnée artificiellement, le plus souvent à partir d'un mélange de fluorite verte et pourpre. Son énergie est extrêmement apaisante. Passée sur la peau, soulage la douleur et les inflammations. Même une petite baguette absorbe un immense volume de stress. Il faut la nettoyer pour évite tout risque de craquelure. On suggère souvent d'immerger la baguette dans l'eau pour la purifier, l'eau étant retournée à la terre pour transmuer la douleur.

BAGUETTE D'OBSIDIENNE

Idéale lorsque des énergies négatives doivent être éliminées du corps émotionnel et quand le patient est prêt à les laisser aller. Après les avoir éliminées, la baguette d'obsidienne protégera l'aura* et connectera avec la terre, indiquant la voie à suivre. Sert au diagnostic et à l'identification de l'emplacement des blocages.

BAGUETTE D'AMÉTHYSTE

Outil parfait pour ouvrir le chakra* des sourcils et activer l'épiphyse en vue de stimuler la vision intuitive. Élimine aussi les blocages du chakra sacral et de l'aura. Peut servir à fortifier une aura faible et fournir une protection.

Baguettes de cristal spécialement façonnées

BAGUETTE DE QUARTZ ROSE

Imprégnée d'une merveilleuse paix, elle est excellente pour calmer la détresse émotionnelle et soigner le chagrin. Agit aussi très bien pour tout état d'agitation ou d'anxiété. Le pouls battant la chamade et la pression sanguine élevée reviennent rapidement à la normale sous l'influence apaisante de ce cristal. Si les chakras tournoient de façon erratique, le quartz rose stabilisera instantanément l'énergie et harmonisera les choses.

BAGUETTE DE QUARTZ FUMÉ

Excellente pour ancrer l'énergie négative et pour la protection. Ancre l'énergie du chakra racine en la connectant au chakra de la Terre. Purifie ce chakra* dans le corps éthérique et neutralise l'effet de tout stress géopathique*. À utiliser partout où l'énergie négative doit être éliminée du corps.

Baguette naturelle de quartz fumé

BAGUETTE DE SÉLÉNITE

Possède une vibration très pure. Sert à détacher les entités de l'aura ou à prévenir toute influence extérieure sur le mental.

Baguette naturelle de sélénite

RÉFÉRENCE RAPIDE

Vous trouverez aux pages suivantes un guide des correspondances entre les cristaux et le zodiaque, les parties du corps, les chakras* et l'aura*, des suggestions d'arrangements, de réseaux, de préparation des remèdes des cristaux. Ces informations aideront à choisir des cristaux et enseigneront quelques principes généraux à leur sujet.

Les arrangements pour la guérison et la protection s'adaptent facilement à vos besoins. Trouvez l'arrangement convenant le mieux à votre intention, identifiez les cristaux nécessaires dans le tableau des correspondances avec les parties du corps ou dans l'Index. Leurs propriétés mentionnées dans le Répertoire affineront votre choix. Placez-les comme montré dans l'arrangement ou avec de légères variations, en fonction de votre besoin spécifique. Si vous êtes en quête d'amour, choisissez l'arrangement curatif du chakra* du cœur, comprenant des cristaux tels que le quartz rose, la rhodochrosite, la rhodonite et la kunzite. Adulte, ajoutez l'aventurine verte qui favorise l'amour à un âge plus avancé. Si vous voulez de la passion, le jaspe rouge et la tourmaline verte sont parfaits. Votre intuition vous aidera à choisir la combinaison de cristaux répondant à vos besoins spécifiques.

LES CRISTAUX ET LE ZODIAQUE

Les pierres du mois ancrent et amplifient les énergies célestes. Chacun des 12 signes du zodiaque a des affinités traditionnelles avec un cristal, certaines liées au mois de naissance, d'autres aux planètes. Quand de nouveaux cristaux sont découverts, ils sont alloués à un signe, comme suit.

Grenat

BÉLIER 21 mars – 19 avril	Rubis, Diamant, Améthyste, Aigue-marine, Aventurine, Pierre de sang, Cornaline, Citrine, Diamant, Agate feu, Grenat, Jadéite, Jaspe, Kunzite, Magnétite, Tourmaline rose, Spinelle orange, Rubis, Spinelle, Topaze
TAUREAU 20 avril – 20 mai	Émeraude, Topaze, Aigue-marine, Azurite, Spinelle noir, Boji, Diamant, Émeraude, Cyanite, Kunzite, Lapis-lazuli, Malachite, Quartz rose, Rhodonite, Saphir, Sélénite, Œil-de-tigre, Topaze, Tourmaline, Variscite
GÉMEAUX 21 mai – 20 juin	Tourmaline, Agate, Apatite, Apophyllite, Aigue-marine, Spinelle bleu, Calcite, Chrysocolle, Chrysoprase, Citrine, Agate dendritique, Obsidienne verte, Tourmaline verte, Saphir, Serpentine, Quartz à rutiles, Quartz à tourmalines, Œil-de-tigre, Topaze, Variscite, Zoïsite, Ulexite
CANCER 21 juin – 22 juillet	Pierre de lune, Perle, Ambre, Béryl, Spinelle brune, Cornaline, Calcite, Calcédoine, Chrysoprase, Émeraude, Pierre de lune, Opale, Tourmaline rose, Rhodonite, Rubis, Agate mousse, Agate feu, Agate dendritique
LION 23 juillet – 22 août	Œil-de-tigre, Œil-de-chat, Rubis, Ambre, Boji, Cornaline, Chrysocolle, Citrine, Danburite, Émeraude, Agate feu, Grenat, Béryl doré, Tourmaline verte et rose, Kunzite, Larimar, Muscovite, Onyx, Calcite orange, Pétalite, Pyrolusite, Quartz, Obsidienne rouge, Rhodochrosite, Rubis, Topaze, Turquoise, Spinelle jaune
VIERGE 23 août – 22 septembre	Péridot, Sardonyx, Amazonite, Ambre, Topaze bleue, Dioptase, Cornaline, Chrysocolle, Citrine, Grenat, Magnétite, Pierre de lune, Agate mousse, Opale, Péridot, Obsidienne pourpre, Rubellite, Quartz à rutiles, Saphir, Sodalite, Sugilite, Smithsonite, Okénite

BALANCE 23 septembre– 22 octobre	Saphir, Opale, Amétrine, Apophyllite, Aigue-marine, Aventurine, Pierre de sang, Chiastolite, Chrysolite, Émeraude, Spinelle vert, Tourmaline verte, Jade, Kunzite, Lapis-lazuli, Lépidolite, Obsidienne acajou, Pierre de lune, Opale, Péridot, Saphir, Topaze, Préhnite, Pierre de soleil
SCORPION 23 octobre – 21 novembre	Topaze, Malachite, Larmes d'Apache, Aigue-marine, Béryl, Charoïte, Dioptase, Émeraude, Grenat, Tourmaline verte, Diamant de Herkimer, Kunzite, Malachite, Pierre de lune, Obsidienne, Spinelle rouge, Rhodochrosite, Rubis, Topaze, Turquoise, Hiddénite, Variscite, Boji
SAGITTAIRE 22 novembre – 21 décembre	Topaze, Turquoise, Améthyste, Azurite, Agate Blue Lace, Calcédoine, Charoïte, Spinelle bleu foncé, Dioptase, Grenat, Obsidienne dorée, Labradorite, Lapis-lazuli, Malachite, Obsidienne à flocons de neige, Tourmaline rose, Rubis, Quartz fumé, Spinelle, Sodalite, Sugilite, Turquoise, Wulfénite, Okénite
CAPRICORNE 22 décembre – 19 janvier	Jais, Ambre, Azurite, Cornaline, Fluorite, Grenat, Galène, Tourmaline verte et noire, Labradorite, Magnétite, Malachite, Onyx, Péridot, Quartz, Rubis, Quartz fumé, Turquoise, Aragonite
VERSEAU 20 janvier – 18 février	Aigue-marine, Améthyste, Ambre, Angélite, Célestite bleue, Obsidienne bleue, Boji, Chrysoprase, Fluorite, Labradorite, Magnétite, Pierre de lune, Atacamite
POISSONS 19 février – 20 mars	Pierre de lune, Améthyste, Aigue-marine, Béryl, Pierre de sang, Agate Blue Lace, Calcite, Chrysoprase, Fluorite, Pierre de lune, Labradorite, Turquoise, Smithsonite, Pierre de soleil

Quartz fumé

Améthyste

Citrine

Kunzite rose

LES CRISTAUX ET LES CHAKRAS

Pour guérir et équilibrer les chakras*, on place pendant 15 minutes un cristal approprié sur le chakra concerné – sur la partie antérieure ou postérieure du corps, ce qui convient le mieux. Pour effectuer certaines tâches, les cristaux sont placés sur tous les chakras, du dessus de la tête jusque sous les pieds.

ANCRER L'ÉNERGIE DEPUIS LE CHAKRA COURONNE AU CHAKRA RACINE : Quartz fumé
OUVRIR ET PURIFIER TOUS LES CHAKRAS : Ambre, Agate dendritique, Malachite
PURIFIER ET PROTÉGER TOUS LES CHAKRAS : Tourmaline, Grenat
ALIGNER : Boji, Kunzite jaune, Cyanite
ÉLEVER : Turquoise
PURIFIER LES CHAKRAS INFÉRIEURS : Pierre de sang

TRANSPERSONNEL	Kunzite, Apophyllite, Célestite, Muscovite, Sélénite, Pétalite, Azeztulite, Phénacite
COURONNE	Moldavite, Citrine, Quartz, Serpentine rouge, Jaspe pourpre, Tourmaline claire, Béryl doré, Lépidolite, Saphir pourpre
TROISIÈME ŒIL	Apophyllite, Sodalite, Moldavite, Azurite, Diamant de Herkimer, Lapis-lazuli, Grenat, Fluorite pourpre, Kunzite, Lépidolite, Malachite avec Azurite, Saphir royal, Obsidienne bleu acier, Azeztulite, Atacamite
GORGE	Azurite, Turquoise, Améthyste, Aigue-marine, Topaze bleu, Tourmaline bleue, Ambre, Kunzite, Améthyste, Lépidolite, Obsidienne bleue, Petalite
MAÎTRE DU CŒUR	Dioptase, Kunzite
CŒUR	Quartz rose, Quartz cloriteux, Aventurine, Kunzite, Variscite, Muscovite, Calcite rouge, Rhodonite, Tourmaline melon d'eau, Tourmaline rose, Tourmaline verte, Péridot, Apophyllite, Lépidolite, Morganite, Danburite rose, Rubis, Chrysocolle, Saphir vert
PLEXUS SOLAIRE	Malachite, Jaspe, Œil-de-tigre, Citrine, Tourmaline jaune, Béryl doré, Rhodochrosite, Smithsonite

SACRAL	Jaspe bleu, Jaspe rouge, Cornaline orange, Topaze, Calcite orange, Citrine
RACINE	Azurite, Pierre de sang, Chrysocolle, Obsidienne, Topaze jaune doré, Tourmaline noire, Cornaline, Citrine, Jaspe rouge, Quartz fumé
TERRE	Boji, Agate feu, Jaspe brun, Quartz fumé, Cuprite, Hématite, Obsidienne acajou, Tourmaline, Rhodonite,

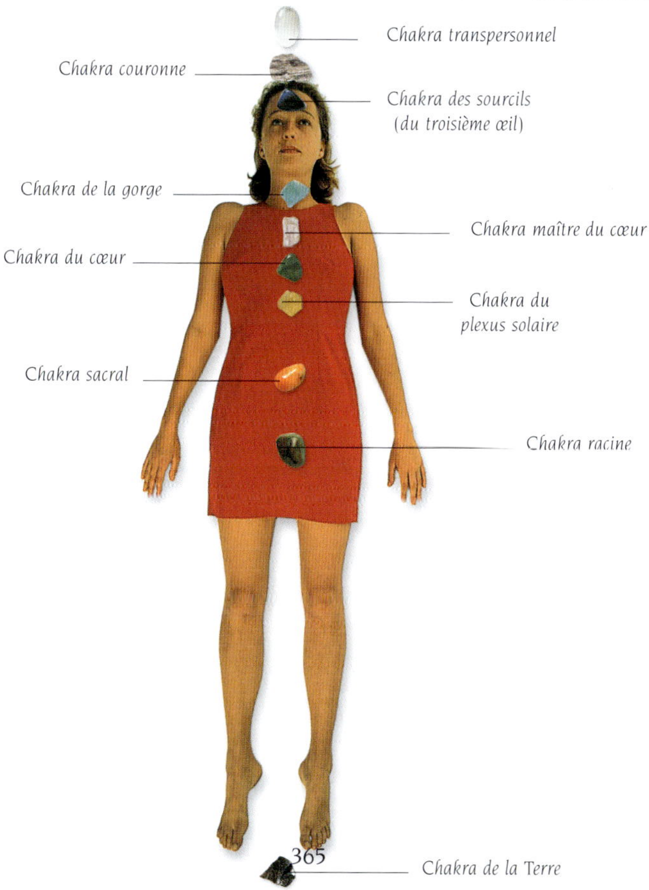

LES CRISTAUX ET L'AURA

Portez ou placez les cristaux suivants sur votre corps à environ une largeur de main de distance pour accomplir les fonctions ci-dessous.

Larmes d'Apache

Pierre de sang

AMBRE	Ancien protecteur. Aligne l'aura* avec le corps physique, le mental et l'esprit. Extrait l'énergie négative et purifie ainsi l'aura.
AMÉTHYSTE	Purifie en douceur l'aura, ferme les déchirures et la protège en inspirant l'énergie divine.
LARMES D'APACHE (OBSIDIENNE NOIR CLAIR)	Protège en douceur l'aura en empêchant l'absorption des énergies négatives.
JADE NOIR	Garde l'aura contre la négativité.
PIERRE DE SANG	Purificateur éthérique très bénéfique pour l'aura.
CITRINE	Purifie et aligne l'aura, comblant les brèches.
FLUORITE ET TOURMALINE	Fournit un bouclier psychique.
TOURMALINE VERTE	Guérit les trous dans l'aura.
JAIS	Protège l'aura des pensées négatives des gens.
LABRADORITE	Empêche les fuites d'énergie. Protège en alignant l'énergie spirituelle.
MAGNÉTITE	Fortifie l'aura.
QUARTZ	Purifie, protège et accroît le champ aurique, scellant les trous.
KUNZITE ET SÉLÉNITE	Écarte de l'aura les influences mentales.
PETALITE	Vibration la plus élevée. Libère l'aura du karma négatif et des entités.
QUARTZ FUMÉ	Ancre l'énergie et dissout les modèles négatifs enfermés dans l'aura.

L'ENVELOPPE BIOMAGNÉTIQUE

L'aura et ses corps éthériques, avec les points de relation avec les chakras (voir page 364).

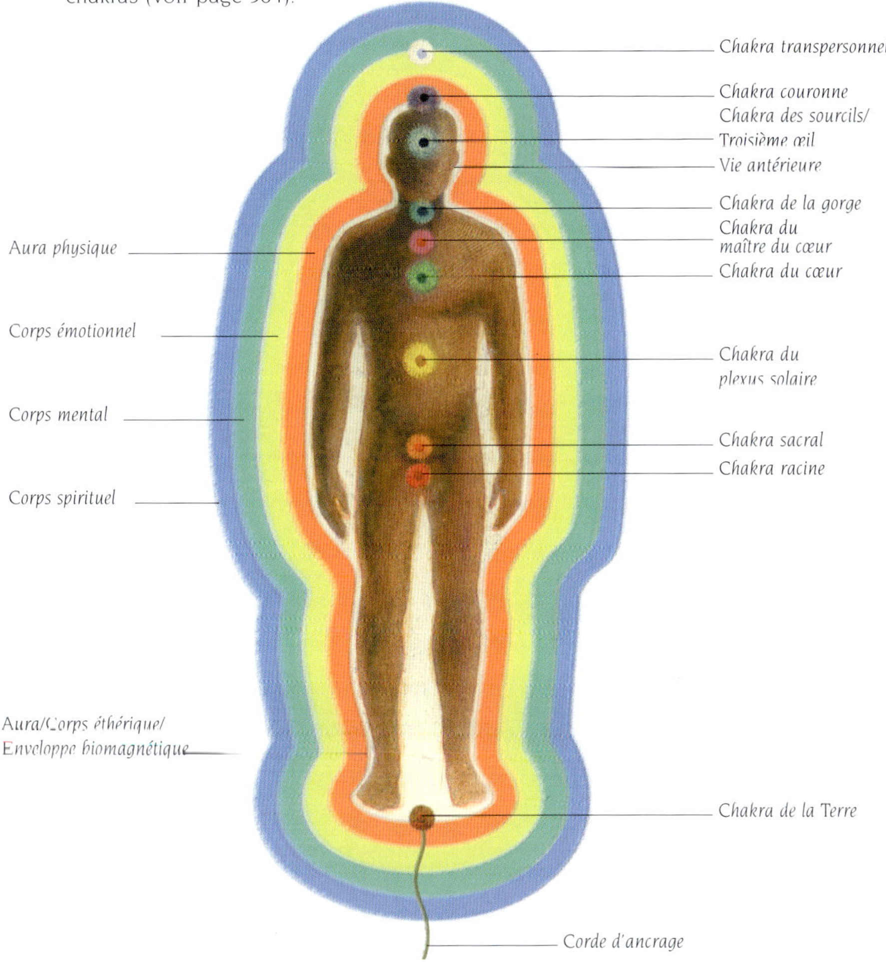

CORRESPONDANCES DES CRISTAUX

Placez un cristal approprié sur l'organe pour rétablir son équilibre, pour le stimuler ou pour le calmer, selon les besoins.

Obsidienne rouge-noir

Péridot

CERVEAU	Ambre, Tourmaline verte, Tourmaline bleu foncé, Béryl, Agate Blue Lace
OREILLE	Ambre, Obsidienne à flocons de neige et rouge-noir, Célestite, Rhodonite, Calcite orange
YEUX	Aigue-marine, Béryl, Calcédoine, Chrysoprase, Saphir, Charoïte, Tourmaline bleu foncé, Célestite, Fluorite bleue, Agate feu, Œil-de-chat, Calcite orange
DENTS	Aigue-marine, Quartz à rutiles, Fluorite
COU	Aigue-marine, Quartz
ÉPAULES	Sélénite
MUSCLES	Cuprite, Magnétite, Danburite
POUMONS	Béryl, Tourmaline rose, Péridot, Rhodonite, Ambre, Dioptase, Kunzite, Lapis-lazuli, Turquoise, Rhodochrosite, Sardonyx, Tourmaline bleue, Chrysocolle, Émeraude, Morganite
RATE	Ambre, Aigue-marine, Azurite, Pierre de sang, Calcédoine, Obsidienne rouge
ESTOMAC	Fluorite verte, Agate feu, Béryl
INTESTINS	Béryl, Péridot, Célestite, Fluorite verte
APPENDICE	Chrysolite
BRAS	Malachite, Jadéite
PROSTATE	Chrysoprase
TESTICULES	Jadéite, Topaze, Cornaline, Variscite
MAINS	Moldavite, Aigue-marine, Pierre de lune
SQUELETTE	Amazonite, Azurite, Chrysocolle, Calcite, Cuprite, Fluorite, Agate dendritique, Fluorite pourpre, Sardonyx, Pyrite de fer
SYSTÈME NERVEUX/TISSU NEUROLOGIQUE	Ambre, Jade vert, Lapis-lazuli, Tourmaline verte, Agate dendritique

MOELLE OSSEUSE	Fluorite violette
ÉPIPHYSE	Rhodonite qualité gemme
HYPOPHYSE	Piétersite
MÂCHOIRE	Aigue-marine
GORGE	Aigue-marine, Béryl, Lapis-lazuli, Tourmaline bleue, Ambre, Jaspe vert
THYROÏDE	Ambre, Aigue-marine, Azurite, Tourmaline bleue, Citrine
THYMUS	Aventurine, Tourmaline bleue
CŒUR	Cuprite, Quartz rose, Charoïte, Rhodonite, Grenat, Dioptase
FOIE	Aigue-marine, Béryl, Pierre de sang, Cornaline, Jaspe rouge, Charoïte, Danburite
VÉSICULE BILIAIRE	Cornaline, Jaspe, Topaze, Calcite, Citrine, Quartz jaune, Œil-de-tigre, Calcédoine, Danburite
REINS	Aigue-marine, Béryl, Pierre de sang, Hématite, Jadéite, Néphrite, Quartz rose, Citrine, Calcite orange, Quartz fumé, Ambre, Muscovite
PANCRÉAS	Tourmaline rouge, Agate Blue Lace, Chrysocolle
COLONNE VERTÉBRALE	Grenat, Tourmaline, Labradorite, Béryl
TROMPES DE FALLOPE	Chrysoprase
SYSTÈME REPRODUCTEUR FÉMININ	Cornaline, Pierre de lune, Chrysoprase, Ambre, Topaze, Unakite
VESSIE	Topaze, Jaspe, Ambre, Calcite orange
SYSTÈME CIRCULATOIRE ET SANG	Améthyste, Pierre de sang, Calcédoine, Cuprite, Hématite, Jaspe rouge
VEINES	Variscite, Pyrolusite, Obsidienne à flocons de neige
GENOUX	Azurite, Jadéite
ARTICULATIONS	Calcite, Azurite, Rhodonite, Magnétite
PEAU	Azurite, Jaspe brun, Jaspe vert
PIEDS	Onyx, Quartz fumé, Apophyllite

Béryl

Cornaline rouge

Agate feu

SYSTÈME ENDOCRINIEN	Ambre, Améthyste, Jaspe jaune, Tourmaline rose, Agate feu
SYSTÈME IMMUNITAIRE	Améthyste, Tourmaline noire, Lapis-lazuli, Malachite, Turquoise
TRAJET DIGESTIF	Chrysocolle, Jade rouge, Jaspe vert
MÉTABOLISME	Améthyste, Sodalite, Pyrolusite
DOS	Malachite, Saphir, Lapis-lazuli
BAS DU DOS	Cornaline
CAPILLAIRES	Agate dendritique

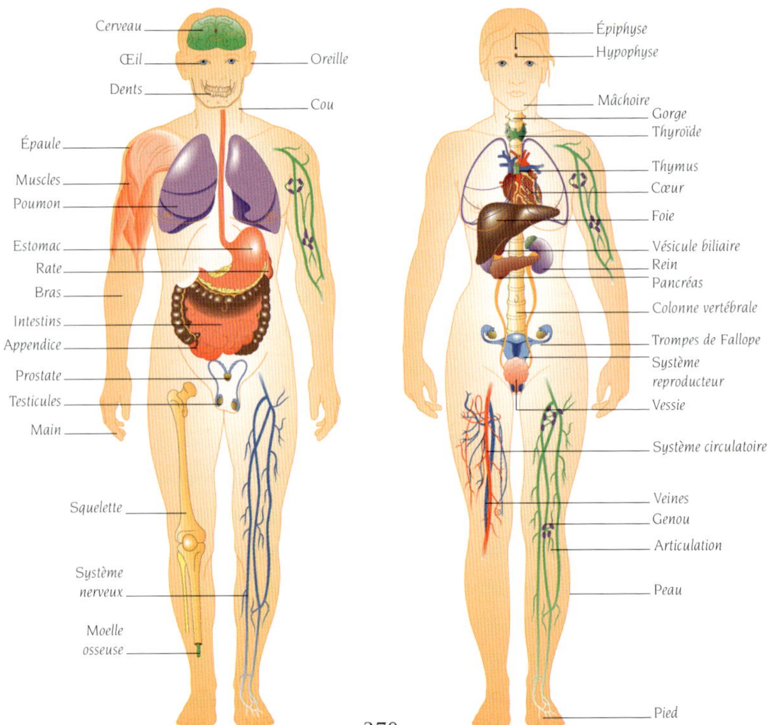

REMÈDES DES GEMMES

Les puissantes vibrations des cristaux sont faciles à transférer à l'eau. Les remèdes des pierres précieuses – élixirs ou essences – sont pris par voie interne, sauf si la pierre est toxique, appliqués sur la peau ou versés dans l'eau du bain. Les remèdes comme la tourmaline noire peuvent être mis dans un humidificateur et vaporisés dans la pièce.

PRÉPARATION D'UN ÉLIXIR À BASE DE CRISTAUX

Placez un cristal propre, non friable, dans un bol en verre rempli d'eau de source. (Les pierres friables ou toxiques sont placées dans un petit bocal en verre, puis dans le bol – méthode indirecte.) Placez le bol au soleil pendant 12 heures, puis retirez le cristal et mettez la teinture-mère dans une bouteille en verre hermétiquement fermée. Pour garder plus d'une semaine, ajoutez 50 % de cognac ou de vodka (conservateur). Placez dans le noir, au frais. Versez dans l'eau du bain ou préparez un flacon doseur (voir page 372).

Méthode directe de préparation des remèdes de cristaux

Mise de l'élixir en bouteille

PRÉPARER UN FLACON DOSEUR

Mettez 7 gouttes de teinture-mère dans un flacon doseur en verre. Complétez avec un tiers de cognac et deux tiers d'eau si le remède est à prendre par voie interne ou à appliquer sur la peau. Pour des gouttes oculaires, n'ajoutez pas d'alcool. Prenez 7 gouttes 3 fois par jour. (Note : Certains remèdes sont uniquement à usage externe.)

AGATE BLUE LACE	Traite les infections oculaires.
TOURMALINE NOIRE	Offre protection psychique et garde du brouillard électromagnétique*. Soulage les effets du décalage horaire, élimine l'énergie toxique des émotions, du mental et du corps.
MALACHITE	Harmonise le physique, le mental, l'émotionnel et le spirituel, ancre le corps. Utiliser seulement une pierre roulée.
FLUORITE	Détruit les blocages du corps éthérique. Antiviral.
JADÉITE	Guérit les affections oculaires, apporte la paix.
AMAZONITE	Équilibre le métabolisme.
JASPE VERT	Rétablit les biorythmes et la sexualité naturelle.
HÉMATITE	Fortifie les limites.
KUNZITE	Ouvre le cœur.
AMBRE	Agit comme antibiotique, guérit les troubles de la gorge.
BÉRYL DORÉ	Gargarisme pour le mal de gorge.
PIERRE DE SANG	Laisse aller la constipation et la stagnation émotionnelle.
CHAROÏTE	Excellent purificateur du corps.
DIAMANT HERKIMER	Favorise la vision psychique et le souvenir des rêves.
AGATE MOUSSE	Traite les infections fongiques.

Agate mousse

Tourmaline noire

ARRANGEMENTS ET RÉSEAUX DE CRISTAUX

Des cristaux placés sur le corps ou autour de celui-ci soulagent rapidement le mal-être*. Les cristaux forment un cristal autour du lit ou de la maison. Les cristaux stimulent le système immunitaire, allègent le stress, protègent du stress géopathique* ou du brouillard électromagnétique*, améliorent la mémoire. Programmez les cristaux avant de les utiliser.

ALLÉGER LE STRESS

Prenez 8 morceaux d'améthyste et disposez-les autour de votre corps, éloignés d'une largeur de main, la pointe vers vous. Placez-en un entre vos pieds, légèrement en dessous, un autre au-dessus de la tête, deux au niveau du cou, deux au niveau des hanches et deux au niveau des chevilles. Fermez les yeux et relaxez-vous au minimum 10 minutes (20 si possible). Laissez-les en position pendant la nuit, ou disposez-les autour du lit.

STIMULER LE SYSTÈME IMMUNITAIRE

Traitement court. Placez la smithsonite rose sur le cœur, la tourmaline verte sur le thymus, au-dessus du cœur, le quartz pointe vers le haut au-dessus de la tête. Placez 8 cristaux de malachite autour du corps. Laissez-les de 15 à 20 minutes.

Traitement long. Durant le sommeil, collez une tourmaline verte sur le thymus, une smithsonite rose à chaque coin du lit et une sous l'oreiller.

Smithsonite rose

DISPOSITION DES CHAKRAS

Placez une pierre brune entre les pieds, légèrement en dessous d'eux, une rouge sur le chakra racine, une orange au-dessous du nombril, une jaune sur le plexus solaire, une rose sur le cœur, une bleue sur la gorge, une indigo sur le troisième œil, une violette sur le chakra couronne, une blanche à vibration élevée au-dessus de la tête et une kunzite sur le chakra maître du cœur.

Tourmaline verte

FORMER UN RÉSEAU AUTOUR DE LA MAISON

Placez à chaque coin de la maison ou de la pièce la tourmaline noire (pour protection, stress géopathique* ou brouillard électromagnétique*), la sélénite (pour protection et direction angélique) ou la sardonyx (protection contre le crime). Si possible, placez un grand morceau de cristal à l'extérieur de la porte principale.

ARRANGEMENT POUR LA MÉMOIRE

Fortification de la mémoire – deux citrines ou fluorites jaunes. Clarté mentale – calcite verte. Intuition – azurite. Placez les cristaux jaunes des deux côtés de la tête, au niveau des oreilles, la calcite verte sur le sommet de la tête, l'azurite sur le troisième œil*. Laissez 20 minutes.

GUÉRIR LE CŒUR

Placez 7 quartz roses, 1 dioptase et 1 tourmaline melon d'eau comme montré et laissez 20 minutes. On peut ajouter 4 cristaux d'améthyste, la pointe vers l'extérieur, pour éliminer tout déséquilibre émotionnel qui bloque le cœur.

Positionnement pour le cœur

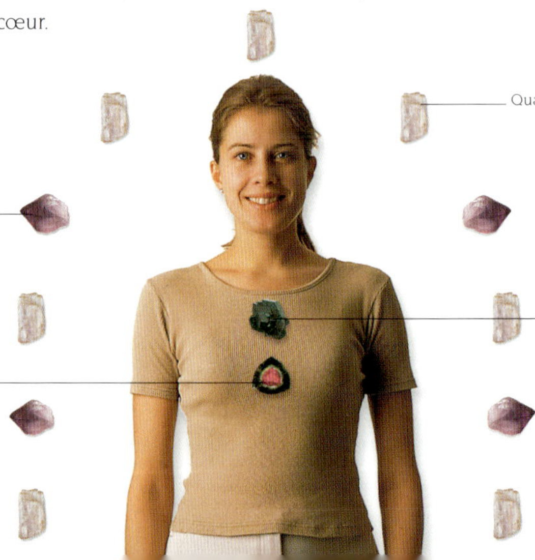

SIGNIFICATIONS ORACULAIRES

Les cristaux ont des significations traditionnelles. Pour une réponse rapide, placez quelques-uns des cristaux énumérés ci-dessous dans un sachet. Concentrez-vous sur la question. Tirez un cristal au hasard et regardez les significations qui lui sont attribuées pour trouver la réponse. Si deux ou trois cristaux tombent dans votre main, lisez leurs significations.

AMÉTHYSTE	Un changement de vie et de conscience. Fidélité en amour, affranchissement de la jalousie.
AGATE	Réussite matérielle ou surprise agréable. Bonne santé, fortune et longévité. Particulièrement chanceuse pour les gens liés à la terre.
AGATE BLUE LACE	Besoin de guérison.
AGATE NOIRE	Courage et prospérité nécessaires.
AGATE ROUGE	Santé et longévité .
PIERRE DE SANG	Surprise désagréable, mais peu susceptible d'être une maladie.
JASPE ROUGE	Faites attention aux affaires de la vie
AVENTURINE	La croissance et l'expansion sont possibles à l'avenir.
GRENAT	Une lettre est en route.
CITRINE	La sagesse céleste vous conseille.
DIAMANT OU QUARTZ CLAIR	Permanence. Progression dans les affaires. Si le cristal perd son éclat, trahison.
ÉMERAUDE	Fertilité ou un admirateur secret. Couleur pâlie, l'amour s'estompe.
HÉMATITE	De nouvelles occasions arrivent.
JADE	Besoin d'immortalité et de perfection, qui seront trouvées.
LAPIS-LAZULI	Faveur divine .
QUARTZ	Clarifiez les questions posées et celles qui émergent.

Agate mousse

Opale

QUARTZ ROSE	Besoin d'amour et d'autoguérison, qui viendront.
QUARTZ LAITEUX	De grands changements sont en route.
RUBIS	Pouvoir et passion, chance et amitié, mais méfiez-vous des inconnus.
SAPHIR	Vérité et chasteté. Le passé vous rattrapera.
OBSIDIENNE À FLOCONS DE NEIGE	Fin d'une époque de défis.
ŒIL-DE-TIGRE	Tout n'est pas ce qu'il semble être.
UNAKITE	Compromis et intégration.
OPALE	Mort ou fin. Si le cristal perd son éclat, infidélité de l'amoureux.
SARDONYX	Un mariage en perspective.
TOPAZE	Soyez prudent.
TURQUOISE	Un voyage est imminent.

Obsidienne à flocons de neige

INVOQUER L'AMOUR

Les cristaux peuvent être utilisés pour des rituels ; voici un exemple se servant de quartz rose pour invoquer l'amour. Il vous faut quatre morceaux de quartz rose et un grand morceau d'améthyste, des bougies et des bougeoirs (éventuellement en quartz rose).

1 Placez vos cristaux et quatre bougies sur une table couverte d'une nappe en soie. Placez une bougie au nord, pour accueillir les esprits de cette direction en l'allumant. Placez les autres au sud, à l'est et à l'ouest, et accueillez les esprits de chaque direction en allumant tour à tour les bougies. Demandez aux esprits d'agir comme gardiens et de vous protéger.

2 Prenez vos cristaux de quartz rose entre vos mains asseyez-vous devant la table (si les cristaux sont grands, prenez-les un à un). Fermez les yeux et accordez-vous sereinement aux cristaux. Laissez leur énergie traverser vos mains, monter sur les bras et pénétrer dans le cœur. Quand l'énergie atteint celui-ci, il s'ouvre et s'élargit. Le quartz rose est un puissant purificateur et guérisseur du cœur. Laissez ses énergies purifier votre cœur.

3 Dites à haute voix : "Je suis un aimant pour l'amour. J'accueille l'amour dans mon cœur." Placez les cristaux autour de l'améthyste sur la table et dites à haute voix : "Et l'amour dans ma vie". Restez assis tranquillement un bon moment, fixant les cristaux du regard. Lorsque vous êtes prêt à achever le rituel, levez-vous et soufflez tour à tour les bougies, en disant : "J'envoie votre lumière et amour dans le monde." Laissez les cristaux sur la table ou placez-les autour de votre lit.

GLOSSAIRE

ÂME ÉLEVÉE. La partie d'un GROUPE D'ÂMES qui résonne à une fréquence supérieure et dirige la progression spirituelle du groupe. *Voir aussi* GROUPE D'ÂMES.

ANCRAGE. Création d'un lien solide entre soi-même et la planète Terre, permettant aux énergies en excès et déséquilibrées de quitter le corps.

ARCHIVES AKASHIQUES. Dans la pensée ésotérique, entrepôt au-delà du temps et de l'espace, renfermant des données sur tout ce qui s'est passé et se passera dans l'univers.

ATTACHES DES ÂMES. Les liens entre les membres d'un GROUPE D'ÂMES.

ATTAQUE PSYCHIQUE. Pensées ou sentiments malfaisants dirigés consciemment ou non vers une autre personne, susceptibles de provoquer une maladie ou une perturbation dans la vie de celle-ci.

AURA. Enveloppe biomagnétique subtile entourant le corps physique d'une zone protectrice épaise de 50 à 90 cm et renfermant des informations sur l'état physique, mental, émotionnel et spirituel d'une personne. Nom traditionnel du champ énergétique humain, du grec *avra*, "souffle". Le regard intuitif peut voir le mal-être dans l'aura. *Voir aussi* CORPS ÉTHÉRIQUE.

BIBLIOTHÈQUE DE LUMIÈRE. Dépôt énergétique de la guérison et du savoir.

BROUILLARD ÉLECTROMAGNÉTIQUE. Champ électromagnétique subtil mais détectable, qui peut avoir un effet nuisible sur les personnes sensibles. Le brouillard est émis par les lignes électriques et des appareils comme les ordinateurs, les téléphones portables, les télés.

CHAKRA. Vortex tourbillonnant d'énergie subtile. Le terme vient du sanskrit *chakram*, "roue", car ces centres apparaissent aux clairvoyants et aux yogis comme des disques tournants de lumière. Le système de canaux et de centres énergétiques subtils est à la base des MÉRIDIENS et des points d'énergie utilisés par l'acupuncture, le yoga et la guérison énergétique. Il y a 7 chakras principaux, situés sur une ligne montant le long de la colonne vertébrale. Ces centres connectent l'énergie du corps physique avec celle du CORPS SUBTIL. Les 7 chakras sont situés au sommet de la tête, au centre du front (troisième œil), sur la gorge, au plexus solaire, à la base de la colonne, au niveau des organes génitaux et entre les pieds (terre) (*voir pages* 364 et 365). Quand les chakras fonctionnent correctement, les énergies du corps physique et du corps subtil sont en équilibre et en harmonie. Leur mauvais fonctionnement conduit à des perturbations physiques, mentales, émotionnelles ou spirituelles. Certains pensent que les chakras peuvent être guéris par l'interaction entre les vibrations des cristaux et les énergies du CHAMP BIOMAGNÉTIQUE DU CORPS (CHAMP D'ÉNERGIE SUBTILE). *Voir aussi* CHAKRA ÉCLATÉ.

CHAKRA ÉCLATÉ. Un chakra endommagé par les drogues, les pratiques psychiques risquées ou les méditations trop longues. Le chakra reste ouvert et ne peut pas accomplir son rôle de filtre et de médiateur énergétique.

CHAKRA DE LA TERRE. Le chakra situé entre les pieds, légèrement en dessous d'eux, qui maintient l'âme dans l'incarnation et lie le corps physique à la Terre. *Voir aussi* ANCRAGE et CORDE D'ANCRAGE.

CHAMP ÉNERGÉTIQUE SUBTIL. Champ énergétique invisible mais détectable qui entoure tous les êtres vivants.

CHAMP/ENVELOPPE BIOMAGNÉTIQUE. Champ énergétique qui entoure toutes les choses vivantes.

CHANNELING. Processus par lequel l'information passe depuis l'être désincarné (âmes qui ne sont pas dans une incarnation physique) via la voix et le mental dans un être incarné.

CLAIRAUDIENCE. Audition psychique claire – la capacité d'entendre des choses inaudibles au sens physique de l'ouïe.

CLAIRSENSIBILITÉ. Sentiment psychique clair – la capacité de sentir des choses impossibles à toucher physiquement.

CLAIRVOYANCE. Vision psychique claire – la capacité de voir des choses invisibles dans le monde physique.

CONSCIENCE COSMIQUE. État très élevé de conscience où le sujet est une partie des énergies non-physiques, divines.

CONSCIENCE CHRISTIQUE. Dans la pensée chrétienne, croyance en la divinité de l'individu (similaire à celle manifestée par le Christ) qui le lie à toutes les formes de vie de l'univers. Dans la pensée ésotérique, la conscience et la manifestation supérieures de l'énergie divine. *Voir aussi* CONSCIENCE COSMIQUE.

CORDE D'ANCRAGE. Corde énergétique vibratoire qui ancre dans la terre et maintient les corps éthériques et l'âme dans l'incarnation.

CORPS ÉTHÉRIQUE. Enveloppe biomagnétique subtile entourant le corps ; appelée aussi AURA. *Voir aussi* AURA ; CHAMP BIOMAGNÉTIQUE.

CORPS DE LUMIÈRE. Un corps subtil énergétique vibrant à haute fréquence. C'est le véhicule de l'âme et de la conscience supérieure.

CORPS SUBTILS. Les couches de l'ENVELOPPE BIOMAGNÉTIQUE qui se rapportent aux plans physique, émotionnel, mental et spirituel de l'être. *Voir aussi* ENVELOPPE BIOMAGNÉTIQUE.

CRISE DE GUÉRISON. Signe positif que les symptômes disparaîtront bientôt, marqué par une brève intensification de ces mêmes symptômes.

DONS PSYCHIQUES. Facultés genre clairvoyance, télépathie, don de guérison.

DYSPRAXIE. Affection caractérisée par la maladresse, le manque de coordination et l'incapacité de distinguer la gauche de la droite. Apparaît souvent en association avec la dyslexie.

ÉCRITURE AUTOMATIQUE. Type d'écriture se manifestant quand un crayon tenu lâchement se déplace sur le papier de lui-même, ou quand la personne tenant le crayon est poussée à écrire par des pensées passant à travers son esprit dans cet instrument.

ÉNERGIE PRANIQUE. L'énergie qui imprègne tout. Particulièrement utile pour le travail de guérison, car elle revitalise et recharge en énergie. Du mot sanskrit *prana*, "souffle".

ENFANTS DES ÉTOILES. Êtres évolués d'autres systèmes planétaires qui se sont incarnés sur Terre pour aider sa croissance spirituelle.

ENFANT INTÉRIEUR. Partie de la personnalité qui reste innocente, ou qui peut être la dépositaire d'un mauvais traitement et d'un traumatisme et qui a donc besoin de guérison.

ENTITÉS ATTACHÉES. Types d'esprits qui s'attachent à l'aura d'une personne vivante.

ÉTAT INTERMÉDIAIRE. Dans la pensée ésotérique, l'état dans lequel passe l'âme sortant d'une incarnation physique (autrement dit, qui est morte sur Terre). L'âme existe dans cet état dans un corps énergétique subtil, qui véhicule la marque de ce qui lui est arrivé durant ses vies précédentes. Là, l'âme formule son plan pour la vie suivante. L'âme peut accéder à l'état intermédiaire m^me au cours d'une incarnation physique. Quand on se trouve dans cet état, il est possible de guérir le passé et d'accéder à l'objectif de la vie présente.

ÉTAT PRÉCÉDANT LA NAISSANCE. Dimension habitée par les êtres humains avant leur naissance. *Voir aussi* ÉTAT INTERMÉDIAIRE.

ÊTRE AU 7E CIEL. Décrit une sensation de prise de conscience intensifiée, où le sujet est extrêmement joyeux, non ancré et exalté, incapable de fonctionner correctement dans le monde physique quotidien.

FUMIGER. Méthode de purification, utilisée par les Amérindiens pour leur propre préparation et pour la préparation d'une place sacrée en vue d'une pratique spirituelle. Le processus implique de faire onduler autour de soi la fumée de plantes en train de se consumer lentement.

GRAINES KARMIQUES. Résidus des traumatismes, attitudes ou maladies des vies antérieures, qui logent dans le corps éthérique et ont le potentiel de se développer en mal-être ou en maladie dans la vie présente.

GROUPE D'ÂMES. Conglomérat d'âmes incarnées.

GUÉRISON DE LA TERRE. Tentative de corriger la déformation des énergies de la terre, causée par la pollution et la destruction des ressources naturelles.

GUIDES SPIRITUELS. Âmes désincarnées qui agissent à partir des états intermédiaires pour offrir assistance aux âmes vivant sur Terre. *Voir aussi* ÉTATS INTERMÉDIAIRES.

HOMÉOPATHIE. Système de guérison, pratiqué par le médecin grec Hippocrate (c. 460-377 av. J.-C.), qui stimule le pouvoir curatif du corps en le soumettant à des quantités infimes, diluées, d'une substance causant les symptômes d'une maladie ou affection particulière. Le médecin allemand Samuel Hahnemann (1755-1843) a fondé l'homéopathie moderne.

IMPLANT ÉNERGÉTIQUE. Pensées ou émotions négatives implantées dans les CORPS SUBTILS à partir d'une source extérieure, étrangère.

OCCLUSION. Dépôt minéral dans un cristal, se présentant d'ordinaire sous forme de taches nuageuses ou d'une image fantomatique, selon la couleur du matériel. *Voir* Quartz tibétain, page 228.

INFLUENCES MENTALES. Effet parfois puissant que les pensées et les opinions des autres ont sur certains esprits.

INTERROGATION DE L'AVENIR. Images discernées dans un cristal, révélant l'avenir, les secrets du passé ou du présent.

KARMIQUE. Venant d'une incarnation passée ou appartenant à celle-ci. Dettes, croyances et émotions comme la culpabilité, peuvent être amenées dans la vie présente.

KIRLIAN, APPAREIL PHOTO. Invention russe qui prend des photographies de l'ENVELOPPE BIOMAGNÉTIQUE ou l'AURA entourant le corps. Méthode de photographie conçue en 1939 par Semyon Kirlian.

KUNDALINI. Énergie intérieure spirituelle et sexuelle lovée à la base de la colonne vertébrale, mais peut être stimulée pou monter jusqu'au chakra couronne.

LÉMURIE. Pour la pensée ésotérique, ancienne civilisation censée avoir précédé l'Atlante.

LIGNÉE ANCESTRALE. Moyen par lequel on hérite les modèles et les croyances familiaux des générations précédentes.

LIGNE DE DÉFAUT. Défaut interne ou cassure dans un cristal, qui réfracte la lumière et semble diviser celui-ci en sections.

LIGNES LEY. Lignes d'énergie subtile, droites ou en spirale, qui connectent d'anciens sites ou des points saillants du paysage.

MAÎTRES ÉLEVÉS. Esprits extrêmement évolués, incarnés ou non précédemment, qui guident l'évolution spirituelle de la Terre. Les gens qui tentent d'élever leurs vibrations spirituelle et physique entament le PROCESSUS D'ASCENSION.

MAL-ÊTRE. L'état qui résulte des déséquilibres physiques, des sentiments bloqués, des émotions refoulées et de la réflexion négative.

MATRICE. Soubassement sur lequel les cristaux sont disposés dans leur état naturel.

MÉRIDIEN. Dans la médecine chinoise, canal énergétique subtil qui court près de la surface de la peau et renferme les points d'acupression.

MIASME L'empreinte subtile d'une affection contagieuse du passé, comme la tuberculose ou la syphilis, qui a été transmise à travers une famille ou un endroit. Le terme a été inventé par Samuel Hahnemann, fondateur de l'homéopathie. *Voir aussi* HOMÉOPATHIE.

ORACLE AUDIBLE. Oracle qui transmet ses prophéties à travers des sons comme le craquage.

ORDRES HYPNOTIQUES. Programmes inconscients instillés par une source extérieure "dirigeant" une personne, la faisant agir sur le mode automatique.

PENSÉE ÉSOTÉRIQUE. Pensée non-scientifique basée sur la croyance dans l'existence de la métaphysique plutôt que d'une quelconque autre école de pensée.

PENSÉES FORMES. Formes créées par d'intenses pensées positives ou négatives qui existent sur le plan éthérique ou spirituel susceptible d'affecter le fonctionnement mental d'une personne.

PLANS EXTERNES. Les plans de l'être physiquement et environnementalement orientés. *Voir aussi* PLANS INTERNES.

PLANS INTERNES. Les plans de l'être qui englobent l'intuition, la conscience psychique, les émotions, les sentiments et les énergies subtiles. *Voir aussi* PLANS EXTÉRIEURS et CORPS SUBTILS.

PLÉOCHROÏQUE. Dans un cristal, donne l'impression de deux ou plusieurs couleurs ou teintes colorées différentes, selon l'angle de vision.

PORTAIL CÉLESTE. Les moyens d'accès aux domaines spirituels supérieurs. *Voir aussi* ROYAUME CÉLESTE.

PORTE DES ÉTOILES. Point d'accès à travers lequel le contact extraterrestre peut être établi.

PROGRAMME ÉMOTIONNEL NÉGATIF. Les "doit" et "devrait", accompagnés de culpabilité, instillés dans l'enfance ou dans les vies antérieures, et qui restent dans le subconscient pour influencer le mode de comportement présent. S'ils ne sont pas relâchés ou reprogrammés, ils sabotent les efforts d'évoluer.

QI (OU KI OU CHI). Force vitale qui charge en énergie le corps physique et les corps subtils.

QUÊTE DE VISION. Pratique chamanique des Amérindiens, impliquant l'isolation dans un environnement naturel, sauvage, afin de communier avec la nature et affronter ses peurs. Ne doit pas être réalisé sans une surveillance expérimentée.

RADIONIQUE. Méthode de diagnostic et de traitement à distance, grâce à des instruments conçus sur la prémisse que toute maladie est une déformation du champ électromagnétique entourant le corps. La méthode plonge ses racines dans les recherches d'un médecin américain du XIXe siècle, le Dr Albert Abrams.

RÉCUPÉRATION DE L'ÂME. Le traumatisme, le choc ou le mauvais traitement poussent une partie de l'énergie de l'âme à s'en aller et à rester "bloquée". Un thérapeute expérimenté ou un chamane récupère l'âme, la faisant revenir dans le corps physique ou l'emmagasinant temporairement dans un cristal.

REIKI. Technique de guérison manuelle, naturelle, qui donne l'impression d'un courant d'énergie à haute fréquence trasmis au patient à travers les mains du praticien. Cette technique a été utilisée pour la première fois au Japon en 1922 par Mikao Usui.

REMANIEMENT. Voir un événement passé sous une lumière différente, afin que la situation qu'il engendre dans cette vie-ci puisse être guérie.

RÉSEAU, FORMER UN. Disposition des cristaux autour d'un immeuble, d'une personne ou d'une pièce pour la protéger ou accroître ses énergies.

ROULÉ. Terme désignant les pierres polies dans un grand tambour avec du sable, pour devenir lisses et souvent luisantes.

ROYAUME ANGÉLIQUE. Plan énergétique où les anges sont censés vivre.

ROYAUME CÉLESTE. Dans la pensée New Age, la demeure des êtres supérieurs.

ROYAUME DÉVIQUE. Demeure des dévas, esprits de la nature, qui pour la pensée ésotérique régissent les formations naturelles ou en font leur demeure (arbres, fleuves, montagnes). D'ordinaire invisibles. Les clairvoyants peuvent parfois les voir ou obtenir un accès intuitif au royaume dévique.

SCHÉMA ÉTHÉRIQUE. Programme subtil à partir duquel est bâti le corps physique. Véhicule les marques du mal-être ou des blessures des vies antérieures susceptibles de provoquer des maladies ou un handicap dans la vie présente.

STRESS GÉOPATHIQUE. Stress engendré parles émissions et les perturbations énergétiques subtiles des cours d'eau souterrains, des lignes électriques et des lignes énergétiques terrestres négatives (LIGNES LEY). Le stress géopathique circule dans la terre et peut affecter ou polluer les gens et les bâtiments. Suscite toutes sortes d'affections. *Voir aussi* LIGNES LEY.

SYNDROME DE L'AIR CONDITIONNÉ. Série de symptômes associée aux immeubles où l'air est pollué, qui n'ont pas une ventilation adéquate ou dont les énergies environnementales sont nuisibles.

SYNDROME DE LA FATIGUE CHRONIQUE (SFC). Affection handicapante, associée à un virus, caractérisée par une extrême fatigue, douleurs musculaires, manque de concentration, perte de mémoire et dépression. Actuellement, il n'existe aucun traitement médical conventionnel.

TRIPLE RÉCHAUFFEUR (MÉRIDIEN DU). L'un des méridiens utilisés par la médecine chinoise traditionnelle. *Voir aussi* MÉRIDIEN.

TROISIÈME ŒIL. Le chakra situé entre les sourcils, légèrement au-dessus d'eux. Appelé aussi chakra des sourcils, c'est le site de la vision intérieure et de l'intuition.

VAMPIRISME PSYCHIQUE. La capacité d'une personne d'aspirer l'énergie des autres ou de s'en "nourrir".

VOYAGE ASTRAL. L'âme est capable de quitter le corps physique et de se rendre dans des lieux lointains. Appelée aussi EXPÉRIENCE EXTRA-CORPORELLE OU VOYAGE DE L'ÂME.

INDEX

A
abandon 125, 270, 284
abdomen 211, 241, 315
abondance, attracteurs 43, 95, 115, 122, 291, 293, 320, 333
absorption des substances nutritives 134, 146, 191, 219, 257, 270, 295, 306
  voir aussi absorption des vitamines, minéraux
acceptation 60, 61, 70, 94, 115, 198
  de l'amour 39
  des autres 58, 105, 114
  du changement 111, 236
  du corps physique 61, 66, 188, 201, 240, 312
  des dons psychiques 190
  des erreurs 141
  du moment présent 102, 104, 109, 124, 249
  de soi 39, 92, 114, 249, 272, 353
  du soutien 165
  de la vérité 205
accord 27, 125, 142, 144, 167, 173, 214, 230, 305, 337
accumuler 221
acidité 85, 107, 185, 306, 315, 323
  acidose 139
action
  après critique 118, 163
  à partir de l'intuition 277
  faciliter 58, 85, 152, 159
  idées en 89, 155
  positive 127
  rationnelle 290
  révéler les intentions d' 170
activités basées sur les arts 97, 99, 209, 293
acupuncture 225
adhérences 130
ADN
  aligner 184
  réparer 130, 137, 143, 150, 164, 177
  stabiliser 58
affaires 43, 94, 113, 115, 136, 211, 303, 309, 349
  délégation 70
  travail de groupe 129, 272
  leadership 73, 251, 269
  rencontres 290
  planifier 149
  protection 161
  voyage 99
affection ovarienne 323
affirmations
  accentuer 261
  mettre en valeur 236
  soutenir 293
agrégés 329
agrégat 221
agression 85, 191, 231, 302
agriculture 43, 47, 87, 297, 319
aider les autres 154
akashiques, archives 378
  accéder aux 189, 217, 323, 337, 347
  carrières 64, 176, 186, 218, 228, 233
alcool
  effets atténués de 54, 148
  problèmes avec 269, 270, 319
aliénation 105, 137
allaitement 101, 103, 107, 191, 205, 260
aller avec le courant 175
allergies 66, 74, 121, 123, 177, 193
altruisme 85
altruisme, fortifiants de 52, 298
  voir aussi humanitarisme
Alzheimer, maladie de 177, 200, 236, 302
âme
  activer 230
  "âmes anciennes" 161
  aspirations de 81, 123
  attaches 317, 383
  charger en énergie 47
  croissance 121, 133, 174, 199, 237, 251
  groupe 383
  guérison 91, 197, 216, 251
  nettoyer 225
  nuit sombre de 90
  incarnation physique 61, 201
  objectif de l'âme 20, 107, 142,349
  protéger 279-280
  récupération 164, 227, 270, 383
âme élevée 187, 382
âme sœur, attirer 174, 244, 348-349
amitié 126, 152, 173, 184, 223, 256, 270, 302
amour
  accepter 39
  attirer 21, 40, 56, 72, 80, 97, 110, 136, 137, 174, 178, 181, 205, 235-236, 274, 280, 293, 295, 301, 306, 314, 377
  et attaches 173
  élixirs 372
  et chagrin 112, 125
  caché 157
  et intellect 165, 287
  invocation 377
  manque d' 138, 221, 244, 269
  à l'âge adulte 361
  arrangements 361
  laiser aller 201
  mariage 80, 122, 256
  parent-enfant 95
  passionné 153, 209, 361
  possessif 284
  spirituel 165, 279
  inconditionnel 72, 83, 162, 178, 183, 193, 220, 231, 236
  comprendre 235, 302
  universel 65, 226, 227, 231, 270
  de soi 121, 178, 235, 236, 247
amplificateurs 187
  de l'aura 251
  des caractéristiques 209
  d'énergie 133, 136, 167, 183, 211, 217, 225, 340, 354, 362
  de guérison 130, 131, 230
  de pensée/sentiment 173, 209, 211
amygdalite 112, 232, 267
ancrer 39, 45, 83, 85, 134, 180, 240, 243, 274, 299, 310, 362, 380
  lors du voyage astral 65
  pour autisme 280
  pour le travail avec les chakras 168, 197
  corde 367, 380
  élixirs 372
  énergie 52, 69, 85, 117, 131, 155, 246, 257, 291, 298, 358, 359
  dans l'environnement 98
  au corps éthérique 218
  personnes instables 70
  information 231
  corps de lumière 259
  méridiens du corps éthérique corps 226
  pour la moldavite 188
  corps physique 86, 155
  dans le présent 94, 249
  l'âme dans le corps 140, 312
  spirituelle 51, 65, 129, 214
  énergie spirituelle dans le

corps 137, 165, 170, 199, 353

énergie spirituelle dans la Terre 183,288
pour les enfants étoiles 188
anémie 141
anesthésiques 163
angéliques, royaumes 378
anges de vérité et sagesse 294
contacter 20, 27, 37, 59, 92, 96, 120, 174, 192, 194, 214, 216, 259,261, 262, 265, 269, 323
Raphaël 220
angine 179
animosité 110
anorexie 177, 293
antibactériens 148, 231, 372
antiseptiques 90
antispasmodiques 50, 70, 99, 112, 179,200, 202, 215
anxiété 65, 90, 99, 150, 163, 359
apathie 89, 213, 251, 290, 321, 322
aperçu
des causes 70, 198, 202, 285
de la dépression 48
dans les rêves 145
émotionnel 58
fortifier 78, 184, 291, 353
intégrer 311
manifester 272
spirituel 54, 165
stimuler 89, 295
subconscient 183
aphrodisiaques 301
appendice (organe) 368
arrangements 373-374
artériosclérose 74, 175, 179, 198
arthrite 42, 63, 78, 91, 95, 112, 130, 138, 184, 247, 299
soulagement de la douleur 112, 198
voir aussi articulations
articulations 22, 52, 63, 78, 163, 175, 177, 198, 282
correspondances 369
Inflammation 184, 247
mobiliser 93, 130
fortifier 89
voir aussi arthrite
artisanat 300
ascension, processus d' 167, 170, 188, 216, 349
assaut 92
assurance 155, 213
asthme 66, 81, 150, 181, 184, 245, 313
voir aussi poitrine, système respiratoire
astrologie 25, 60
aura (corps éthérique) 361, 366-367, 378
aligner 50, 155, 170, 181, 299
apaiser 214, 230
éclaircir 121
nettoyer 56, 58, 104, 129, 137, 230, 237, 274, 293, 356
clarifier 297, 299, 356
détacher les entités 215, 359
diagnostic 56
dissiper la négativité 83, 201
charger en énergie 131, 147, 237, 356
fuites énergétiques 150, 169
élargir 137
"trous" 123, 230
connexion avec la moelle épinière 263
ouvrir 200, 238
protéger 68, 117, 141, 162-163, 169, 202, 212, 221, 299, 355, 356, 358
effets du quartz sur 225
stabiliser 39, 129, 155, 157
fortifier 201, 223, 358
écarter les formes pensées 170
débloquer 354, 358
autisme 62, 105, 280

B

bactérie
antibiotiques 148, 231
bénéfiques 108
voir aussi infections
bagage, émotionnel 79, 212, 265
baguettes 23, 24, 327, 354
améthyste 358
fluorite 357
obsidienne 358
quartz 354, 359
sélénite 359
tourmaline 356
balle, en cristal 326, 330
bannissement du mal 84
voir aussi malédiction
bipolaire, trouble 105, 175, 177, 213
blessures 55, 181, 198
blessure récurrente d'effort 133
bonne volonté 101
botanique 47
bouffées de chaleur 46, 119
bras 60, 368
bronchite 150, 223, 238, 321
brouillard électromagnétique 380
absorber 73, 240
purifier 143, 155, 176, 183, 272, 303, 306
protection contre 19, 24, 50, 122, 129, 163, 298, 372
voir spécifiquement téléphone portable, ordinateurs, micro-ondes, télévision
brûlures 91, 112, 226, 236, 299
brûlure d'estomac 138
buts spectaculaires 94

C

calcium
absorption 63, 70, 89, 108, 137, 265
équilibrer 139, 145, 164
carences 50, 272, 287
dépôts 50
cancer 76, 138, 215, 240, 280
candida (muguet) 102, 321
capacités analytiques
équilibrer avec la créativité 150
fortifier 39, 95, 97, 118, 139
stimuler 105, 177, 202
fortifier 107
enseigner 89
capillaires 42, 44, 286, 370
caresses 138
cartilages, problèmes 175, 284
cataracte 306
catharsis 197, 321
cauchemars 54, 55, 99, 114, 221, 240
prévenir 92
supprimer 139
célébrité 294
céleste
portail 164, 379
royaume 379
cellules 130, 215
aligner la structure des 184
équilibrer 231
sang 109, 111, 159
troubles cellulaires 55, 76, 125, 136, 143, 195, 276
dommage chromosomique 107
formation 63, 150
blocages intercellulaires 267
régénération 112, 152, 238, 294, 323
régulariser le métabolisme 257
schéma stabilisant 164
lymphocytes T 125
cellulite 63, 119
cerveau 78, 123, 130, 167, 299, 300
ondes bêta 56, 240
courant sanguin 150
cervelet 168
correspondances 368

troubles 42, 170, 254, 278, 342
voir aussi Alzheimer, maladie, démence, dyslexie
déséquilibres 42, 48, 99, 297, 342
voies neurales 54, 280
régénération des tissus 83
voir aussi système nerveux
chagrin
atténuer 54, 78, 181, 280
ancien 207, 227, 231
dissoudre 125
laisser aller 92, 211
chakras 24, 326, 361, 364-365, 379
activer 183, 216, 351
aligner 44, 68, 87, 90, 111, 115, 131, 155, 167, 181, 188, 269, 279, 297, 313, 342
apaiser 111
clarifier 78, 142, 265, 283, 297, 351
connecter 297, 357
charger en énergie 89, 111, 124, 136, 356
débloquer 176, 188, 346
disposer un réseau 373
équilibrer 44, 63, 89, 231, 285, 288, 297, 356
éclatés 46, 379
guérir 216
harmoniser 226
inverser le sens de rotation 285
nettoyer 52, 89, 90, 111, 136, 356
ouvrir 188, 273, 279
protéger 356
purifier 205, 231
rétablir le sens de rotation 201
stabiliser 359
voir aussi les chakras spécifiques
chakra du cœur 72, 231, 235
activer 66, 163, 212, 246, 302
aligner 163, 274
pierres associées 152
et voyage astral 156
équilibrer 184
nettoyer 80, 200, 212, 263, 301
charger en énergie 113
guérison 112
arrangement 361
lien avec le chakra racine 301
lien avec le chakra couronne 104, 226
lien avec le chakra transpersonnel 121
ouvrir 50, 92, 178, 183, 200, 212, 226, 263, 274, 300, 314
protéger 74
stabiliser 226, 245
stimuler 56, 139, 175, 192, 250, 254
débloquer 138
chakra couronne 40
activer 117, 123, 251, 254
aligner 82
équilibrer 105
et kundalini 161
lien avec le chakra racine 136, 226
lien avec le chakra du cœur 104, 226
lien avec le corps physique 274
ouvrir 76, 79, 80, 82, 121, 158, 176, 188, 259, 262, 300
protéger 138
stimuler 55, 121, 131, 156, 254, 265
chakras éclatés 46, 379
chakra de la gorge
activer 41, 230, 232, 299
aligner 274
équilibrer 172
nettoyer 200
purifier 68
guérison 41, 97, 253
lier avec le cœur 63
ouvrir 50, 63, 72, 97, 167, 176, 200, 214, 253, 274
résonner 210
stimuler 55, 56, 156, 266, 323
débloquer 42, 72, 138, 307
chakra maître du cœur
ouvrir 124
chakra du nombril
aligner 274
et voyage astral 156
équilibrer 184
nettoyer 117
ancrer 52
ouvrir 274
chakra du plexus solaire 63, 111-112, 164, 171, 184
activer 212, 232
aligner 82, 274
équilibrer 270
nettoyer 117, 212, 232
purifier 245
détacher les entités 175
ouvrir 79, 80, 212, 274
rétablir le sens de rotation 201
stimuler 157, 175, 303
fortifier 294-295
chakra racine 46, 240
activer 95, 157, 210
nettoyer 161, 210, 231, 240, 245, 291, 359
charger en énergie 81, 92, 291
laisser aller l'énergie 63
ancrer 197
guérir 92
lien avec le chakra couronne 137, 138, 211, 226
lien avec le chakra de la Terre 181, 359
lien avec le chakra du cœur 301
lien avec le chakra transpersonnel 323
ouvrir 81
protéger 138-139
stabiliser 69
chakra sacral
activer 210, 228
nettoyer 210
charger en énergie 113, 302
résonner 114, 210
rétablir le sens de rotation 201
débloquer 358
chakra de la Terre 181, 312, 380
nettoyer 202
ancrer 202
guérison 143
lien avec le chakra racine 197
ouvrir 274
protéger 240
stabliser 70
stimuler 156
chakra transpersonnel
activer 216
lien avec le chakra racine 323
ouvrir 121, 194, 214, 259, 262
stimuler 121
chakra du troisième œil 383
activer 147, 232, 299
nettoyer 72, 77
détacher les entités 175
lien avec le cœur 163
ouvrir 50, 58, 71, 76, 97, 121, 172, 176, 200, 358
stimuler 55, 56, 77, 121, 131, 175, 216, 219, 254, 266, 271
débloquer 210, 302
chaleur
équilibrer le corps température 179
aspirer du corps 141
chamanisme 186, 214, 297, 354
cérémonies 147, 199, 253
invisibilité 209
voyages 155, 176, 200
quêtes de vision 214, 218
champ d'énergie subtile 383
chance 83, 97, 187, 256, 283, 293
changements d'humeur 161, 177, 306
changement
accepter 109, 111, 175, 236, 321
s'adapter au 85, 99, 101, 153, 230

chez les personnalités dépendantes 289
ancrer 289
des modèles de comportement 177
encourager 157, 183, 213
faciliter 83, 107, 121, 211, 238, 248, 263
de l'image 193
nouveaux débuts 91, 123, 165, 190
ouverture aux 97, 114, 282
physique 110
soutien durant 159, 170
voir aussi les pierres de transition
channeling 60, 77, 89, 171, 230, 237, 274, 279, 352, 379
protection durant 266
se préparer pour 205
chargement en énergie 82, 112, 115, 158, 172, 174, 196, 199, 211, 274, 284, 303
pour les solitaires 203
charisme 83, 138, 268, 294
charité 137
chasteté 207
cheveux 181, 191, 193, 311, 321
chimiothérapie 240
choc 125, 191, 198, 227, 246, 247, 321
protection du 279
choc culturel 99
cholestérol, problèmes 74, 83, 131, 179
Christ, conscience du 231, 379
chromosomique, dommage 107
circulatoire, système 40, 85, 101, 150, 155, 181, 198, 201, 203, 251, 286, 291, 299
nettoyer 48, 157, 245
correspondances 369, 370
troubles 46, 141, 200
fortifier 138
stimuler 103, 119, 134, 302
fortifier 80, 150, 163, 236
voir artériosclérose, sang, capillaires, cholestérol, cœur, maladie de Reynaud, veines
clairaudience 234, 379
clairsensibilité 210, 379
clairvoyance 379
activer 68, 210
intensifier 54, 127, 171, 285
stimuler 96, 142, 190, 291
claustrophobie 114, 127, 301
clôture 68
co-dépendance 133, 247, 284
cœur 74, 105, 124, 127, 139, 201, 213, 241, 244, 251, 270, 300, 301, 302, 323
infarctus 74, 125
équilibrer 250
brisé 359
compressé 211
correspondances 369
troubles 81, 105, 114, 125, 175, 179
élixirs 372
charger en énergie 66
disposition de guérison 374
méridien 215
prévenir la maladie 179
purifier 107, 235
régénérer 74, 137
fortifier 103, 139, 163, 236
colère
accéder 153, 247
contrôler 139
dissiper 21, 42, 63, 65, 70, 74, 90, 99, 118, 138, 145, 146, 150, 163, 167, 173, 181, 193, 213, 270
colonne vertébrale 127
aligner 133, 141, 200, 259, 297, 299, 301
correspondances 369
élasticité des disques 70
troubles 136, 210
vertèbres fusionnées 200
blessures 130
lien avec de corps éthérique 263
commotion cérébrale 80
communication 350
apaiser 102, 145
clairvoyante 96
difficultés 90, 173, 210, 240
encourager 167
fortifier 48, 63, 91, 97, 99, 102, 111, 130, 162, 200, 230, 232, 347
garder le silence 112
psychiques 131, 200, 226, 230, 269
spirituelle 352
débloquer 68, 77
avec d'autres mots 174, 187, 285
communication extraterrestre 99, 187, 188, 217, 221, 254, 267, 285
compagnie 272
compassion 60, 73, 82, 114, 137, 167, 173, 189, 198, 215, 244, 254, 265, 274, 297, 300, 301
comportement, modèles de
identifier 198, 203, 245
laisser aller 107, 136, 177, 291, 306, 356
comprendre 107, 127, 142, 147, 254, 259, 297, 303
complexes, concepts 184
depuis le cœur 200
voir le double sens 92
compulsions 105, 114, 141
concentration 39, 58, 63, 70, 95, 118, 129, 141, 177, 225, 240, 251, 253
conduits biliaires 157
confiance 39, 82, 83, 103, 109, 112, 118, 129, 136, 141, 150, 210, 213, 223, 356
conflit 97, 155, 173, 200, 219, 251, 280, 289
voir aussi famille
confusion 62, 68, 85, 167, 193, 198,206, 219, 247, 259, 272, 299
constipation 92, 119, 232, 301, 372
contradictions 58, 156, 158, 240
contre-indications
agression 150
gens délicats 250
durant la pleine lune 191
induire des illusions 191
Inflammation 141
irritabilité 250
accord mental 127
états psychiatriques 55
contrôle
besoin de 125
abandonner le 272
sang froid 207, 257, 293
prendre le 153, 161, 173, 175, 265
contrôle de 60, 115
anorexie 177, 293
prise de poids 121, 311
perte de poids 148, 168, 179, 263, 301
atténuer la faim 69, 103, 193
convalescence 48, 90, 99, 127, 270, 311, 322
contusion 55
coopération 127, 131, 138, 242
coordination 129, 297
corps éthérique *voir* aura
corps de lumière 167, 189, 231, 381
activer 142, 216
ancrer 231, 259, 320
corps physique, accepter 61, 66, 188, 240, 312
corps subtils 383
aligner 78, 147, 167, 181, 193, 226, 309
équilibrer 117
nettoyer 92, 117

charger en énergie 91, 228
ancrer dans le corps 137
travail de précision 355
protéger 149
purifier 205, 212, 216
laisser aller la négativité 230
débloquer 198
cosmique, conscience 379
cou, problèmes 42, 83, 175, 232, 263, 291, 368
couper les attaches 183, 200, 201, 215, 231, 284, 345
courage 67, 80, 85, 94, 137, 155, 251, 314, 321
crampes 105, 112, 184, 198, 241, 306, 315
intestinales 131, 179
des jambes 141
menstruelles 112, 161, 179, 265
nocturnes 181
gastriques 179
vasculaires 179
créativité
et analyse 150
encourager 99, 173
intensifier 73, 82, 83, 85, 97, 101, 117, 130, 131, 138, 142, 162, 245, 352
explorer 40
inspirer 112, 226
et inventivité 146
résoudre les problèmes 107
stimuler 58, 62, 94, 113, 123, 137, 175, 209, 228
raconter des histoires 103
débloquer 289
crime, prévention 256
crises
guérison 241, 321, 380
pierres pour 136, 235, 241
crise de la quarantaine 236
cristal, boules de 326, 330
cristaux
caractéristiques 36-37
acheter 27, 28
soigner for 30-31
choisir 26
nettoyer 13, 31
correspondances 368-369
comme décoration 18-21
défauts 327
formation 14-17
guérir avec 22-27
identifier 36-37
programmer 29
formes de 15-16, 324-359
fenêtres 327
cristaux activateurs 342
cristaux amorphes 331
cristaux arc-en-ciel 327, 349
cristaux auto-guéris 344
cristaux archivistes 90, 98, 338
cristaux Bouddha 120, 351
cristaux carrés 331
cristaux clé 345
cristaux compagnons 347
cristaux en étoile 98
cristaux fantôme 330
cristal gardien 217
cristaux générateurs 334
cristaux gravés 339
cristaux Isis 353
cristaux liens temporels 342
cristaux d'ouverture 345
cristaux pont 350
cristaux pléochroïques 382
cristaux portail 345
cristaux pour le chemin de vie 346
cristaux rafraîchissants 23, 41
cristaux roulés 383
cristaux stratifiés 332
cristaux tabulaires 332
cristaux transmetteurs 352
croissance
physique 68, 74, 89, 201, 219
spirituelle 39, 188, 237, 285, 293, 311
Croix des fées 275
cruauté 60, 173
cuivre, absorption 102
culpabilité
atténuer 107, 112, 138, 175, 212, 272
cachée 157
karmique 205
cultures *voir* agriculture
cynisme 145

D

danger 85, 136, 247
protection du 149, 159, 209, 211
débloqueurs 54, 72, 87, 92, 174, 198, 219, 297, 311, 356, 358
pour la communication 77
émotionnels 58, 198, 223, 254, 299
pour l'énergie 115, 175, 197, 201, 225, 298, 320, 355, 357
pour l'excès d'énergie 133
vie antérieure 142
spirituels 47
voir aussi débloquer *sous* aura, chakras, corps subtils
décalage horaire 99, 372
décision, prise de
consolider g 40, 85, 99, 105
faciliter 54, 76, 153
avec amour 65, 66
sage 207
découragement 177, 227, 316
Déesse, la 157, 175, 353
déléguer 70
demence sénile 101, 236
déni 244, 303
dents 63, 68, 78, 130, 146, 179, 207
taux de calcium 145
correspondances 368
empoisonnement au mercure 259-260
dépendance 46, 54, 125, 133, 141, 147, 148, 177, 247, 276, 284, 319
relation et problèmes 178
soutien durant la libération de 177, 289
comprendre 304
voir aussi alcool, toxicomanie
dépenses excessives 313
dépression 40, 48, 52, 58, 63, 90, 92, 118, 139, 146, 150, 161, 163,164, 173, 177, 227, 232, 240, 253,257, 276, 289, 302, 303, 306,321, 327
trouble bipolaire 105, 175, 177, 213
chez les vieillards 95
dépression mentale 268
trouble affectif saisonnier 284
dépression, mentale 268
désespoir 150, 280, 315
déshydration 48, 193
désir 209, 270
diminution du 65, 274, 290
insatisfait 141
désorganisation 129
détermination 155, 223
détoxifiants 63, 108, 110, 114, 121, 124,131, 139, 143, 152, 198, 212, 232, 240, 251, 255, 265, 278, 301, 302, 306, 319, 323
d'odeur corporelle 158, 179
du foie 148, 185, 211
dévouement 302
dextérité 114, 129
diabète 127, 185, 265
réglé par l'insuline 112, 209
diarrhée 301
difficultés d'apprentissage 280
voir aussi dyslexie
digestif, système 26, 52, 63, 112, 138, 153, 155, 156, 157, 191, 198, 211, 213, 215, 257, 293, 302
nettoyer 48, 85

correspondances 368, 370
troubles 55, 89, 269, 272
lactose intolérance 139
apaiser 114
stimuler 39, 119
fortifier 150
voir spécifiquement abdomen, gastrite, intestines, syndrome du côlon irritable, absorption des substances nutritives, ulcères gastriques
dignité 158
diplomatie *voir* tact
discernement 89, 284
discours en public 63, 168, 306, 350
disputes 40
diurétiques 60
divination 200, 375-376
dos, problèmes 370
élasticité des disques 70
vertèbres fusionnées 200
bas du dos 95, 211
sciatique 177
alignement de la colonne 78, 133, 141, 200, 259, 299, 301
fortifier le dos 241
doubles, pointes 328, 350
douleur faciale 83
douleur 23
émotionnelle 123, 301
mentale 60, 123
dissiper 90, 97, 125, 130, 175, 181, 198, 200, 201, 213, 265, 270, 280, 299, 306, 337, 357
doute 293
drogues, problèmes de 270
voir aussi dépendances
dyslexie 184, 254, 280, 297, 299
dyspraxie 193, 380

E

eau, purificateurs 227
échec
peur de 240
sentiments de 165, 284
économie d'essence 225
écriture automatique 267, 378
égoïsme 145
égotisme 114, 179, 200, 350
électricité statique 225
éleveurs de conscience 54, 57, 60, 68, 75, 77, 89, 93, 104, 120, 123, 137, 142, 157, 169, 170, 171, 174, 187-188, 192, 194, 195, 204, 209, 211, 214, 216, 218, 220-221, 225, 231, 245, 254, 259, 262, 266, 271, 274, 277-278, 294, 301, 305-306, 323, 337, 351
élixirs 371-372
émotions
mauvais traitement des 269
équilibrer 55, 63, 107, 112, 118, 161, 246, 249, 265, 272, 277
influences (nuisibles) 283-284
et intellect 89, 181, 191
douloureuses 123, 301
modèles/programmer 382
depuis l'enfance 114
laisser aller 58, 66, 78, 79, 91, 107, 112, 129, 173, 177, 183, 189, 211, 212, 245, 261, 265, 270, 306, 355, 356
révéler 87
sécurité de 39, 45, 303
stagnation de 372
comprendre 68, 191
et besoins insatisfaits 81
voir aussi modèles de comportement, répression, traumatisme
empathie 73, 103, 184, 189, 190, 2236, 300, 306
empoisonnement 123, 127, 278
emphysème 81, 247
encouragement 273, 314
endocrinien, système 46, 55, 63, 231, 253, 295
équilibrer 68, 83, 114, 119, 138, 170, 191, 215, 219, 226, 301
correspondances 368, 369, 370
charger en énergie 157
voir aussi glandes par nom, hormones, ménopause
endurance 181
énergie
élargir 122-123, 133, 136, 167, 183, 211, 217, 225, 340, 354, 362
nettoyer 136
excès 131, 133, 159
filtres 90
implants 108, 234, 351, 380
fuite 150, 169
rétrograde 180
économiser 225, 313
stagnante 63, 89, 92, 294
débloquer 115, 175, 197, 201, 225, 298, 320
énergies déviques 73, 114, 183, 297, 379-380
énergie pranique 382
voir aussi Qi
énergie stagnante 63, 89, 92, 294
énergisants 64, 66, 92, 95, 99, 101, 105, 109, 117, 118, 130, 131, 136, 155, 181, 215, 241, 250, 273, 315, 320, 346
après maladie 282
enfance 114, 268-269
guérir l'enfant intérieur 114, 125, 269
enfant
promotion de la croissance 74, 89
hyperactivité 191, 251, 301
insomnie 105
cauchemars 114
possessivité 284
maturité prématurée 163
expression personnelle 91
sensibilité 353
enfant des étoiles 188
voir aussi enfance
enfants des étoiles 188, 383
enfant intérieur 114, 125, 269, 381
engagement 136, 181, 289
enhydres 327
emprisonnement métaphorique 146
enrouement 272
envie 95, 138, 157
envies 46
entêtement 281-282
entités attachées 378
détacher 163, 175, 215, 259, 355, 357, 359
enveloppe biomagnétique 24, 286, 367, 378
environnement 54, 118, 143, 156, 164, 240, 243, 299
être à l'aise dans 98, 207
nettoyer 52
charger en énergie 215
fortifier 109
guérison 108, 131, 188, 197, 221
et pollution 73, 155, 164, 197, 306
protéger 60, 117, 162
épaules 42, 83, 221, 291, 368
épilepsie 127, 161, 163, 177, 184, 280, 302
prévenir 179, 259, 321
épiphyse 191, 231, 369
accéder 355
activer 247, 358
lien avec la sagesse ancienne 351
lien avec les capacités psychiques 254
stimuler 219, 251, 271, 302
épuisement 85, 105, 159, 177, 219, 238, 251, 282, 301, 306
chronique 313

émotionnel 63
voir aussi fatigue
érotisme 209, 245
erreurs
admettre 213
des vies antérieures 205, 228
apprécier 203
ésotérique pensée 380
espoir 113, 226, 295, 314, 315
esprits gardiens 37
esprits guides 167, 172, 323, 383
esprits liés à la Terre 108
estomac 40, 46, 52, 68, 157, 171, 287, 303, 306
correspondances 368
crampes 179
troubles 131
troubles nocturnes 150
douleur 161
stress 114
ulcères 232, 247, 284
états intermédiaires entre vies 234, 259, 265, 279, 378
êtres de cristal 37
étroitesse d'esprit 110, 129
étude, aide 63, 89, 102-103, 129, 145
phytothérapie 300
sujets mathématiques/ techniques 141
spiritualité 351
faire des tests 290
expériences extra-corporelles
voir voyage astral
expérience visionnaire 232, 274, 299, 308
extase domestique 126
extrêmités froides 198

F

faiblesse 287, 354
famille
conflit 118, 133, 159, 300, 344, 350
connexions 44
guérison de la lignée ancestrale 85, 199, 214, 307
mythes 56
fatigue 58, 63, 125, 143, 150
dans la ménopause 119
voir aussi syndrome de la fatigue chronique
féminité 175
équilibre avec la virilité 50, 58, 74, 87, 191, 286, 297, 306, 340
fenêtres diamant 343
fer, absorption 108, 137, 141
fertilité 95, 114, 187, 321, 340
et conception 191
accroître 115, 138, 152, 236, 287
trompes de Faloppe 369
stimuler 247, 323
talismans 286
voir aussi stérilité, système reproducteur
fiabilité 141
fidélité 113, 122, 209, 254, 299
signe d'infidélité 126-127
fièvres 42, 141, 148, 167, 201, 209, 251, 281, 282
équilibrer la température 179
apaiser 91, 272
diminuer 42, 48, 107, 139, 205, 286
remède traditionnel 276
figures d'autorité 219, 223
figures paternelles 300
finance 115
voir aussi richesse
flexibilité 52, 85, 193
émotionnelle 40, 215
mentale 40, 70, 102
physique 115, 133, 259
fluides corporels
absorption 272
nettoyage 236
régulation 60, 95, 152, 191, 241, 257, 299
rétention 61, 191
focus 177, 253
foi 52, 103, 110, 114, 170, 221, 254, 270, 272, 315
dans le divin 97
en soi-même 89, 94, 181, 272
foie 52, 63, 78, 83, 85, 121, 131, 137, 171, 191, 219, 295, 303
dommage de l'alcool 105
correspondances 369
détoxifier 102, 127, 148, 157, 185, 211
charger en énergie 137
taches hépatiques 108
régénérer 125, 148, 211
stimuler 114, 302
débloquer 157
folie, peur de 107
former un réseau 361, 373-374, 380
formations en croix 351
fortifiants 70, 111, 201, 206, 215, 219, 248, 251, 256, 274, 287, 303, 306
voir aussi aux systèmes corporels spécifiques
fortifiants de compatibilité 58
fortifiants de l'imagination 56, 83, 123, 155, 170, 282, 301, 309
fortifiant du caractère 110, 127, 257
fractures 42, 184
fraternité 101, 201, 246
frigidité 95, 139
frustration 63, 105, 150, 167, 253
fumiger 31, 383
fureur 54, 95, 145
futilité, sentiment de 200

G

gastrite 39, 315
générosité 82, 293
genoux 369
gentillesse 268, 274
géodes 325, 329
géopathique stress 380
atténuer 156, 359
bloquer 19, 24, 50, 54, 55, 122, 129, 143, 163, 175, 197, 240
former un réseau for 73
stabiliser 44
transformer 69
glaucome 102, 123
glossaire 378-383
goitres 52, 114, 319
gonflement 22, 55, 61, 102, 282
des glandes 68, 161
des articulations 184
voir aussi inflammation
gorge 42, 167, 168, 173, 232, 289, 299, 323
correspondances 369
élixirs 372
problèmes 52, 60, 61, 68, 78, 130, 173, 175
voir spécifiquement œsophage, laryngite, larynx, amygdalite, voix
gorge douloureuse 138, 372
chronique 284, 299
goût, sensibilisation du 278, 293
goutte 107, 114, 170, 221, 306, 315
griefs 202
grippe 48, 130, 211
groupe
activités 63, 272, 280, 300, 321, 350
incarnation 234
grossesse 78, 191, 311
voir aussi accouchement
grosseurs 110, 184, 200, 276, 282
voir aussi tumeurs
guérison 22-27
amplificateurs 130, 131, 230
crise 241, 321, 381
arrangements 361
précision 355

guérison animale 227
guérison à distance 352
voir aussi radionique
guérisseur archétypal 56
guérisseurs 213, 220, 226, 241, 299
activer la capacité 233
diriger l'énergie 265, 340
filtrer la négativité 238, 299
guérison du thérapeute 220
traiter la résistance 81
guérisseurs des blessures 22, 52, 90, 130, 157, 247, 270, 344
plaies ouvertes 101
guérisseurs de la Terre 69, 70, 175, 180, 183, 187, 193, 209, 233, 253, 260, 291

H

haine 157
hanches 93, 139, 152, 159, 241
hémorragie nasale 181
hésitation 257
Hildegarde de Bingen 293
homéopathe 78, 134, 381
voir aussi miasmes
hommes
et confiance 150
côté féminin 191
"macho" 150, 191
et sensibilité 42, 353
honnêteté 138, 173, 293
envers soi-même 155
horloge corporelle 191
hormones
équilibrer 68, 83, 114, 119, 138, 170, 191, 215, 219, 226, 301
activer la production 55
voir aussi endocrinien, système
hospitalisation 155
hostilité 101, 280
humanitarisme 62, 68, 105, 246, 352
hydrates de carbone, absorption 276
hydrocéphale 42
hyperactivité 62, 191, 251, 301
hypertension 63
hyperthyroïdisme 72
hypochondrie 213
hypoglycémie 48, 265
hypophyse 68, 136, 148, 219, 355, 369

I

idéalisme 85, 114, 271
ignorance 110, 167
illusions
dissiper 107, 129, 167, 170, 219, 302, 340, 345
induire (contre-indiqué) 191
image, intensification 115
immortalité 107
immunitaire, système 269, 299, 301
équilibrer 107
activer 48, 156, 173, 272, 321
apaiser 68
nettoyer 173
correspondances 370
troubles *voir* maladies auto-immunes
renforcer 102, 306
intensifier 157
psychique 306
stimuler 56, 72, 85, 91, 158, 163, 225, 301, 373
fortifier 58, 70, 89, 102, 103, 177, 211, 226, 230, 249, 257, 299, 323
voir aussi lymphatique, système
impartialité 112, 129
impatience 85
implants, énergie 108, 234, 351, 380
impuissance 81, 95, 136, 138, 201, 238, 240, 251, 315, 323
impulsivité 114
incertitude 65, 293
indépendance 80, 139, 177, 223, 251, 284, 322
inadaptés sociaux 280
inertie
surmonter 149
prévenir 316
infections 22, 42, 48, 112, 127, 130, 149, 167, 209, 245, 249, 251
aiguë 85
bactériennes 91, 200
fongiques 48, 114, 231, 372
de la lymphe 42
de la gorge 42, 232
uro-génitales 119
virales 130, 306
infériorité 138, 150
infidélité 127, 305
infirmité 114
inflammation 22, 42, 48, 74, 76, 91, 102, 134, 139, 156, 181, 232, 270, 282, 306, 323, 357
contre-indications 141
des articulations 184, 247
voir aussi gonflement
information
accéder à 39, 62, 189, 345
codée 297
filtrer 68, 89, 211
ancrer 231
intégrer 245, 289
être ouvert à 272
organiser 129
pratique 132
traiter 184, 257, 343
retenir 89, 118
inhibitions 136, 184, 209, 284
insectes
piqûres 247
insecticides 99, 282, 297
insécurité 193
insomnie 55, 99, 105, 114, 141, 173, 177, 193, 272, 299, 300
du stress géopathique 143
du mental hyperactif 54, 144
et somnambulisme 191
insuline, régulation 112, 209
insultes 247
intégrité 167, 254, 256, 289
intellect,
activer 120
servitude du 272
apaiser 260
et émotions 74, 89, 181
fortifier 68
et intuition 163, 170, 186
et amour 165
et esprit 131
stimuler 52, 62, 177, 255, 274
soutenir 131
interrogation de l'avenir 382
aide 54, 65, 66, 76, 79, 80, 97, 157, 183, 192, 198, 199, 200, 211, 237, 240, 259, 278, 295, 297, 353
cristaux à lancer 310
intestins 211, 213, 215, 219, 291
crampes 131, 179
correspondances 368
troubles 93, 121, 200
intoxication au mercure 238
intolérance 179
introspection 46, 65, 163, 170
intuition
accéder 219
fortifier 20, 56, 68, 129, 184, 190, 200, 283, 306, 317, 321
faciliter 77, 272, 278
et instinct 150
et intellect 163, 170, 186
manifester 48, 277
ouvrir 50, 54, 83, 117, 138, 192, 254, 277, 352
stimuler 65, 167, 170, 274, 302, 358
et pensée 50, 271

se fier à 181, 253
inquiétude 50, 65, 78, 105, 207
"chapelet" 156-157
inventivité 123, 146, 287
investigation 134
invisibilité 209
irritabilité 63, 74, 85, 152, 179, 250
isolement 137, 203

J

jalousie 21, 110, 138, 213
jambes 141, 159, 219, 241, 291
hanches 93, 139, 152, 159, 241
genoux 369
jeûner 156, 193
jugement 259
jumeaux tantriques 348-349
justice 156, 211

K

karma/karmique 98, 205, 294, 381
nettoyer 121
cycles 205
dettes 205
mal-être 323
négatif 215
et vies antérieures 156
corriger 105
graines 225, 381
liens 231
Kirlian, appareil photo 225, 381
kundalini 381
équilibrer 274
diriger 161
ouvrir des voies pour 265
faire monter 62, 136, 201, 273
stimuler 76, 161, 254, 288, 321, 346

L

lactation, accroissement de 101
lactose, intolérance 139
langue, résensibiliser 257
laryngite 278
larynx 168, 173, 272, 278, 299
laser quartz 355
leadership 73, 251, 269
Lémurie 381
leucémie 83, 85, 139
lignes ley 44, 69, 381
libido, perte de 297
ligaments 91, 95, 278
lignée ancestrale 85, 199, 214, 307, 378
limitations, surmonter 294
logique 167, 271, 287
loyauté 126, 181, 209, 254
lumière, Bibliothèque de 337, 381
luxure 207
lymphatique, système 103
nettoyer 40, 236, 251, 272, 280
infections 42
stimuler 85, 102
fortifier 68
et gonflements 48, 55, 161
voir aussi corps, fluides
lymphocytes T; activation 125

M

mâchoire 68, 369
magie
pierres associées 83, 84, 186
persécution chrétienne dans la vie antérieure 317
rituel 80, 275, 297, 317
du temps 84, 102
magnésium, absorption 108, 137, 164, 265
mains 368
maîtres élevés 188, 216, 323, 378
maladresse 193
malédictions 107, 172, 289
mal-être 24, 189, 380
généré par la colère 91
auto-immune 321
causé par
déséquilibres des chakras 44
épuisement 219
le silence gardé 172
radioactivité 143
chronique 48, 57, 76, 99, 102, 119, 121, 123, 155, 156, 238
lié à l'ordinateur 177
convalescence 48, 181, 227, 282, 311
handicapant 299
diagnostic 165, 189, 217, 221, 299
trouver les causes 57, 73, 83, 150, 170, 173, 189, 198, 279, 291, 299, 311, 343, 354
contagieux 149, 251
karmique 150, 323
localiser 39, 175, 177
lié à la menstruation 191
mental *voir* troubles du *sous* mental
miasmes 78, 112, 121, 215
des vies antérieures 143, 291
des phobies et peurs 221
prévenir 160
prévenir la transmission du 286
projection du 133
psychosomatique 103, 150, 183, 280
laisser aller 156, 223, 340
syndrome de l'air conditionné 177
lié au stress 58
traiter 39, 51, 63, 92, 105, 107, 193, 222, 295, 314, 322
lié au climat 102
voir aussi maladies par nom
mal du pays 98, 189
maladie auto-immune 125, 215, 247, 321
maladie de Ménière 125
malaria 148
malédictions 107, 289, 298, 303
malignité 74, 127, 221
manipulation 95, 215, 223
manque d'objectif 173
marcher sur le feu 66
mariage 80, 122, 256
martyr 132, 173, 175, 242, 284, 297, 306
masculin/féminin, équilibre 50, 58, 74, 87, 191, 286, 297, 306, 340
maternel, instinct 101
mathématiques 60, 141
matrice 381
maturation
physique 58, 110
spirituelle 167
mauvais traitement 94, 231, 247, 270
émotionnel 269
sexuel 244
maux et douleurs 105, 181, 284
maux de tête 23, 55, 57, 58, 83, 125, 175, 179, 210, 241, 280, 323
voir aussi migraines
médecins 134
méditation 32-33, 37, 87
accéder à la sagesse ancienne 228, 339, 340
accord avec les plans supérieurs 68, 91, 93, 270
approfondir 62, 113, 220, 231, 323, 351
accroître 46, 57, 71, 72, 131, 156, 167, 181, 201, 203, 211, 214, 233, 265, 294, 306, 309
et marcher sur le feu 66
ancrer 86, 168, 310, 346
et direction 120, 242
induire 162, 174
et voyage 248
et kundalini 254
et immobilité mentale 76, 95, 145, 223, 225, 240, 259, 260, 313

  en mouvement 218
  et paix 111, 178, 230
  et pouvoir du soleil 283
  se préparer pour 70, 77
  élever les vibrations 97, 240
  révéler les secrets 98, 345
  et auto-guérison 262
  et compréhension 54, 271
méfiance 138
mélancolie 101, 150
membranes muqueuses 127, 130, 138, 321
  régénération 66, 102
  fortifier 52
  voir aussi sinus
mémoire
  cristal 143
  fortifiants 39, 52, 54, 77, 89, 90, 102, 141, 150, 209
  traiter 102
  l'âme 251
  fortifier 127, 145, 226, 374
  voir aussi souvenirs
ménopause 119, 177, 210, 299, 321
menstruels, problèmes 119, 191
  crampes 112, 161, 179, 184, 265
  tension 112, 170, 191, 209-210
mental, le
  dépression 97, 268
  apaiser 54, 76, 80, 152
  troubles du 114, 129, 289, 297
  voir aussi troubles par nom
  pouvoirs fortifiants du 39, 85, 91, 97, 114, 118, 127, 131, 150, 159, 171, 213
  focaliser 54, 129, 146
  mentales, influences (indésirables) 128 129, 163, 219, 223, 259, 283-284, 359, 381
  mentaux modèles/ programmation 199, 203, 205, 219, 272, 321, 355, 356
  ouvrir 134
  douleur 60, 123
  calme 68, 76, 80, 93, 95, 144, 170, 260, 272, 300, 313
  tension dans 112, 253
  tonique pour 207
mental, bavardage 93, 260
mentales, influences
  voir sous mental
mentaux, motifs/programmation
  voir sous mental
mercure, intoxication au 238, 259-260
méridiens 381
  aligner 150, 292, 300, 356
  équilibrer 140, 193, 226, 243, 297, 356
  nettoyer 228
  purifier 167, 175, 219
  re-énergiser 181
  charger en énergie 87, 219, 228, 321, 356
  guérison 60, 63
  fortifier 306
  Triple Réchauffeur 46, 211, 215, 383
métabolisme
  équilibrer 50, 55, 112, 123, 143, 219, 272, 372
  correspondances 370
  troubles *voir* diabètes
  régulariser 170, 223
  ralentir 290
  accélérer 63, 179, 290
  stimuler 74, 85, 95, 136, 139, 293, 301
  fortifier 213
métaphysiques, pierres 195, 277
métaux lourds 114
miasmes 78, 112, 121, 215, 381-382
micro-ondes 50, 164
migraines 23, 74, 92, 125, 148, 161, 173, 179, 245
minéraux
  absorption 95, 101, 108, 134, 137, 241
  équilibrer 155
  accumulation 101
  carences 156
  voir spécifiquement absorption du calcium, cuivre, fer, magnésium, zinc
miroir, pierres 193, 196, 201
mises en garde
  diamants de Herkimer 20
  malachite 185
  moldavite 188
  pierre de lune 191
  quartz 20
  obsidienne 196-197
  opale 209
  soufre natif 282
modestie 162, 273
mort 55, 107, 121, 164, 167, 211, 353
  peur de la 94
  immortalité 107
  désirer la 61
  volonté de vivre 209
motivation 54, 62, 89, 94, 118, 250, 290, 292
muguet (candida) 102, 321
multiple, personnalité 200
multiple, sclérose 247, 303
musculaire, système 74, 121, 127, 241, 249
  maux et douleurs 181, 265
  correspondances 368
  troubles 167
  flexibilité 133, 269
  mercure, intoxication au 238
  motrices,réactions 63, 168, 280
  muscle, tests 225
  spasmes 50, 51, 70, 78, 99, 112, 179, 200, 202, 215, 302
  foulures 301
  fortifier 99, 159
  tension 97, 210, 263
  voir spécifiquement problèmes des cartilages, cou, maladie de Parkinson, blessures récurrentes d'effort, rhumatisme, syndrome de Tourette
mystérieux, événements 107
mysticisme
  pierres associées 169, 192
  initiation 170, 339
  stimuler 274
  visions 209
mythiques, royaumes 56

N

naissance 47, 152, 191, 209, 213, 269, 270
  instinct maternel 101
  pierre de sage-femme, 184
  voir aussi pierres nourricières
naissance *voir* accouchement
nature 175, 183, 221
nausée 74, 125
négativité
  absorber 91, 101, 117, 131, 155, 183, 185, 197, 257, 281
  dissiper 50, 52, 54, 56, 62, 73, 83, 89, 111, 112, 117, 127, 129, 130,138, 140, 160, 176, 201, 236, 270, 293, 297, 306, 355, 356, 357, 358, 359, 372
  extirper 227, 238, 280
  émotionnelle 74, 90, 382
  mentale 65, 107, 146, 152, 291, 298, 309
  neutraliser 240
  repousser 199, 223, 303
  dans la thérapie 169-170
  transmuter 52, 105, 117, 202, 226, 251, 253, 300, 322
négociation, aides 97
nerfs 44, 241

soulagement de la douleur 130
régénérer 303
fortifier 119, 293
voir aussi syndrome du canal carpien, nerveux, système, névralgie
nerveux, épuisement 287, 295
nerveux, système 46, 72, 74, 173, 261, 315
aligner 99, 280
autonome 58, 105, 284
équilibrer 226
apaiser 50, 90, 153
correspondances 368
troubles 92, 205, 287, 295
voir aussi maladie d'Alzheimer, de Parkinson syndrome de Tourette
mouvements involontaires 70, 99
mercure, intoxication 238
régénérer 83
fortifier 107, 119, 241, 293, 300
débloquer 42, 50
voir spécifiquement cerveau, nerfs, nervosité, névralgie, névroses
nervosité 72, 179, 193, 241, 261, 293, 315
nettoyants 92, 117, 152, 372
émotionnels 211, 212
de l'énergie 85, 89, 297
environnementaux 51-52
du corps éthérique 72
mentaux 124
physiques 51-52, 101, 105, 129
de l'âme 225
névralgie 44, 95, 130, 163, 177, 270
névroses 73
New Age 59, 75, 96, 187, 204, 214
nez, problèmes 130, 181
nucléaires, sites 183
nuit sombre de l'âme 90

O

objectif de la vie, révéler 279
objectivité 129, 181, 272, 298, 308
obsessions 105, 156, 212, 302
obstacles, écarter les 52, 163, 204, 255, 281
occasions, révéler 205
occlusions 333, 382
odeur, absorption 319
odeur corporelle 158, 179
odorat, sens de 138, 146
résensibiliser 257
œuf, cristal 24, 327, 331
œsophage 299
ombre 197-198, 199, 238, 243, 272
intégrer 304, 317
ondes cérébrales bêta 56, 240
optique, nerf 184
optimisme 48, 52, 58, 80, 102, 118, 223, 284, 294
oracle audible 84-85, 378
ordinateurs 19, 50, 129, 164, 176, 177, 272
ordres hypnotiques 381
neutraliser 189
laisser aller 66, 266, 321
oreilles 97, 130, 247, 257, 368
maladie de Ménière 125
organisation, capacités d' 155
organes 63, 85, 191, 226
équilibrer 56, 284
apaiser 181, 253
nettoyer 173
stimuler 181
organes génitaux 72, 83
os 78, 130, 150, 207, 257
ajuster 91
fracturés 184, 289
taux de calcium 145
troubles 42, 112, 131, 179
croissance 247
guérison 63, 70, 95, 101
moelle 131, 173, 207, 369
fortifier 89, 99, 138
voir spécifiquement les articulations, ostéoporose
ostéoporose 50, 269
oxygenateurs 40, 58, 81, 150

P

paix, porteurs de 52, 121, 139, 141, 153, 162, 172, 174, 178, 185, 221, 230, 235, 253, 259, 359, 372
pancréas 42, 63, 83, 105, 119, 137, 184, 191, 323
équilibrer 193
nettoyer 40
correspondances 369
régénérer 112
panique 164, 246
crises de 163, 270, 272, 301, 306
paralysie 107, 303
paranoïa 245, 280, 297
parasites 231, 238, 265
parathyroïde 167, 184
pardon 82, 92, 114, 202, 238, 247, 280, 292
de soi 205, 213, 236, 265, 280
parent-enfant relation 42, 95, 219, 284, 300, 349
voir aussi famille
paresse *voir* apathie
Parkinson, maladie de 99, 209, 236
parler 294
défauts 73, 200, 299
fluence 102, 114, 115, 127, 172, 287
discours publiques 63, 168, 306
parties 93
passé, le
accéder 179, 338, 342, 345, 353
équilibrer 167
affronter 265
guérison 93, 233, 247, 249, 265, 311
apprendre du 193, 213
laisser aller 61, 90, 99, 118, 121, 134, 211, 212, 237, 240
voir aussi vies antérieures
passivité 302
patience 52, 121, 126, 145, 158, 201, 300, 302
"patient identifié" 133
peau 40, 78, 110, 138, 156, 181, 203, 213, 245, 270, 301, 309, 311, 321
vieillissement 260
nettoyer 177
correspondances 369
troubles 40, 55, 89, 114, 156, 191, 249, 281, 282, 300
éruptions 74, 134, 205
tumeurs 108
infections 48
régénérer 66, 130
réparer 60, 238, 315
lisser 236
rides 130, 309
voir aussi tissu
pensée forme 147, 170, 383
pensée rationnelle 139, 272, 282, 298, 313
perception, fortificateurs 39, 58, 60, 68, 73, 95, 105, 257, 271, 289, 315
persévérance 44, 73, 155, 181, 201
persistance 68, 103
personnalité, troubles de la 289
personnes disparues 343
perspective, avoir une 105
perspectives de travail 253
pessimisme 284, 291
peur
atténuer 48, 50, 65, 92, 104, 107, 123, 146, 181, 207, 226, 240, 270, 280, 300
de l'échec 240

trouver la source 78
irrationnelle 245
de la folie 107
inquiétudes financières 26
écarter 72, 92, 170, 175
de la responsabilité 118
soutien durant 179
déraisonnable 160
philanthropie 293
phobies 112, 118, 221, 238, 272, 290
trouver la source 78, 321
phytothérapie 132, 134, 300
pieds 159, 207, 219, 369
"pierre de premier secours" 246
pierre du voyant 353
pierres apaisantes 39, 41, 45, 65, 67, 74, 118, 144, 157, 203, 259, 261, 290
de l'aura 214
des systèmes corporels 253
émotionnelles 127, 179, 190, 240, 254
mentales 54, 68, 80
pierres de centrage 39, 44, 54, 69, 83, 109, 134, 156, 178, 203, 210,228, 254
pierres de diagnostic 221, 245, 299, 358
pierres d'équilibre 52, 55, 70, 97, 127, 134, 156, 173, 185, 193, 250, 253, 269, 306
émotionnel 55, 63, 107, 112, 118, 161, 246, 249, 265, 272, 274
énergétique 133, 136, 200, 247
du corps éthérique et du corps émotionnel 270
du corps éthérique et du corps physique 60
de l'expérience 157
mental 55, 91, 97, 265
spirituel 63
voir aussi masculin/féminin équilibre, yin et yang, *et le système corporel respectif*
pierres Feng Shui 221
pierres intergalactiques 217
pierres de jardin 221, 297, 319
pierres de manifestation 62, 80, 83, 103, 118, 122, 167, 199, 204, 217, 221, 277, 289, 293, 295, 320, 322, 335
pierres du mois (de naissance) 28, 362-363
pierres nourricières 42, 101, 152, 246, 260, 270, 283, 300, 347
"suprême" 154
pierres protectrices 19, 45, 52, 54, 60,83, 85, 86, 95, 107, 149, 152, 155160, 162, 169, 183, 197, 214, 221,240, 256, 275, 289, 297, 305, 355, 358, 359
contre les délits 256
contre le danger 211
élixirs 372
contre les enchantements 127
pour la maison 259, 374
arrangement 361
protection psychique 108, 128
voir aussi sous aura, chakras, brouillard électromagnétique. pollution, corps subtils
pierres réchauffantes 70, 95, 117, 119, 198, 211
pierres de transformation 58, 85, 104, 142, 170, 183, 193, 209, 222
pierres de transition 107, 121, 164, 167, 177, 188, 211, 353
piézo-électricité 22
pigmentation, augmentation 278
plans intérieurs 381
plantes 43, 44, 87, 227, 297, 300
plutonium, pollution au 183
poitrine 83, 165, 175, 221, 236, 323
serrement de 42, 211
pointes 328, 330, 354
pollution
absorber 183
environnementale 73, 155, 164, 197, 306
plutonium 183
protection contre 67, 80, 306
sensibilité à la 47, 302
voir aussi brouillard électromagnétique
poumons 60, 74, 102, 127, 139, 150, 213, 215, 219, 221, 257, 299, 301, 323
correspondances 368
troubles 55, 81, 112, 236, 313
régénérer 137
porter des jugements 68, 114
portes des étoiles 66, 383
porteurs de joie 83, 101, 102, 112, 118, 127, 153, 231, 283, 293, 300
positivité 94, 124, 127, 145, 149, 179, 209, 240, 243, 244, 245, 251, 273, 280, 284, 298, 316
possessivité 284
posture 238
potentiel
évaluer 188, 255
accomplir 79, 80, 142, 230, 246, 248, 321
maximiser 92
puiser dans 149
comprendre 209
pouvoir
utilisation correcte de 289
mauvaise utilisation de 199
pragmatisme 240
preconnaissance 219, 221
préjudice 58, 110
prémenstruel, stress (PMS) 112, 170, 191, 209-210
pré-naissance, état 234, 382
préservation 66
problèmes, régler les 56, 107, 193, 243, 287, 293, 311
trouver les causes 200, 238
trouver les problèmes 46, 156, 260
trouver des solutions 40, 223, 297, 308, 356
voir mes deux côtés 50, 82, 246, 300
problèmes auditifs 55, 173, 234, 247
voir aussi oreilles
problèmes dentaires *voir* dents
projections 170, 193, 231, 247, 349
prophétie *voir* interroger l'avenir
prospérité *voir* richesse
prostate 198, 321, 368
protéine, déficience en 83
psychiatriques, états 55, 164, 184
douleur mentale 60, 123
voir spécifiquement dépression, névroses, paranoïa, schizophrénie
psychiques, capacités 89
accepter 190
développer 62, 77, 267, 281
dissiper l'interférence 223
accroître 127, 131, 172, 190, 225, 269, 288, 291, 299, 317, 347
dons 382
ancrer 310
ouvrir 138, 161, 265
stimuler 142, 167, 170
fortifier 269
vision *voir* vision psychique
psychiques, attaques 19, 230, 382
neutraliser 57, 303-304
protection contre 54, 108, 230, 238, 251, 298, 372
aide pour rétablissement 228
revenir à la source 172
psychique, chirurgie 286, 355
psychique, vampirisme 74, 382
psychique, vision 125, 183, 209, 254

intensifier 266, 310, 313
ouvrir 112, 137, 310
stimuler 232
psychométrie 207
psycho-sexuels, problèmes 184
psychosomatique, mal-être 77, 87, 183, 280, 291
psychothérapie 107
diagnostic 245
psycho-sexuels, problèmes 184
voir aussi états psychiatriques
purificateurs 136, 203, 205, 212, 216, 257, 294, 306
pus 85
pyramides 331

Q

qualité de vie 138
quête 248, 279
de vision 214, 218, 383
Qi (force vitale) 167, 181, 230, 287, 320, 357, 382
quartz cathédrale 336-337
quartz, feuille de 347
quartz sceptre 340-341
quartz en spirale 346

R

radiation 143, 155, 164
dommage de la 272
protection 183, 225, 298
maladie 240
radicaux libres 260
radiesthésie 155, 200
radionique 164, 170, 200, 352, 382
rajeunissement 273
rate 52, 63, 78, 83, 101, 119, 152, 171, 184, 213, 303, 323
correspondances 368
détoxifier 85
stimuler 251, 302
réactions motrices *voir* musculaire, système
rébellion 281-282
réceptivité à la guérison 301
référence rapide 360-377
réflexologie 175
refroidissements 70, 179, 201, 263, 302
régression 70, 90
voir aussi vies antérieures
Reiki 65, 200, 319, 382
reins 52, 78, 152, 211, 221, 236, 299, 303
et nettoyer le sang 141
nettoyer 72, 85, 158, 209, 245
correspondances 369
fortifier 138
infections 119
régler 95, 193
stimuler 251
pierres 179, 249
relations
équilibrer 126, 129
difficiles 148, 153, 178, 213, 231, 269
intensifier 97, 111, 122, 137, 173, 211, 244, 348-349
guérison 125
partenariats 138
dans les vies antérieures 174, 265
possessivité 284
rétablir la confiance 236
spirituelles 139
stabiliser 223, 256
comprendre 347
voir aussi dépendance, famille, fidélité, amour
relaxation 46, 90, 93, 138, 178, 241, 293, 301, 309
remèdes des pierres précieuses 371-372
remettre au lendemain 284, 321
renaissance 60, 83, 107, 157, 184, 269, 311
rencontres 290
répertoire des cristaux 34-323
répétition 201
répression
et peur du rejet 42
traiter 129, 157, 219, 245, 284, 322
laisser aller 40, 65, 87, 173, 236
reproducteur, système 92, 155, 191, 211, 241, 245, 289, 302, 311
correspondances 368, 369
troubles 287, 323
féminin 95, 102, 184
organes génitaux 72, 83
masculin 323, 368
résonner avec des cristaux 210
stimuler 251
voir aussi candida, sexe et sexualité
réseau contre les tremblements de terre 193
résistance
à la guérison 81
dissiper la 92, 99, 105, 163, 287, 295
fortifier 138
résolution 249
respect 254
respiration circulaire 158, 313
respiratoire,système 55, 148, 150, 173, 238, 245
voir spécifiquement asthme, poitrine, emphysème, poumons, membranes muqueuses, tabagisme
responsabilité
accepter 158
peur de 118
pour ses sentiments 209
accablante 68, 242
assumer la 99, 299
pour soi-même 148, 184, 213, 254
ressentiment 95, 110, 213, 231, 247
rêvasser 95
rêves
mauvais 101
voir aussi cauchemars
fortifier 245
pour la guérison 167
lucides 121, 190
manifester 103, 240
prophétiques 157
rappel 96, 142, 145, 155, 157, 167, 254, 372
stimuler 55, 83, 85, 184, 251, 301
comprendre 54, 152, 172, 308
revitaliseurs 46, 52, 94, 159, 226, 231
Reynaud, maladie de 70, 141
rhumatisme 95, 107, 127, 130, 138, 170, 284, 306, 315
voir aussi os, articulations, musculaire, système
rhumes 48, 130, 161, 170, 211
rhume des foins 68
richesse 19, 26, 48, 73, 118, 131, 251, 255, 297
abondance, attracteurs 43, 95, 115, 122, 291, 293, 320, 333
rides 130, 309
rituels 275
magiques 80, 186, 317
chamaniques 297
royaume enchanté 56

S

sage-femme 184, 270
sagesse 127, 144, 265, 352
ancienne 120, 275, 339, 340, 351
accord avec 52, 118, 231, 293, 301, 338
dans la prise de décision 207
et intellect 170
"pierre de sagesse" 253

sang 101, 137, 181
équilibrer 112
cellules 133, 141, 159
nettoyer 55, 58, 84, 85, 115, 119, 137, 157, 173, 209, 226, 251, 265, 280
coagulation
accroître 89, 103, 253, 267
ralentir 179
correspondances 369
troubles 25, 112, 141, 207, 210, 221, 253, 265
charger en énergie 58
courant 85, 95, 141, 205, 251, 315
empoisonnement au mercure 238
pression 219
abaisser 63, 90, 102, 112, 125, 167, 170, 173, 184, 272, 359
stabiliser 74, 103, 105, 245
contenir 95, 107, 198
sucre 193
veines *voir* veines
vaisseaux 40, 44, 302
dilater 245
consolider 223
réparer 60
voir aussi système circulatoire
schéma éthérique 210, 217, 340, 380
schizophrénie 200, 280, 289
sciatique 177
secrets 207
sécurité 114, 146, 269
émotionnel 39, 45, 303
laisser aller 189
rebâtir 270
sélénium, absorption 134
sens, quête du 256
sensations de brûlure 58
sensibilité
ancrer 280
accroître 68, 112, 236
chez l'homme 42, 353
diminuer 70, 118, 188, 272
sensoriels, organes, résensibiliser 257
séparation 143
service, occupations de, 62, 132, 133, 138, 150, 158, 162, 299, 350
sexe et sexualité
abus 244
équilibrer la conduite sexuelle 136
équilibrer les hormones sexuelles 219
maladies 72, 114, 184
élixirs 372
intensifier 46, 139, 223, 251, 287
frigidité 95, 139
impuissance 81, 95, 136, 138, 201, 238, 240, 251, 315, 323
accentuer 130, 290, 297, 301
prolonger le plaisir 155
psycho-sexuels, problèmes 184
calmer le désir 65, 274, 290
laisser aller la tension 210
voir aussi reproducteur, système
SFC *voir* syndrome de fatigue chronique
sida 215, 247, 321
activation des lymphocytes T 125
voir aussi maladies auto-immunes, système immunitaire
sinus 74, 127, 148, 269
sinusite 130, 299
situations difficiles
faire face aux 280
trouver les causes 199, 200
sortir des 181
résoudre 249, 269
soutien durant 206, 240
situations juridiques 138, 141
soi
acceptation 39, 92, 114, 249, 272
analyse 39
conscience du 65, 102, 112 ,173
foi en 170
limites 163
contrôle 199, 207, 257, 293
critique 289
caractère destructeur 247
doute de 101, 193
dualités de 207
respect 48, 82, 92, 118, 133, 141, 150, 209, 231, 236, 245, 249, 272, 284, 289, 356
exploration 248
expression 42, 48, 52, 61, 62, 68, 72, 78, 118, 127, 147, 163, 167, 173, 184, 193, 209, 230, 253, 272, 299, 303, 307, 315
pardon 205
haine 238
guérison 83, 175, 262, 284, 304
connaissance 152, 173, 198, 199, 209
limitation 141, 202
amour 178, 235, 236, 247, 301
réalisation 234, 293, 306
droiture 110
sabotage 174, 243, 306
suffisance 152
sobriété 54, 315
solitude 139, 203
somnambulisme 191
son
"oracle audible" 84-85, 378
guérison 22-23, 42
sort 167, 206, 213, 306
souvenirs
éveiller les 184, 189
des vies antérieures 124, 265
souvenir refoulé 170, 233
laisser aller, douloureux 87, 321
emmagasiner dans le cristal 207
débloquer 163, 225
voir aussi mémoire
stérilité 138, 238, 269, 274, 321
trompes de Faloppe 369
causée par une infection 114
voir aussi fertilité
squelette 44, 110, 152, 203, 260
correspondances 368, 369, 370
fortifier 42, 89
voir spécifiquement arthrite, problèmes de dos, d'os de cartilage , fractures, articulations, ostéoporose, colonne vertébrale
spasmes 50, 70, 78, 99, 112, 179, 200, 202, 215, 302
spirituelle, croissance *voir sous* croissance
spirituelle, vision *voir* vision (spirituelle)
spontanéité 202, 209, 245
sport, blessures dues au 181
voir aussi musculaire,système
stabilisateurs 138, 156, 181, 201, 351
du champ biomagnétique 167
domestiques 111
émotionnels 87, 89, 105, 107, 109, 129, 158, 159, 161, 177, 209, 259, 61, 293, 306
d'amitié 223
d'énergie du groupe 131
mentaux 158
de personnalité 152
physiques 39, 157
spirituels 70
de poids 115
stéroïdes, naturels 159
stimulation excessive 80
stress 373
mal-être causé par 58, 81
émotionnel 55, 70, 78, 164, 177, 179
mental 42, 57, 65, 67, 197, 206
physique 55, 143, 201, 206

diminuer 21, 65, 67, 72, 105, 129, 177, 191, 213, 245, 303, 356, 357
laisser aller 48, 78, 125, 167, 172, 240, 268, 298, 290
dissiper 52, 55, 80, 276
soutien durant 154, 175, 206, 241
subconscient
accéder 183
reconnaître 179
révéler 190, 199, 345
comprendre 170, 259
sueurs nocturnes 299
suffisance 290
superficialité 110
surrénales 74, 167, 171, 236
adrénaline 83
équilibrer 211
calmer 91
stimuler 251
survie, question de 141, 231
synchronicité 191
syndrome de l'air conditionné 177, 272, 383
syndrome du canal carpien 133
syndrome du côlon irritable 92
voir aussi digestif, système, intestins
syndrome du départ des enfants 321
syndrome de fatigue chronique (SFC) 58, 63, 119, 301, 302, 321, 379

T

tabagisme
nettoyer les poumons 102
quitter 40, 141, 156, 276
raisons de la dépendance 276
tact 99, 149, 242, 269, 302, 303
talents d'écoute 99, 102, 173, 179
talents oratoires 102
talents, réaliser 113, 159, 289, 294
talisman pour les marins 67
talismans
contre danger 136
contre la noyade 68
contre les malédictions 289
pour la fertilité 187, 286
pour la bonne fortune 187
pour la chance 275
contre l'énergie négative 160
téléphone portable 19, 50, 73, 122, 123, 163, 164, 298
tendances destructrices 118, 322
tendances suicidaires 52, 240
télépathie
fortifier 59, 101, 143, 181, 200, 259, 285
stimuler 60, 142, 232, 267
télévision 311
température
abaisser 102
régulariser 179, 219
ténacité 48
tendresse 300
Terre-Mère 157
terrorisme 304
testicules 323, 368
voir aussi reproducteur, système
thérapeutes 170, 197, 238, 299
thymus 74, 165, 213, 221, 299, 300
activer 119, 125
nettoyer 173
correspondances 369
stimuler 72
fortifier 230
thyroïde 72, 78, 167, 173, 245, 253, 299
équilibrer 60, 119, 238
correspondances 369
troubles 42, 68, 226
stimuler 238
fortifier 112
timidité 184
tissus, corporels
équilibrer les taux de calcium 145
conjonctif 177, 221
durcis 249
neurologiques 83
régénérer 74, 87, 89, 141, 210, 213, 306
revitaliser 52
déchiré 238
tolérance 68, 70, 102, 163, 297, 299
tonique, général 267
toucher, résensibiliser 257
Tourette, syndrome de 99
toxiques, pierres 182, 371
trahison 125
traitement médical 138
transe, états 171, 200, 352
tranquillité 54, 111, 154, 167, 174, 253, 268
traumatisme 92 107, 133, 227, 235, 247, 321, 356
émotionnel 39, 50, 107, 131, 153, 189, 197, 232
vie antérieure 184, 198
faire revenir l'âme dans le corps 90
travail communautaire 115, 299, 350
travail excessif 276
tristesse 62, 125
trouble affectif saisonnier 284
trompes de Faloppe 369
tuberculose 81
tumeurs 23, 85, 110, 184, 200, 276

U

ulcères 130, 213, 315
intestinal 58
cutané 89
gastrique 232, 247, 284
urticaires 249
uro-génital, système 74, 119, 167
correspondances 369
voir aussi vessie, reins
utérus 40

V

vampirisme 74, 251, 382
vasculaires, crampes 179
veines 134, 203, 249
correspondances 369
réparer 302
rétablir l'élasticité 253, 269, 315
fortifier 226, 253
vasculaires, crampes 179
vengeance 247
verbal, conditionnement 219
vérité
affronter 173, 245
instiller 205
intégrer 137
personnelle 219, 253, 271, 294
favoriser 62, 112, 113, 127, 167, 196, 292
reconnaître 65, 219
révéler 97, 129, 138, 173, 197
parler 60, 167, 200, 232
spirituel 42, 213
verrues 89
vertige 81, 173, 184, 236
vésicule biliaire 52, 63, 92, 101, 121,171, 201, 213, 295, 303
correspondances 369
soulagement de la douleur 179
vessie 52, 85, 119, 221, 299, 313, 369
vieillir 260
vies antérieures
accéder 62, 65, 70, 105, 124, 136, 142, 144, 156, 186, 188, 200, 209, 265, 347
trahison, traumatisme 247
blocages 176-177, 307
persécution chrétienne 317
mort, traumatisme 270
privation, traumatisme 221

explorer 265, 306, 315
extraterrestre 99
guérison 61, 145, 170, 186, 197, 199, 205, 210, 219, 223, 227, 228, 238, 249, 251, 266, 270, 302, 339, 356
emprisonnement, traumatisme 146
blessures 143, 207
reconnaître les âmes 317
relations 174
laisser aller le chagrin 211
laisser aller les liens 66, 157, 163,219, 225, 227, 231, 323
sexuel, traumatisme 184
sources 143, 279, 291, 311, 315
marques 340
vigueur 137, 204, 206, 257, 274, 302
violence 160, 231, 281, 303-304
virilité 201, 240
virus 130, 306
vision (physique) 91, 123, 127, 223, 245, 254
glaucome 102, 123
nocturne 83, 156, 200, 289
vision (psychique) 125, 183, 209, 254
fortifier 266, 310, 313, 372
ouvrir 112, 137, 310
stimuler 232
vision, quêtes 214, 218, 383
vision (spirituelle) 72, 76, 104, 127, 142, 215, 219, 254, 293, 347
débloquer 78
visualisation, fortifiants 54, 83, 147, 171, 178, 181, 183, 220, 232, 251, 293, 295, 300, 309, 310, 347
vitamine, absorption des 95, 137
vitamine A, 108, 138, 200
complexe vitaminé B 159, 249
vitamine C, 114, 202
vitamine D, 202
vitamine E, 108, 200
voir l'image globale 40, 110, 129, 255, 259, 293
voix
fortifier 168
cordes vocales 272
voir aussi parole
volonté 92, 93, 141, 257
volonté de vivre 209
voyage astral 378
diriger la conscience 313
faciliter 55, 56, 57, 89, 97, 107, 138, 144, 147, 156, 164, 172, 176, 186, 192, 200, 201, 237, 274, 317, 323
ancrer 59-60, 65, 140
direction durant 277-278
protection durant 87, 140, 155, 160, 263
lire les archives akashiques 218
sécurité durant 72, 77
voyage 99, 157
interdimensionnel 217
temporel 109, 188, 342, 345
méditatif 248
chamanique 155, 176, 200, 214, 218

Y

yeux 40, 56, 92, 101, 105, 110, 93, 203, 210, 215, 289, 299, 300, 306
cataracte 306
clarifier 46, 91, 123, 253, 309
correspondances 368
élixirs 372
troubles généraux 97, 114, 119, 130, 170, 191, 200
glaucome 102, 123
améliorer la vision 254
presbytie 68
vision nocturne 46, 83, 200, 289
nerf optique 184
rajeunissement 66
résensibiliser 257
rétablir la vue 245
myopie 68
apaiser 74, 127
stimuler 137
fortifier 213, 223
yin et yang 39, 140, 155, 156, 168, 207, 246, 289, 309

Z

zinc, absorption 134
zodiaque 361, 362-363

INFORMATIONS UTILES

FORMATIONS À L'ÉTRANGER

GRANDE-BRETAGNE

Institute of Crystal and Gem Therapists
MCS
PO Box 6
Exeter EX6 8YE
Tel: 01392 832005
Email: cgt@greenmantrees.demon.co.uk
http://www.greenmantrees.demon.co.uk/found.html

International Association of Crystal
Healing Therapists (founder Hazel Raven)
IACHT
PO Box 344
Manchester M60 2EZ
Tel: 01200 426061
Fax: 01200 444776
Email: info@aicht.co.uk

INFORMATIONS UTILES

BIBLIOGRAPHIE FRANÇAISE

Boschiero, Reynald Georges. *Nouveau dictionnaire des pierres utilisées en lithothérapie*, Éd. Vivez Soleil, Genève, 2000

Schumann, Walter. *Guide des minéraux*, Delachaux & Niestlé, 1990

Schumann, Walter. *Guide des pierres précieuses, pierres fines et pierres ornementales*, Delachaux & Niestlé, 1990

Bariand, Pierre, Poirot, J.P. *Larousse des pierres précieuses, fines, ornementales, organiques*, Larousse, 1997

Schubnel, Henri-Jean. *Larousse des minéraux*, Larousse, 1997

Tettero, Tosca. *Pierres et cristaux*, Éd. du Gange, 1996

Liz Simpson. *Le livre des cristaux*, Le Courrier du livre, 1997

E.-Ch. Flamand. *Les pierres magiques*, Le Courrier du livre, 1997

U. Klinger-Raatz. *Reiki par les pierres précieuses*, Guy Trédaniel Éditeur, 1995

M. Dogna. *Élixirs minéraux*, Guy Trédaniel Éditeur, 1996

Judy Hall, *Cristaux de guérison*, Guy Trédaniel Éditeur,2005

Michael Gienger. *Les pierres qui guérissent selon Hildegarde de Bingen*, Guy Trédaniel Éditeur, 1998

Michael Gienger. *Rythmes biologiques et pierres précieuses*, Éd. Véga, 2003

OÙ TROUVER DES CRISTAUX

Mineral do Brasil
86, rue de Miromesnil
7008 Paris
Tél. 01 45 63 18 66 & 01 42 56 07 03
www.midobras.com
e-mail : midobras@wanadoo.fr

REMERCIEMENTS DE L'AUTEUR

Ma connaissance des cristaux a été acquise sur l'espace de plus de trente ans, la plupart suite à une utilisation intuitive. Les livres cités dans la bibliographie en anglais apportent des informations complémentaires à ce répertoire. Je veux remercier Pat Goodenough, Trudi Green et Dawn Robins pour leur enseignement pratique, manuel, et le contact avec les cristaux. Comme toujours, l'assistance de Steve, Jackie, et du reste de l'équipe d'Earthworks, Poole, a été inestimable pour la compilation de ce livre et la recherche des sources des cristaux appropriées. Clive de chez Earth Design, Broadwindsor, m'a présenté quelques cristaux remarquables, tout comme Mike de chez The Dorset Pedlar, Bridport. Et finalement, je n'aurais pas pu travailler avec les cristaux et accomplir bien d'autres travaux sans l'aide de Crystal Clear, pour laquelle je remercie David Eastoe.

CRÉDITS DES PHOTOGRAPHIES

Grahame Baker Smith p367
Kate Nardoni de MTG p370